Strategische Philanthropie

Peter Frumkin · Georg von Schnurbein

Strategische Philanthropie

Wie Sie mit Ihrem Engagement mehr Wirkung erzielen

Peter Frumkin
Center for Social Impact Strategy
University of Pennsylvania
Philadelphia, USA

Georg von Schnurbein
Center for Philanthropy Studies (CEPS)
Universität Basel
Basel, Schweiz

ISBN 978-3-658-35812-9   ISBN 978-3-658-35813-6 (eBook)
https://doi.org/10.1007/978-3-658-35813-6

Die Deutsche Nationalbibliothek verzeichnet diese Publikation in der DeutschenNationalbibliografie; detaillierte bibliografische Daten sind im Internet über http://dnb.d-nb.de abrufbar.

Springer Gabler
© Der/die Herausgeber bzw. der/die Autor(en), exklusiv lizenziert durch Springer Fachmedien Wiesbaden GmbH, ein Teil von Springer Nature 2022
Licensed by The University of Chicago Press, Chicago, Illinois, U.S.A. © 2006, 2010 by The University of Chicago. All rights reserved.
Das Werk einschließlich aller seiner Teile ist urheberrechtlich geschützt. Jede Verwertung, die nicht ausdrücklich vom Urheberrechtsgesetz zugelassen ist, bedarf der vorherigen Zustimmung des Verlags. Das gilt insbesondere für Vervielfältigungen, Bearbeitungen, Übersetzungen, Mikroverfilmungen und die Einspeicherung und Verarbeitung in elektronischen Systemen.
Die Wiedergabe von allgemein beschreibenden Bezeichnungen, Marken, Unternehmensnamen etc. in diesem Werk bedeutet nicht, dass diese frei durch jedermann benutzt werden dürfen. Die Berechtigung zur Benutzung unterliegt, auch ohne gesonderten Hinweis hierzu, den Regeln des Markenrechts. Die Rechte des jeweiligen Zeicheninhabers sind zu beachten.
Der Verlag, die Autoren und die Herausgeber gehen davon aus, dass die Angaben und Informationen in diesem Werk zum Zeitpunkt der Veröffentlichung vollständig und korrekt sind. Weder der Verlag noch die Autoren oder die Herausgeber übernehmen, ausdrücklich oder implizit, Gewähr für den Inhalt des Werkes, etwaige Fehler oder Äußerungen. Der Verlag bleibt im Hinblick auf geografische Zuordnungen und Gebietsbezeichnungen in veröffentlichten Karten und Institutionsadressen neutral.

Lektorat/Planung: Isabella Hanser
Springer Gabler ist ein Imprint der eingetragenen Gesellschaft Springer Fachmedien Wiesbaden GmbH und ist ein Teil von Springer Nature.
Die Anschrift der Gesellschaft ist: Abraham-Lincoln-Str. 46, 65189 Wiesbaden, Germany

Vorwort

Das Jahr 2020 könnte rückblickend als ein Wendepunkt in der Entwicklung der Philanthropie angesehen werden. Wie in anderen Gesellschaftsbereichen auch, spielt die Corona-Pandemie dabei eine wichtige Rolle. Aber es kommen noch andere Faktoren hinzu. Im Gegensatz zu früheren globalen Katastrophen wurde die Wirtschaftsleistung nur wenig in Mitleidenschaft gezogen. Private Ressourcen für Philanthropie stehen daher beinahe unverändert zur Verfügung. Hingegen haben die Staaten den Großteil der Last getragen, was sich auf ihre Leistungsfähigkeit bei sozialen, ökologischen oder kulturellen Aufgaben in Zukunft auswirken könnte. Unweigerlich werden Gesellschaft und Politik mehr philanthropisches Engagement erwarten und einfordern.

Die Pandemie war aber auch ein Weckruf für die bestehenden philanthropischen Akteure, egal ob Stiftungen, Mäzene, Spender oder Freiwillige. In der Theorie wird als wesentlicher Vorteil der Philanthropie gegenüber dem Staat regelmäßig das unbürokratische und direkte Handeln genannt, das besondere Leistungen ermöglichen kann. Leider muss man in der Praxis feststellen, dass auch die philanthropischen Akteure oftmals zögerlich, absichernd und reaktiv agieren. Die Folgen des Lockdowns waren für viele Organisationen in Kultur, Sozialwesen und anderen gesellschaftlichen Bereichen einschneidend. Nun waren philanthropische Geldgeber gezwungen, angemessen auf die neue Situation zu reagieren. In vielen Fällen wurden zusätzliche Mittel gesprochen, enge Zweckbindungen der Mittel gelöst oder die Vernetzung mit anderen Geldgebern oder Kooperationspartnern gefördert.

Wie in anderen Krisen zuvor, hat die Bevölkerung aus Solidarität mehr gespendet. Dies traf nicht nur auf die breite Masse der Kleinspender zu, sondern auch auf Firmen und reiche Privatpersonen. Egal, ob an ein lokales Theater, an Hilfsprogramme internationaler Entwicklungsorganisationen, an Forschungseinrichtungen zur Suche nach einem Impfstoff oder die große Kampagne der WHO, die über 242 Mio. US-Dollar zur Bewältigung der Pandemie brachte – die philanthropischen Leistungen haben in vielen Bereichen für Erleichterung und Zukunftsperspektiven gesorgt.

Aber wie wird sich die Philanthropie in Zukunft entwickeln? Schließlich hat gerade in den Jahren vor der Pandemie die Kritik an der Philanthropie – insbesondere der Philanthropie reicher Menschen – einen neuen Höhepunkt erreicht. In mehreren Büchern wurde der gesellschaftliche Nutzen der Philanthropie in Frage gestellt und vor allem Schwächen und Schwierigkeiten betont.[1] Es geht dabei um Fragen wie etwa nach der Gerechtigkeit von Philanthropie, der Effizienz der Mittelverteilung oder dem Machtverhältnis zwischen Gebern und Empfängern. Mit Philanthropie werden demokratische Prinzipien ausgehebelt, Steuergelder entfallen oder werden nach dem Wunsch einzelner Stifter verteilt und die großen Geldbeträge machen Politiker gefügig. Die aus der Kritik abgeleiteten Lösungsvorschläge gehen meist dahin, mehr Steuern zu erheben oder den Einfluss der Philanthropen auf ihre eigenen Spenden zeitlich oder auf andere Art zu befristen. Die Kritik ist daher meist keine Kritik an der Philanthropie an sich, sondern vielmehr am Staatswesen, das die Rahmenbedingungen für die Philanthropie schafft.

Denn die Philanthropie selbst, von der einfachen Spende für das örtliche Laientheater bis hin zum Philanthrokapitalismus à la Silicon Valley, lässt sich gar nicht verbieten. In allen Jahrhunderten der Menschengeschichte gab es Formen der Philanthropie, also private freiwillige Handlungen für einen gemeinnützigen Zweck. Die Bereitschaft, über die eigene Gruppe hinaus und ohne direkte Gegenleistung Fremden zu helfen, ist ein zentrales Merkmal für Zivilisation. Und trotz dieser langen und inhaltsreichen Geschichte muss sich jede Generation von Philanthropen wieder neu die gleichen Fragen stellen: Wen soll ich unterstützen? Auf welche Weise mache ich das am besten? Wie lange soll ich unterstützen? Wie helfe ich der Gesellschaft am wirksamsten?

Schon Aristoteles schreibt in der Nikomachischen Ethik: „Aber das Geld zu geben, wem man soll und wie viel man soll und wann und weswegen und wie, das ist nicht mehr jedermanns Sache und nicht leicht." Für die meisten Philanthropen stellt sich viel weniger die Frage „Warum geben?", sondern viel häufiger „Wie geben?".

Genau an diesem Punkt setzt dieses Buch an. Peter Frumkin hat sich schon vor vielen Jahren der Herausforderung gestellt, ein systematisch-analytisches und gleichsam handlungsorientiertes Buch zur Umsetzung philanthropischer Leistungen zu verfassen. „Strategic Giving: The Art and Science of Philanthropy" zählt in den USA zu den Standardwerken der Philanthropie-Forschung und hat bis heute nichts von seiner Gültigkeit eingebüßt. Nach dem Prinzip „Weniger ist mehr" schuf Peter Frumkin mit „The Essence of Strategic Giving" eine komprimierte Fassung seines Werks, das sich besonders für Praktiker eignet, um einen schnellen Einstieg ins Thema zu finden. Das vorliegende Buch ist die deutschsprachige Fassung zu dieser Kurzfassung. 2014 hielt Peter Frumkin einen viel beachteten Vortrag zu Institutseröffnung des Center for Philanthropy Studies (CEPS) an der Universität Basel. Über einige gemeinsame Projekte entstand die Idee, das Buch auf den Kontext der deutschsprachigen Länder zu übertragen. Gleiches wurde mit dem Team von Prof. Anne-Claire Pache an der ESSEC Paris auch für Frankreich unternommen.[2]

---

[1] Giridharadas, A. (2018): Winners Take All: The Elite Charade of Changing the World, New York: Knopf; McGoey, L. (2015): No Such Thing as a Free Gift: The Gates Foundation and the Price of Philanthropy, London: Verso; Reich, R. (2018): Just Giving – Why Philanthropy is Failing Democracy and How it Can Do Better, Princeton: Princeton University Press.

[2] Das französische Buch ist bereits 2019 erschienen: Frumkin, P.; Pache, A.-C., Gautier, A. (2019): Vers une Philanthropie Stratégique, Paris: Odile Jacob.

In den folgenden Kapiteln werden fünf zentrale Fragen beantwortet, die jede Philanthropin und jeder Philanthrop sich stellen muss:

- Was ist für die Gesellschaft und für mich wertvoll?
- Nach welcher Logik soll meine Philanthropie gesellschaftliche Wirkung entfalten?
- Welche Methode der Förderung kann am besten zur Erreichung meiner Ziele eingesetzt werden?
- Welchen Grad an Engagement und Sichtbarkeit halte ich für meine Philanthropie wünschenswert?
- Was ist der zeitliche Horizont für meine Förderung?

Das Buch soll dabei helfen, diese fünf Bereiche zu verstehen und aufeinander abzustimmen, um so zu einer strategisch fundierten und auf Wirksamkeit ausgerichteten Philanthropie zu gelangen. Wir bieten kein Schema F und auch kein Allheilmittel, sondern betonen vielmehr, dass jeder Philanthrop seine eigene Abstimmung finden muss. Denn gerade die Auseinandersetzung mit Fragen des Stils, des Zeithorizonts, des Umfangs der Spenden usw. helfen, das Verständnis und die Vorstellung der eigenen Philanthropie zu schärfen.

Trotzdem werden Sie auf den kommenden Seiten auch immer wieder über konkrete Beispiele lesen, die wir zur Veranschaulichung der Inhalte ausgewählt haben. Dies soll keineswegs bedeuten, dass die genannten Beispiele ohne weiteres nachzuahmen sind oder es sonst keine anderen guten Beispiele gäbe. Ganz im Gegenteil: Aus der großen Vielfalt an spannenden, ergreifenden und wirksamen Akteuren und Organisationen der Philanthropie, die wir bei unseren Recherchen in Deutschland, Österreich und der Schweiz gefunden haben, mussten wir uns auf einige wenige beschränken.

Eine weitere Herausforderung für dieses Buch war die Übersetzungen von einigen zentralen Begriffen. Insbesondere „Giving" und „Donors" lassen sich nicht eins zu eins übersetzen. Statt „Geben" verwenden wir deshalb mehrheitlich den Begriff „Philanthropie", auch wenn dieser in der Alltagssprache meist auf Spenden von reichen Menschen beschränkt wird. Für uns deckt Philanthropie aber ein breites Spektrum prosozialen Verhaltens von Freiwilligenarbeit über Spenden bis hin zur Gründung von Stiftungen ab. Für die „Donors" ist die Lage etwas komplexer. Immer von Philanthropen zu sprechen erschien uns wegen des gerade erwähnten Alltagsgebrauchs des Wortes unpassend. Ähnliches gilt für andere übliche Begriffe wie Spender oder Mäzene. Deshalb bleiben wir an vielen Stellen bei den „Gebern", um damit ein möglichst breites Spektrum an Personen abzudecken, die freiwillig geben, um anderen zu helfen. In einem kleinen Glossar am Ende des Buches haben wir einige weitere zentrale Begriffe des Buches erläutert.

Schließlich möchten wir all jenen danken, die uns bei der Umsetzung dieses Buches geholfen haben. Ein ganz besonderer Dank geht an Emily Langloh und Sebastian Seidel, die bei der Übersetzung geholfen haben, genauso wie an Alice Hengevoss, deren Recherchen bei der Auswahl der passenden Beispiele aus Deutschland, Österreich und der Schweiz sehr hilfreich waren. Ebenfalls danken wir Margit Schlomski und Isabella Hanser vom Verlag SpringerGabler, die das Projekt begleitet und über alle verlegerischen Hürden gehoben haben. Auch Anne-Claire Pache und Arthur Gautier danken wir, deren sehr gelungene französische Übersetzung uns als Orientierung diente. Zuletzt danken wir allen Philanthropen, die sich bisher und auch in Zukunft mit ihren eigenen Mitteln, Ideen und Visionen für gesellschaftliche Zwecke eingesetzt haben. Wir hoffen, dass dieses Buch Sie in Ihrem Bestreben bestätigt und ermutigt, immer wieder neu die Möglichkeiten der Philanthropie auszuloten.

Philadelphia, USA   Peter Frumkin
Basel, Schweiz   Georg von Schnurbein

Inhaltsverzeichnis

1	**Was bedeutet strategische Philanthropie?**	1
1.1	Wirksamkeit, Verantwortlichkeit und Legitimität	4
	1.1.1 Wirksamkeit	5
	1.1.2 Verantwortlichkeit	6
	1.1.3 Legitimität	7
1.2	Eine Erzählung von zwei, die geben wollten	8
1.3	Ein Modell der strategischen Philanthropie	15
2	**Die Dimensionen des philanthropischen Mehrwerts**	21
2.1	Gesellschaftliche Bedürfnisse und individuelle Werte	22
2.2	Vier Formen der Wertschöpfung	25
	2.2.1 Geben als Wohltätigkeit	26
	2.2.2 Zweckorientierte Formen der Philanthropie	29
	2.2.3 Wertorientierte Formen der Philanthropie	32
2.3	Das verbindende Element: Strategische Philanthropie	34
3	**Wirkungsmodelle: Theorien des Wandels, der Hebelwirkung und der Skalierung**	37
3.1	Elemente des Wirkungsmodells	38
3.2	Theorie des Wandels	40
3.3	Theorie der Hebelwirkung	45
	3.3.1 Unterstützungsstrategien	46
	3.3.2 Programmatische Strategien	48
3.4	Theorie der Skalierung	51
	3.4.1 Skalierung durch finanzielle Stärke	52
	3.4.2 Skalierung durch Programmausbau	53
	3.4.3 Skalierung durch Replikation	54
4	**Den eigenen Stil finden**	59
4.1	Engagement	61
4.2	Profil: zwischen Anonymität und Anerkennung	66

	4.3	Ein neuer Stil: Venture Philanthropy und Impact Investing.	70
	4.4	Philanthropische Beziehungen.	76
5	**Der Zeitrahmen**		**79**
	5.1	Gesellschaftliche Probleme und Zeit	80
	5.2	Die Festlegung der Ausschüttungsquote	85
	5.3	Die Idee der philanthropischen Diskontierung	89
	5.4	Die Definition des Zeitrahmens durch Philanthropen	93
	5.5	Die Herausforderung der Zeit	94
6	**Instrumente und Methoden**		**97**
	6.1	Vier Arten von Stiftungen	98
		6.1.1 Operative Stiftungen	99
		6.1.2 Bürgerstiftungen	100
		6.1.3 Unternehmensstiftungen	102
		6.1.4 Förderstiftungen	104
	6.2	Verbindende Theorien	106
	6.3	Alternative Instrumente	108
7	**Die Entwicklung einer strategischen Philanthropie**		**115**
	7.1	Funktionen und Formen der Wirkungsorientierung	117
	7.2	Handlungspfade	120
	7.3	Die Zukunft der Philanthropie	123

Glossar 127

Stichwortverzeichnis 129

Was bedeutet strategische Philanthropie?

Inhaltsverzeichnis

1.1	Wirksamkeit, Verantwortlichkeit und Legitimität	4
	1.1.1 Wirksamkeit	5
	1.1.2 Verantwortlichkeit	6
	1.1.3 Legitimität	7
1.2	Eine Erzählung von zwei, die geben wollten	8
1.3	Ein Modell der Strategischen Philanthropie	15

Wohltätigkeit und Philanthropie – beide Wörter werden gerne verwendet, um den Akt des Gebens zu beschreiben. Beide sind eng mit der Entwicklung des Gebens verbunden. Wie die zwei Wörter zueinander stehen, ist jedoch nicht einfach zu erklären. Häufig wird versucht, die beiden Wörter als Widerspruch zu sehen oder ihnen eine historische oder evolutionäre Rangfolge zuzuordnen. In Wirklichkeit bestehen Wohltätigkeit und Philanthropie seit langem parallel und sind nicht einfach voneinander zu trennen.

Unter Wohltätigkeit versteht man am ehesten den unkomplizierten, ohne Auflagen versehenen und direkten Transfer von Geld oder anderer Unterstützung an Bedürftige. Obwohl Wohltätigkeit auch Zeitspenden (Freiwilligenarbeit) beinhaltet, werden wir uns im Weiteren auf Geldspenden konzentrieren. Wohltätigkeit hat eine lange globale Geschichte, die vielerorts eng mit der jeweiligen Religion verbunden ist. Im Christentum bedingen Glaube und Wohltätigkeit einander und Begriffe wie Caritas und Diakonie bezeichnen noch heute das soziale Engagement der Kirchen. Auch in anderen Religionen ist die Wohltätigkeit ein zentrales Prinzip, ein Weg, um Fürsorge und Engagement zu zeigen. Die Wohltätigkeit basiert auf der Annahme, dass kein Mensch in Elend und Leid leben sollte und dass jene, die helfen können, zur Hilfe verpflichtet sind.

In der heutigen Zeit nimmt die Kritik am traditionellen Verständnis der Wohltätigkeit zu. Oftmals liest man den Vorwurf, dass Wohltätigkeit mehr zementiert als aufbricht und anstatt einen Ausweg aufzuzeigen, führt sie eher in eine Sackgasse. Wie das? Kritiker betonen erstens, dass durch Almosen die soziale Hierarchie nur bestätigt wird, und arme Menschen sich erniedrigt und gedemütigt fühlen, indem sie Spenden annehmen müssen, ohne etwas dafür zu tun. Zweitens wird angemerkt, dass durch Wohltätigkeit nur eine vorübergehende Linderung sozialer Probleme wie Armut erreicht wird, aber selten das Grundproblems gelöst wird. Eine dritte Feststellung ist, dass es der Wohltätigkeit an Professionalität mangelt. Selbst nach Jahrzehnten der Entwicklung der Sozialarbeit als Berufsfeld bestehen Zweifel an der Ausbildung und Fähigkeit der Mitarbeitenden von Wohltätigkeitsorganisationen und ob sie in der Lage sind, differenzierte Reaktionen auf menschliches Leid zu entwickeln. Viertens wird argumentiert, dass Wohltätigkeit Erwartungen auf weitere private Gaben weckt, was die Argumente für staatliche Maßnahmen weniger überzeugend macht und breite systematische Interventionen erschwert. Trotz all dieser Kritik ist der Wunsch weit verbreitet, Menschen in Not zu helfen. Die Tatsache, dass dieses Engagement vielleicht nicht alle sozialen Probleme an der Wurzel packt, bedeutet kaum, dass den Bedürftigen nicht geholfen wird.

Was könnte aber unternommen werden, um einige dieser teilweise realen, teilweise vermeintlichen Schwächen der Wohltätigkeit zu beheben? Anstatt Wohltätigkeit schlecht zu reden, wollen wir eine neue Vision von Helfen und Geben durch Ideen der Philanthropie vorstellen. Zwei zentrale Prinzipien zeichnen Philanthropie als Alternative zu Wohltätigkeit aus: Hilfe zur Selbsthilfe und das Eröffnen von Perspektiven. Tatsächlich wurden diese beiden Prinzipien ursprünglich als Unterscheidungskriterien zwischen Philanthropie und der altmodischen Wohltätigkeit verstanden, weshalb häufig angenommen wird, dass diese Differenzierung die entscheidende Gabelung in der Evolution des Gebens war.

Anstatt den Armen fortwährend kleine Almosen zu geben, streben Philanthropen nach dauerhaften und verändernden Lösungen. Durch Hilfe zur Selbsthilfe wollten die Philanthropen des 19. Jahrhunderts das Modell der Wohltätigkeit verbessern, indem sie die Ursachen von Armut und Verzweiflung an der Wurzel packten. Benjamin Franklin war ein großer Verfechter der Philanthropie und sprach sich gegen die immerwährende Wohltätigkeit aus. In einem berühmten Ausspruch empfahl er, dass man Bedürftigen ein Rasiermesser zur eigenen Pflege geben sollte, das ihnen die Vorzüge der Selbsthilfe lehrt, sie vor den stumpfen und rostigen Geräten der Barbiere schützt und ihnen dank des gesparten Geldes ein Gefühl der Zufriedenheit vermittelt. Auch Andrew Carnegie bezeichnete einen bescheidenen Lebensstil und Philanthropie als die Pflichten der Reichen. Er betonte, dass Philanthropie niemals zu einer reinen Almosenspende verkommen dürfte. Stattdessen sollte ein aufrichtiges Geben die Menschen zur Selbsthilfe anregen. Carnegie fasste sein Ethos der Selbsthilfe folgendermaßen zusammen: „Um der Gemeinschaft zu helfen, ist es das beste Mittel, den Aufstrebenden die Leitern erreichbar zu machen, auf denen sie aufsteigen können." Seither haben Philanthropen diese Idee der Hilfe zur Selbsthilfe weiterentwickelt. Etwas vereinfacht lassen sich fünf wichtige Beweggründe nennen, die sich im Laufe der Zeit in der öffentlichen Wahrnehmung der Philanthropie festgesetzt haben.

1 Was bedeutet strategische Philanthropie?

Einer der häufigsten Beweggründe für die Philanthropie ist der Wunsch der Geber, sich für den gesellschaftlichen Wandel einzusetzen. Die Verwendung privater Mittel ermöglicht es den Philanthropen, eine Agenda für Veränderungen zu verfolgen, ohne dabei viel Zeit mit der Mobilisierung anderer Unterstützungsquellen zu verbringen oder zuerst einen Konsens unter den Betroffenen erreichen zu müssen. Gerade diese Macht, Geld im Namen des politischen und sozialen Wandels einzusetzen, hat immer auch zu Kritik an der Verantwortlichkeit der Philanthropie geführt.

Ein zweiter Grund für Philanthropie besteht darin, wichtige soziale Innovationen zu finden und zu unterstützen, sei es durch Forschung oder in der Umsetzung. Die eigene Autonomie und die gering ausgeprägte Rechenschaftspflicht ermöglichen es den Philanthropen, neue und unwägbare Wege zu gehen. Viele von ihnen wollen innovative Lösungsansätze für gesellschaftliche Probleme entwickeln und fördern. Demgegenüber wird die Wirksamkeit solcher sozialen Innovationen oftmals in Frage gestellt. Durch die Förderung von sozialem Unternehmertum kann Philanthropie dennoch Wirkung in vielen Bereichen erzeugen.

Ein drittes Argument der Philanthropie gilt vor allem für die große Masse der kleinen Spender. Sie geben aus Solidarität und wollen anderen helfen, denen es schlechter geht. Ziele wie Gleichberechtigung und Umverteilung werden durch Spenden an Organisationen und Programme erreicht, die langfristige Lösungen für die Probleme der Bedürftigen suchen und umsetzen. Häufig operieren diese Destinatäre im lokalen Kontext, so dass durch die Spenden auch ein Ausdruck von Fürsorge im eigenen Umfeld zum Ausdruck kommt. Die nach Gleichheit strebende, umverteilende Funktion der Philanthropie ist generell am wenigsten umstritten und wird in vielen Staaten durch das Steuerrecht besonders gefördert.

Ein vierter Beweggrund für Philanthropie ist die unmittelbare und unverblümte Förderung von Pluralismus als wohlfahrtsstaatlichem Wert. Jedes Jahr werden Hunderte von Millionen Euro von verschiedenen Personengruppen und privaten Institutionen für öffentliche Zwecke eingesetzt. Unabhängig von staatlichen Institutionen entstehen so Alternativen in der Entwicklung und der Umsetzung des Gemeinwohls. Diese Philanthropie ermöglicht die Ko-Existenz eines breiten Spektrums von Ideen und Programmen im öffentlichen Bereich, wo sonst nur eine begrenzte Anzahl „bevorzugter" Lösungen bestehen würde. Gegen das Argument, dass die Philanthropie den Pluralismus fördert, wird immer wieder als Kritik ins Feld geführt, dass dies sowohl ineffizient als auch undemokratisch ist, da so private Akteure in konkurrierenden Weisen handeln und nicht durch eine einzige, demokratisch legitimierte Vorgehensweise. Nimmt man jedoch an, dass sich private Interessen von Gebern und öffentliche Bedürfnisse der Gesellschaft überschneiden, dann stellt die genannte Kritik womöglich kein Problem mehr dar. Schließlich ist die Macht innerhalb der Philanthropie angesichts einer Vielzahl konkurrierender Vorstellungen des Gemeinwohls sehr diffus verteilt und der Sektor als Ganzes dadurch ziemlich ausgeglichen.

Der fünfte Grund der Philanthropie ist die persönliche Selbstverwirklichung der Geber. Durch Spenden und Stiftungen übersetzen die Geber ihre Werte in konkrete Handlungen.

Bislang wurde diese fünfte Funktion der Philanthropie weitgehend kritisch beurteilt und in Medien und Öffentlichkeit mit Misstrauen und Verachtung reagiert, wenn sie zu deutlich zum Ausdruck kam. Man mag sich schließlich fragen, warum man sich um den psychischen Nutzen der Geber kümmern sollte, wenn die Bedürfnisse der Gesellschaft so drängend sind. Eine berechtigte Antwort liefert die komplexe Abhängigkeit der Philanthropie vom guten Willen und der Motivation der Geber. Ohne Philanthropen gibt es keine Philanthropie. Ohne der Geberseite der Philanthropie ausreichend Aufmerksamkeit und Ernsthaftigkeit zu widmen, besteht die Gefahr, dass Geber keine langfristig tragfähige Begründung für ihr Engagement und ihre Bereitschaft finden, um mit privaten Mitteln gemeinnützige Zwecke zu unterstützen. Nur um das klarzustellen: In der Philanthropie muss und sollte es darum gehen, öffentlichen Nutzen zu stiften. Es muss und sollte aber auch darum gehen, dass Geber die Früchte ihrer Philanthropie in Form von emotionaler und innerer Befriedigung genießen können. Für Geber bietet Philanthropie die Möglichkeit, Sinn und Zweck im Leben zu finden und die Bedeutung der eigenen Werte konkret zu erfahren. Im besten Fall verstärken sich der öffentliche Zweck und der persönliche Nutzen gegenseitig. Deshalb sind die zentralen Motive der Philanthropie immer beides, die Werteorientierung des Gebers und der gemeinnützige Zweck.

Letztlich wird die Bedeutung der Philanthropie immer dann sichtbar und verständlich, wenn Geber und Destinatäre durch philanthropische Aktivitäten zusammengeführt werden. Philanthropie übersetzt die persönliche Wertorientierung der Geber in öffentliches Handeln und die Förderung des Gemeinwohls. Sie hat sowohl öffentliche als auch private Funktionen, die es einerseits der Gesellschaft ermöglichen, Probleme zu lösen, und andererseits dem Einzelnen die Chance geben, seine Werte auszudrücken und umzusetzen. Was Philanthropie aufregend und zugleich befremdend macht, ist das seltsame und manchmal verstörende Zusammenspiel von öffentlichen Bedürfnissen und persönlichen Entscheidungen. Oftmals beginnt Philanthropie mit dem Impuls des Einzelnen, anderen zu helfen, und endet dann in einem Netzwerk von Beziehungen und Vereinbarungen, die dieses einfache Ziel schließlich gemeinsam erreichen – oder auch nicht.

1.1 Wirksamkeit, Verantwortlichkeit und Legitimität

Philanthropie bedeutet, anderen freiwillig zu helfen. Und es ist eigentlich schwer nachvollziehbar, warum überhaupt jemand Probleme mit dem schlichten Ausleben von Großzügigkeit haben sollte. Ungeachtet der vielen möglichen Ausprägungen ist die Grundstruktur der Beziehung zwischen Geberin und Destinatärin letztlich ziemlich einfach; sie verbindet ein Akt von Schenken und Empfangen. Doch selbst wenn dieser freiwillige Transfer von Ressourcen einfach erscheint, stellt er beide Seiten vor komplexe Herausforderungen, insbesondere wenn es um größere Beträge geht und gesellschaftliche Interessen damit berührt werden. Heute mehr noch als früher lauern sowohl bei individuellen wie bei institutionellen Spenden zahlreiche Stolperfallen, für deren Lösung viel Aufwand und Ressourcen verwendet werden müssen. Im Kern drehen sich die Bedenken – innerhalb des

Philanthropie-Sektors und in der Öffentlichkeit – um drei komplexe und miteinander verbundene Themen: Wirksamkeit, Verantwortlichkeit und Legitimität.

1.1.1 Wirksamkeit

Vor die Wahl gestellt, „effektiv" oder „ineffektiv" zu handeln, würde sich wohl kaum eine Philanthropin oder ein Philanthrop bewusst für die Ineffektivität entscheiden. Menschen engagieren sich und spenden, weil sie etwas erreichen wollen – entweder für jemand anderen oder für sich selbst, oft für beide Seiten. Wenn man unter Effektivität das Erreichen der gesetzten Ziele versteht, nimmt dieser Grundsatz in der ansonsten sehr zersplitterten Welt der Philanthropie wie kaum etwas anderes eine universelle Bedeutung ein. Das Problem ist, dass selbst dieser Konsens schwach ist und wenig praktische Bedeutung hat. Es gibt kaum Einigkeit darüber, wie philanthropische Ziele zu definieren sind, wie die Zielerreichung gemessen werden sollte, und – was vielleicht am wichtigsten ist – wie dadurch Wissen und Erfahrung für eine zukünftige Verbesserung gewonnen werden kann.

Das beliebteste Modell zur Beurteilung der Effektivität ist heute die Programm-Effektivität, das heißt die Wirkungsmessung einzelner Projekte und Programme. Dies geschieht über Berichte sowie Verfahren und Methoden, wie beispielsweise ein Social Return on Investment. Es werden Daten generiert, mit denen Vergleiche zwischen Projekten oder Programmen durchgeführt werden können. Diese sollen auch vor Kritik schützen, dass philanthropische Entscheidungen auf etwas anderem als Leistung basieren. Leider sind die im gemeinnützigen Sektor verwendeten Daten oft unvollständig, unzuverlässig und nicht für Vergleiche geeignet. Die Wirkung von Projekten oder Programmen wird nur selten mit formalen experimentellen Techniken (z. B. Kontroll- und Behandlungsgruppen) durchgeführt, dagegen wird oft mit Schätzungen und Annahmen gearbeitet. Trotz dieser technischen Einschränkungen ist das Konzept der Programm-Effektivität heute weit verbreitet. Erschwerend kommen weitere Faktoren hinzu wie die Abhängigkeit von Umfang, Zeitpunkt und Bedingungen der philanthropischen Zuwendung. Nehmen wir die folgenden zwei Förderbeiträge an: der erste ist klein und wird spät im Rahmen der Finanzierung des Projekts gesprochen. Der zweite ist umfangreich und wird in einer frühen, kritischen Phase gesprochen und ist begleitet von weiterer Unterstützung in Kommunikation und Vernetzung. Es liegt auf der Hand, dass die Wirksamkeit der beiden Förderbeiträge unterschiedlich bewertet werden muss, wenn man diese nur auf den späteren Erfolg des Empfängers bezieht. Die Ausrichtung nach Programm-Effektivität kann nicht nach dem relativen Wert des Förderbeitrags unterscheiden. Effektivität – selbst das enge Konzept der Programm-Effektivität – erfordert einen sinnvollen kausalen Zusammenhang zwischen der Zuwendung und den Ergebnissen. Je mehr Philanthropen beitragen, um ihren Förderbeitrag Sinn und Wert zu geben, desto bedeutender ist ihr Anspruch auf Wirksamkeit.

Ein alternatives Konzept ist die Effektivität nach dem Stiftungszweck – „Zweck-Effektivität". Dabei wird die Qualität der Förderung und der Erfolg der Förderung hinsichtlich der Zweckerfüllung bewertet. Es ist ein Maß für die Gesamtwirkung, das weitaus umfangreicher ist als die Frage, ob eine Destinatärin in einem bestimmten Förderprogramm gut abschneidet. Es wendet die Frage der Wirkung weg von der Destinatärin hin zur Geldgeberin. Die Zweck-Effektivität umfasst alle definierten Ziele einer Förderinstitution. Neben der Erfüllung spezifischer öffentlicher Aufgaben kann es sich dabei auch um andere Themen handeln, z. B. Selbstverwirklichung oder die Generierung von Wissen. Die Effektivität des Zwecks ist nicht nur die Summe der programmatischen Effekte, die von Destinatären erzielt werden, sondern hängt vielmehr von der Qualität der Strategie und dem Grad der Umsetzung durch die Förderinstitution ab. Zweck-effektiv zu sein bedeutet, die selbst gesetzten Förderziele zu erreichen. Dies ist jedoch oft noch weniger fassbar als das Konzept der Programm-Effektivität.

1.1.2 Verantwortlichkeit

Hat ein Philanthrop die Hürde der Effektivität überwunden, drängt sich ein weiteres Hindernis auf: Die Frage der Verantwortlichkeit. Eine der wesentlichen Herausforderungen der Philanthropie heute ist, ob und wie Geber jemals angemessen für ihre Förderbeiträge verantwortlich gemacht werden. Die kritische Auseinandersetzung mit Philanthropie entzündet sich zum einen am Steuerabzug, den Philanthropen für ihre Spenden erhalten, zum anderen – und aktuell viel stärker – an der damit verbundenen Macht, durch finanzielle Kraft gesellschaftliche Ziele und Agenden zu beeinflussen.

Interessanterweise ist die Frage der Verantwortlichkeit in einigen Bereichen des Sektors von größerer Bedeutung als in anderen. Für die Spenden einzelner Individualgeber, die weitgehend unbemerkt und in geringen Umfang spenden, fordern Medien oder Watchdogs nur selten mehr Informationen über Zugang, Transparenz oder Verteilung. Bei großen institutionellen Gebern wie beispielsweise Stiftungen hingegen wird die Frage der Verantwortlichkeit viel häufiger gestellt. Der Treiber der Verantwortlichkeitsdebatte ist vor allem die Sorge, dass die ungleiche Machtverteilung zwischen Gebern und Destinatären eine angemessene und notwendige Rechenschaft über einen „Markt" mit mehreren hundert Millionen pro Jahr verhindert.

Für das Ringen um mehr Verantwortlichkeit steht beispielhaft das Streben nach verlässlichen Entscheidungsprozessen und Transparenz, gerade bei großen Förderstiftungen. Die einfachste Maßnahme für mehr Transparenz ist selbstverständlich der Zugang zu mehr Information. In den letzten Jahren haben Förderstiftungen zunehmend umfangreiche und informative Webseiten eingerichtet, Jahresberichte in immer größerer Zahl veröffentlicht, prägnante Förderrichtlinien mit Verstärker- und Filterkriterien herausgegeben und teilweise sogar Strategiepläne veröffentlicht, die über Fokus der Förderung und bevorzugte Ansätze für besondere Probleme informieren. Dadurch wird die Arbeit der Förderstiftungen für Destinatäre und die breite Öffentlichkeit besser verständlich, auch wenn es noch ein weiter Weg ist, bis diese Maßnahmen den Standard der Stiftungskommunikation repräsentieren.

Mit mehr Information über den Förderprozess allein wird aber weder funktional noch moralisch mehr Verantwortlichkeit übernommen. So gestaltete Transparenz bedeutet lediglich einen einseitigen Monolog der Geldgeber mit vielen Mitteilungen, aber ohne eine Offenheit für Antworten und Widerreden. Stattdessen muss ein Dialog zwischen der Welt der Philanthropie und ihren vielen Stakeholdern etabliert werden. Einige große Förderstiftungen haben Versuche unternommen, über Umfragen eine Bewertung ihrer eigenen Leistung durch ihre Destinatäre zu erhalten. Aber selbst mit dem Versprechen der Anonymität wagen nur wenige Destinatäre, ehrliche und kritische Meinungen zu äußern – zu sehr sind die Gedanken schon beim nächsten Förderantrag. Zudem geben die Umfragen zwar Auskunft über die Zusammenarbeit mit den Mitarbeitenden der Stiftungen, jedoch findet man darin nur wenig Informationen darüber, ob die Förderentscheide weise und wirksam gewesen sind. Was wir deshalb brauchen, ist eine grundsätzliche – nicht nur prozessuale – Verantwortlichkeit für die Zielerreichung in der Philanthropie.

Wenn Verantwortlichkeit nur auf Transparenz und Effizienz innerhalb des Förderprozesses beschränkt ist, dann werden dadurch weder echte Fortschritte in den jeweiligen Förderbereichen erzielt, noch nehmen die Geber ihre Verantwortung gegenüber der Gesellschaft ausreichend wahr. Informationen darüber, wie man einen Förderantrag einreicht oder welche Organisationen in der Vergangenheit gefördert wurden, lassen den Förderprozess weniger mysteriös erscheinen, aber sie bleiben sehr schwache Indikatoren für echte Verantwortlichkeit über Effizienz und Effektivität der Fördertätigkeit.

1.1.3 Legitimität

Noch weit mehr als Effektivität und Verantwortlichkeit ist Legitimität das eigentlich heiße Eisen, das selten angesprochen und erforscht wird. Die Legitimität philanthropischer Aktivitäten ist ein heikles Thema. Dies liegt daran, dass Philanthropie einen inhärenten Zwiespalt mit sich bringt: Einerseits beruht Philanthropie auf privatem Reichtum, andererseits will sie das öffentliche Gemeinwohl verbessern. Aus der einen Perspektive ist man gewillt zu fragen, wer das Recht hat, privaten Personen und Organisationen vorzuschreiben, wie sie sich engagieren wollen. Schließlich ergänzen sie die knappen öffentlichen Mittel und man sollte dankbar dafür sein, dass jemand freiwillig einen Beitrag zur Entwicklung der Gesellschaft leistet. Aus der anderen Perspektive fragt man sich, woher die reichen Geldgeber das Selbstverständnis nehmen, dass sie gesellschaftliche Bedürfnisse beurteilen und eigenhändig beheben wollen. Dies entspringt einer gewissen Hybris, wonach man meint für andere zu sprechen, ohne sie vorher zu konsultieren oder nach ihrem Einverständnis zu fragen. Wegen dieser inhärenten Spannung kann man berechtigterweise fragen, wann und wie die Ausübung philanthropischer Macht richtig und gerecht ist. Letztlich ist die Antwort auf die Frage der Legitimität schmerzlich einfach: Legitimität ohne substanzielle Verantwortlichkeit ist unmöglich. Und eine substanzielle Verantwortlichkeit wiederum ist ohne messbare Effektivität nicht machbar.

Effektivität, Verantwortlichkeit und Legitimität bedingen einander und wirken ineinander. Wer seine Zielerreichung oder Wirksamkeit nicht messen kann, der hilft sich mit Aussagen zur Qualität des Förderprozesses und betont Transparenz oder Zweckorientierung. Wenn Geldgebern gegenüber Vorwürfe gemacht werden, dass sie ihre Verantwortlichkeit bei der Mittelvergabe nicht ausreichend wahrgenommen haben, dann wird oft auf verpasste Chancen, fehlende Wirkung oder generell eine ineffiziente Förderpolitik hingewiesen. Werden umfangreiche Spenden und Förderbeiträge gesprochen, löst das oftmals eine öffentliche Debatte darüber aus, ob die offensichtliche Bevorzugung eines Themas oder Destinatärs gerechtfertigt ist. Effektivität, Verantwortlichkeit und Legitimität sind untrennbar miteinander verbunden.

Im Weiteren wollen wir zeigen, dass die Entwicklung und Umsetzung einer klaren Strategie der einzig wirksame Weg für Philanthropen und Förderstiftungen ist, um die Effektivität, Verantwortlichkeit und – am dringendsten – die Legitimität ihrer philanthropischen Aktivitäten zu stärken und gegen kritische Fragen zu schützen. Eine kohärente Strategie ist dafür der Dreh- und Angelpunkt, auch wenn strategische Konzepte in der Philanthropie bislang eine eher unbedeutende Rolle spielen (zumindest im Vergleich zur Wirtschaftswelt). In vielfacher Hinsicht ist „Strategische Philanthropie" ein Allzweckwerkzeug, mit dem man die Voraussetzungen für Wirksamkeit, Verantwortlichkeit und Legitimität schaffen kann. Der verbleibende Teil des Buches präsentiert ein Modell der Strategischen Philanthropie, dass als Anleitung für eine zielgerichtete, systematische und wirksame Philanthropie dienen soll. Als nächstes wollen wir eine Theorie wirksamer Philanthropie skizzieren, auf der letztlich das strategische Modell beruht. Dazu widmen wir uns zunächst einer kurzen Erzählung zweier Philanthropen mit ihren leidvollen und schönen Erfahrungen. Anschließend entwickeln wir die Modellstruktur der Strategischen Philanthropie.

1.2 Eine Erzählung von zwei, die geben wollten

Die Geschichte beginnt mit Henry und Edith Everett, zwei wohlhabende New Yorker, die beide während ihrer Karriere bei Investmentfirmen beachtliche berufliche Erfolge erzielt hatten. In den 1950er-Jahren gründeten sie eine kleine Familienstiftung, die Everett Foundation, die ihnen in den kommenden Jahrzehnten als Mittel der Philanthropie dienen sollte. Mitte der 1990er-Jahre verfügte die Stiftung über ein Vermögen von über 10 Millionen Dollar, was es den Everetts ermöglichte, für die hohen Standards von New York City als bescheidene, aber seriöse Geber zu gelten. Die Everetts lebten an der Upper East Side gegenüber vom New Yorker Central Park Zoo, einer Einrichtung mit einer langen und erfolgreichen Geschichte einer tierbezogenen Vermittlung an Erwachsene und Kinder. Der Central Park Zoo und die vier anderen Zoos der Stadt werden alle von der gemeinnützigen Wildlife Conservation Society (WCS) betrieben.

Eine langjährige Attraktion im Zoo war der berühmte Kinderzoo, in dem eine bunte Herde von Nutztieren zu sehen war, die Kinder besuchen und streicheln konnten. Die

1.2 Eine Erzählung von zwei, die geben wollten

Umgebung des Kinderzoos war bekannten Märchen nachempfunden, darunter ein großer, mit Tieren gefüllter Schuh der alten Mutter Hubbard, Hütten für die drei Schweinchen und ein Lebkuchenhaus. Der Kinderzoo war jedoch in die Jahre gekommen und baufällig. Hinzu kam ein schwelender Konflikt darüber, ob der Zoo die fantasievollen Ausstellungsstücke aus den 1960er-Jahren restaurieren oder nicht besser eine naturverbundenere Umgebung schaffen sollte. Nach juristischen Auseinandersetzungen mit Architekturhistorikern legte der Zoo einen Kompromissplan vor, der die Idee des interaktiven Streichelzoos beibehalten sollte und gleichzeitig eine Renaturierung vorsah. Anfang 1996 begann der Zoo mit der Suche nach Gebern zur Unterstützung dieses umfangreichen Projektes.

Nachdem sie in der New York Times über die Kämpfe um den Kinderzoo gelesen hatten, und darüber hinaus Freunde mit kleinen Kindern und Enkelkindern die lange Zeit der Schließung der Einrichtung beklagten, beschlossen die Everetts, der WCS ihre Unterstützung für die Renovierung des Kinderzoos anzubieten. Der Wunsch der Everetts zu helfen, deckte sich mit dem Bedürfnis der WCS, ihre Unterstützungsbasis zu erweitern. Die WCS hatte eine Tradition der zurückhaltenden Zusammenarbeit mit großen Gebern, von denen viele Vorstandsmitglieder waren. Wenn Bedarf bestand, griffen Unterstützer wie Brooke Astor, Laurence S. Rockefeller und Lila Acheson Wallace großzügig zu ihren Scheckbüchern, damit die Arbeit der Organisation vorankommen konnte. Nachdem die WCS auf ihren Pool langjähriger Unterstützer zugegriffen hatte, um ihre ehrgeizigen Spendenziele in den 1980er-Jahren zu erreichen, suchte sie nun nach neuen Unterstützern, die sich für die Aufgabe zur Erhaltung der Tierwelt und für Bildung interessierten. Die Organisation erkannte, dass diese neuen Geber mehr Anerkennung suchen könnten als die früheren Geber, und dass eine Namensnennung – das Angebot ein Gebäude, ein Platz oder ein Bauwerk nach einer Geberin zu benennen – ein Schlüsselinstrument sein könnte, um gerade neue Geber anzuziehen, die ihr Vermögen in der Technologie- und Finanzbranche verdient hatten.

Die Everetts waren der Idealtyp dieser neuen Geber, die die WCS im Auge hatte. Sie waren bedeutende Unterstützer für politische Kandidaten der Demokratischen Partei und förderten wichtige jüdische philanthropische Initiativen in den Vereinigten Staaten und im Ausland. Sie hatten Schenkungen an das Everett Center for the Performing Arts des Harlem Dance Theatre, eine Vortragsreihe in der New York Public Library und einen Everett Children's Adventure Garden im Botanischen Garten von New York veranlasst sowie Anti-Tabak-Kampagnen unterstützt, die darauf abzielten, Kinder davon abzuhalten, mit dem Rauchen anzufangen. Obwohl die Everetts das New Yorker Society-Leben mieden, waren sie viele Jahre lang ehrenamtlich aktiv, waren in zahlreichen Gremien tätig und widmeten den Großteil ihrer Zeit gemeinnützigen, bürgerschaftlichen und kulturellen Zwecken. Der Kinderzoo schien wie geschaffen dafür zu sein, und die Everetts stimmten einem Treffen mit dem Präsidenten der WCS sofort zu.

Bei diesem ersten Treffen überraschten die Everetts die Verantwortlichen des Zoos mit einem großzügigen Angebot von 3 Millionen Dollar für das geschätzte Restaurierungsbudget von 5,9 Millionen Dollar. Es wurde vereinbart, dass die fertiggestellte Anlage mit dem Namen Everett's Children Zoo eröffnet werden sollte, wobei noch die genauen Einzelheiten in Absprache mit den zahlreichen Beteiligten und Interessenvertretern des Zoos ausgearbeitet werden mussten. Nachdem der Renovierungsplan von allen Parteien mit Ausnahme der Kommissionen für Denkmalschutz und Kunst gutgeheißen worden war, unterzeichneten die Everetts und die WCS einen Vertrag, und eine erste Rate von 750.000 Dollar wurde gezahlt. Wie bei allen ihren Schenkungen bestanden die Everetts auf eine Formulierung in der Vereinbarung, die es der WCS untersagt, von Tabakunternehmen für Veranstaltungen oder andere Aktivitäten in Verbindung mit dem Kinderzoo gesponsert zu werden.

Henry Everett, der sich selbst als aktiver Spender betrachtete, verlor keine Zeit, um mit der WCS an dem Projekt zu arbeiten. Wenn er auf seinen Reisen andere Kinderzoos besuchte, schickte Everett Designideen und Vorschläge an die Verantwortlichen der WCS. Bald jedoch begann die Beziehung auseinanderzubrechen. Verzögerungen bei der Erlangung der endgültigen Genehmigung, das Versäumnis, das Geschenk öffentlich bekannt zu machen, und Meinungsverschiedenheiten über das endgültige Design führten zu Differenzen zwischen dem WCS-Vorstand und den Everetts. Ein besonders heikles Thema war die Frage, wie der Name der Everetts am Zooeingang angebracht werden sollte.

Man brauchte etwas, das die Everetts zufrieden stellen und gleichzeitig die ursprünglichen Geber anerkennen würde. Der Eingang zum Kinderzoo bestand aus drei großen Granitsäulen, die einen Bronzebogen mit Tierfiguren trugen. Auf der Mittelsäule stand in großen Buchstaben „Children's Zoo" und darunter befand sich eine Gedenktafel, die den ehemaligen Gouverneur Herbert Lehman und seine Frau Edith würdigte. Laut WCS wollten die Everetts ihren Namen über den vorhandenen Wörtern in den Granit geritzt haben, um den Effekt von „Everett Children's Zoo" zu erzeugen. Darunter sollte eine Gedenktafel angebracht werden, die die ursprüngliche Verdankung des Lehman-Geschenks verdecken sollte. Eine neue Plakette an einer der Seitensäulen sollte den Lehmans für die Schaffung des Kinderzoos danken. Eine Kommission überprüfte diesen Vorschlag und lehnte ihn ab. Auch stritt man über die Größe der Buchstaben. Die Everetts wünschten eine Größe von vier Zoll, die Kommission wollte lediglich zwei Zoll große Buchstaben akzeptieren. Schließlich schlug die Kommission eine Tafel für die Everetts an der Mittelsäule und kleinere Tafeln an den anderen Außensäulen vor, die die Lehmanns würdigen – eine Lösung, die eine Umgestaltung des Granits vermeiden sollte.

Inmitten all dieser Verhandlungen und Spannungen brach die Vereinbarung zwischen Geber und Empfänger auseinander. Laut den Everetts forderte die WCS sie auf, einen Brief zu schreiben, in dem sie ihr Geschenk zurückziehen würden, weil der Vertrag gebrochen worden sei. Diesen Brief würde der Zoo dann als Druckmittel gegen die Kommission zur Lösung des Problems einsetzen. Die Everetts schickten den Brief per Fax an die WCS, damit diese ihn am folgenden Tag bei strategischen Verhandlungen mit der Kommission verwenden würden. Die Everetts erfuhren jedoch, dass der Brief nie gezeigt wurde, und die Kommission genehmigte einen neuen Entwurf für den Bogen, den die Everetts nie zuvor gesehen hatten. Für Henry und Edith Everett war dies der Tropfen, der das Fass zum Überlaufen brachte, und sie trafen die Entscheidung, ihre Unterstützung zurückzuziehen. Öffentliche Kritik und schlechte Publicity sollten bald folgen, da diese vermeintliche Kleinlichkeit und Betupftheit von der New Yorker Presse ausgeschlachtet wurde.

1.2 Eine Erzählung von zwei, die geben wollten

Die endgültige Lösung dieses ganzen Durcheinanders brachte eine ironische Wendung. Am 15. Mai, demselben Tag, an dem die Entscheidung der Everetts, ihr Geschenk zurückzuziehen, zum ersten Mal veröffentlicht wurde, wurde James Tisch zum Präsidenten der United Jewish Appeal-Federation of Jewish Philanthropies of New York City (UJA-Federation) gewählt. Tisch gehörte zu einer prominenten Familie, die die Loews Corporation kontrollierte, der unter anderem Lorillard Tobacco gehörte, ein Hersteller zahlreicher Zigarettenmarken. Henry Everett, Vorstandsmitglied der UJA-Föderation, hatte eine Kampagne gestartet, um Tischs Wahl an die Spitze der Vereinigung zu verhindern, mit der Begründung, dass niemand, der mit Tabak zu tun hat, eine Organisation leiten sollte, die sich der guten Arbeit verschrieben hat. Seine Bemühungen scheiterten, und Tisch wurde Vorsitzender der UJA-Föderation. Um die Sache für die Everetts noch schlimmer zu machen, verkündete die Presse fünf Tage später, dass sich neue Geber gemeldet hätten, um die Schenkung der Everetts an den Zoo durch ein noch großzügigeres Angebot von 4,5 Millionen Dollar zu ersetzen. Bei den Gebern handelte es sich um keinen Geringeren als Preston Tisch und seinen Bruder Laurence Tisch, den Vater von James. In einem Brief an die WCS schrieb Henry Everett: „Ein Tisch-Kinderzoo würde nicht nur einen persönlichen Rachefeldzug gegen uns und die Werte, die wir zu vertreten versuchen, darstellen, sondern, was noch wichtiger ist, ein zynischer Hinweis für die Kinder unserer Stadt sein." Die Everetts erhielten nie eine Antwort von der WCS.

Wenden wir uns zum Ausgleich den Erfahrungen einer anderen Philanthropin zu. Für einen Großteil ihres Lebens war Irene Diamond vor allem für ihre Hollywood-Karriere in den 1940er-Jahren bekannt, wo sie als Produzentin arbeitete und ein Skript namens Rick's Bar entdeckte. Obwohl sie niemals eine besondere Anerkennung für ihre Arbeit erhielt, half Irene Diamond maßgeblich mit, dieses Drehbuch zum Blockbuster-Film Casablanca zu entwickeln. Später und bereits über 80-jährig, brachte Irene Diamonds Gespür für gute Projekte ihr in der Welt der Philanthropie breite Anerkennung ein.

Obwohl die Diamonds eine Stiftung gegründet hatten, über die sie ihre Philanthropie ausüben konnten, wollten sie ihr Vermögen nicht auf Ewigkeit ausgerichtet in kleinen Tranchen vergeben. Stattdessen beschlossen sie, dass das Geld innerhalb eines Jahrzehnts von demjenigen verschenkt werden sollte, der den anderen überlebt hat. Sie würden sich auf drei Hauptbereiche konzentrieren: medizinische Forschung, Bildung für Minderheiten und kulturelle Programme. Die Erklärung für ihre Entscheidung, gegen eine konventionelle Stiftung war schlicht und einfach, statt dauerhafte Bürokratie zu finanzieren lieber in Projekte zu investieren. Außerdem waren beide ungeduldig und zogen rasches entschlossenes Handeln vor. Als ihr Ehemann Aaron Diamond, ein New Yorker Immobilienentwickler, 1984 starb, blieb Irene Diamond die philanthropische Aufgabe, in zehn Jahren 200 Millionen Dollar zu verschenken.

Dennoch war es für Irene Diamond angesichts der konkurrierenden Ansprüche verschiedener New Yorker Wohltätigkeitsorganisationen nicht einfach, die Gelder zu verschenken. Um ihr bei dieser Aufgabe zu helfen, engagierte Diamond einen erfahrenen Berater, der ihr bei der Prüfung ihrer Möglichkeiten behilflich sein sollte.

Da Irene Diamond vom Interesse ihres Mannes an der medizinischen Forschung wusste, befasste sie sich mit der aufkeimenden AIDS-Krise, die New York City in den 1980er-Jahren beherrschte. Der Präsident des Sloan-Kettering-Krebsforschungszentrums vermittelte im August 1988 ein Treffen zwischen dem Gesundheitsbeauftragten der Stadt und Irene Diamond, um Möglichkeiten zu erkunden, wie die Diamond Foundation hier mit der Stadt zusammenarbeiten könnte. Der Beauftragte drängte Diamond, bei der Einrichtung eines unabhängigen AIDS-Forschungslabors zu helfen. Die Stadt würde rasch eine Einrichtung zur Verfügung stellen, wenn Diamond zur Finanzierung der Forschung beitragen und ihren Einfluss in New York nutzen würde, um andere Personen und Stiftungen von einer Beteiligung zu überzeugen.

Diamond zog in Erwägung, dem Plan der Stadt zu folgen, nämlich sich bei einer Gruppe von Geldgebern um Unterstützung für dieses Anliegen zu bemühen. Dann entschied sie sich jedoch dagegen, weil es viel zu lange dauern würde. Stattdessen wagte sie einen Alleingang und stellte 8,5 Millionen Dollar an privaten Mitteln zur Verfügung, die für den Aufbau und den Betrieb des Labors benötigt wurden. Mit weiteren 21 Millionen Dollar sollten Postdoc-Stipendien für angehende Wissenschaftler ermöglicht werden. Das Ziel war ganz einfach: Das erste AIDS-Forschungslabor der Welt aufbauen. Die Stadt stellte 3,5 Millionen Dollar zur Verfügung und verpflichtete sich, ein Laborgebäude für das öffentliche Gesundheitswesen in Manhattan zwanzig Jahre lang für einen Dollar pro Jahr zu vermieten. Diamond suchte sofortige Hilfe in Rechts- und Lizenzfragen, begann mit der Arbeit an architektonischen Plänen für das alternde Stadtgebäude und wählte den Leiter der Medizinischen Fakultät des Mount Sinai als Leiter des Sondierungsausschusses, um einen Direktor für das Labor zu finden. Die Frage, wer das Labor leiten würde, war die wichtigste Entscheidung, vor der Diamond stand. Schließlich setzten sich Diamond und ihre Berater über die Empfehlungen des Suchausschusses hinweg, der erfahrene Forscher bevorzugte, und wählten stattdessen einen jungen und vielversprechenden Forscher namens David Ho.

Geboren in Taiwan, ausgebildet in Harvard und dann an der Fakultät der University of California, Los Angeles School of Medicine tätig, hatte sich Ho einen Namen als mutiger und ehrgeiziger Forscher im Bereich der Polymerase-Kettenreaktion (PCR) erworben, einer Methode zum Auffinden und Zählen von Genen in menschlichen Zellen. Seine Forschung hatte national Wellen geschlagen, weil er nachwies, dass HIV in weit höheren Konzentrationen vorhanden war, als allgemein angenommen wurde. Ho ergriff sofort die Gelegenheit, ein großes neues Labor zu leiten, Forscher aus dem ganzen Land einzustellen und Forschung auf höchstem Niveau zu betreiben. Eine der frühesten Entscheidungen, die er als Leiter des Aaron-Diamond-AIDS-Forschungszentrums traf, war, sich mehr auf die Grundlagenforschung als auf die klinische Forschung zu konzentrieren. Im Laufe der Zeit sollte die Arbeit von Ho und seinem Team zu einer Reihe von Durchbrüchen führen, von denen der berühmteste die Entdeckung von Proteaseinhibitoren war. In Kombination mit antiviralen Standardmedikamenten – vor allem in den frühen Stadien der Infektion – zeigten diese „Cocktails" ein großes Potenzial zur Bekämpfung des Fortschreitens von HIV zu AIDS. Für seine Arbeit über Proteaseinhibitoren wurde Ho im Jahr 1996 vom Time Ma-

1.2 Eine Erzählung von zwei, die geben wollten

gazine zum Mann des Jahres gekürt, ein Grad an Anerkennung und Berühmtheit, der allen signalisierte, dass Irene Diamonds Investition in das Labor und ihre Wahl von Ho echte Früchte getragen hatte. Nach Ho's erstaunlich schnellem und wichtigem Erfolg wurde Irene Diamond vom Weißen Haus als bedeutende Philanthropin gewürdigt, in Zeitschriften portraitiert und von anderen Gebern für ihre Beiträge auf diesem Gebiet gelobt.

Das Aaron-Diamond-AIDS-Forschungszentrum hat seine Arbeit in der AIDS-Forschung seither fortgesetzt und durch zusätzliche öffentliche Gelder von den National Institutes of Health erheblich ausgeweitet. Das Labor hat die Art und Weise beeinflusst, wie die Forschung in anderen Labors durchgeführt wird, und wurde zum Vorbild für eine philanthropische Intervention in der medizinischen Forschung. Was machte diese Intervention so erfolgreich? War es einfach Glück? Warum hat Irene Diamond durch ihre Philanthropie so viel öffentlichen Wert geschaffen, während die Philanthropie der Everetts zu einem so katastrophalen und peinlichen Misserfolg führte?

Es ist wichtig, zunächst eine Reihe unzureichender Erklärungen für die unterschiedlichen Ergebnisse der Gaben von Everett und Diamond zu entkräften. Erstens erklärt der signifikante Unterschied zwischen den philanthropischen Zielen – medizinische Forschung gegenüber Tiere für Kinder – nicht den unterschiedlichen Charakter der Ergebnisse. Schließlich könnte sich ein Kinderzoo als großer Erfolg erweisen, und die Suche nach einem Heilmittel könnte nirgendwo hinführen. Die Wahl der Mission allein bestimmte nicht den Erfolgsgrad der Philanthropie.

Zweitens kann der größere Hebel in Diamonds Ansatz den Unterschied in der Wirkung nicht vollständig erklären. Schenkungen wie die von Diamond, die auf Grundlagenforschung abzielen, sind hoch riskant, aber potenziell sehr wirksam. Wenn die Forscher erfolgreich sind, kann die Schaffung neuen Wissens große Bereiche der Praxis verändern und zu bedeutenden Anwendungen führen. Schenkungen wie die der Everetts, haben ein bescheideneres, aber realistischeres Wirkungspotenzial. Zwar hat die Schenkung von Diamond eine größere Hebelwirkung, doch erklärt dies allein noch nicht die erzielten Ergebnisse.

Drittens könnte man aus einer strukturellen Perspektive argumentieren, dass die spezifische philanthropische Methode oder Institution, welche von den beiden Gebern benutzt wurde, die letztendlichen Ergebnisse bestimmt hat. Bei genauerem Hinsehen waren die von beiden Gebern eingesetzten Strukturen jedoch gar nicht so unterschiedlich. In beiden Fällen waren die Geber noch am Leben und hatten das Vermögen selbst erarbeitet. Aber die Everetts prägten ihre Stiftung selbst und brachten sich selbst operativ ein. Irene Diamond dagegen handelte durch eine befristete Stiftung, die nach ihrem verstorbenen Ehemann benannt war. Die Everetts leisteten den größten Teil ihrer Arbeit selbst, indem sie direkt mit dem Empfänger interagierten und ihre Anliegen unmittelbar an die Leitung des Zoos weitergaben. Irene Diamonds' Stiftung hatte einen kleinen Mitarbeiterstab, obwohl sie viele der wichtigsten philanthropischen Entscheidungen selbst fällte. In beiden Fällen arbeiteten die Spender über Stiftungen, um ihre Ziele zu erreichen, und keiner von beiden profitierte übermäßig von der Wahl der organisatorischen Struktur für die Philanthropie.

Viertens ließe sich vermuten, dass die Antwort in einem Unterschied in Stil, Temperament und Persönlichkeit liegt. Schließlich steht die zurückhaltende, hinter den Kulissen wirkende Herangehensweise von Irene Diamond im deutlichen Gegensatz zu dem sichtbaren, engagierten und anspruchsvollen philanthropischen Stil der Everetts. Als Henry Everett sich stärker für den Zoo engagierte, einige Nachforschungen anstellte und Pläne prüfte, folgte er dem Idealbild vieler Geber, das Geschenk aktiv zu verwalten, um das bestmögliche Ergebnis zu erzielen. Irene Diamond war aufgrund ihrer Entscheidung, wissenschaftliche Forschung zu finanzieren, unmittelbar im Nachteil, wenn es um die Übernahme einer aktiven Rolle ging. Ein großer Teil ihres Engagements erfolgte im Vorfeld, indem sie Finanzmittel bereitstellte und die Leitung des Labors aussuchte. Auf den Punkt gebracht, gab es einen Unterschied zwischen den Everetts und Irene Diamond bei der Anerkennung, die als Gegenleistung für die philanthropische Unterstützung angestrebt wurde. Die Everetts verfolgten mehr oder weniger große Ziele, um Anerkennung und öffentliches Profil zu erhalten – je nachdem, auf welche Seite des Streits man hört. Irene Diamond hingegen war für ihre zurückhaltende Herangehensweise bekannt, bei der nicht sie selbst, sondern ihre Projekte im Mittelpunkt des Interesses standen. Auch wenn sich bei der Gegenüberstellung dieser beiden Erzählungen erhebliche stilistische Unterschiede ergeben, lassen sich die erzielten Ergebnisse nicht allein mit der Persönlichkeit und dem Profil erklären.

Schließlich könnte man auf einen großen Unterschied in der zeitlichen Perspektive hinweisen. Es wäre jedoch eine grobe Vereinfachung, sich auf die zeitliche Dimension der Philanthropie zu konzentrieren und davon auszugehen, dass die Zehnjahresfrist für die Existenz der Aaron Diamond Foundation Irene Diamond zu so viel Erfolg verholfen hat. Die zeitliche Begrenztheit der Diamond Foundation führte dazu, dass sie in einem relativ komprimierten Zeitraum eine Reihe großer philanthropischer Verpflichtungen einging. Dies führte zur Auswahl wichtiger, umsetzbarer und dringender Ziele. Der Einsatz einer Stiftung mit begrenzter Lebensdauer mag Irene Diamond geholfen haben, größere Risiken einzugehen, aber er erklärt nicht gesamthaft die unterschiedlichen Ergebnisse, die von diesen beiden Stiftungen erzielt wurden.

Keine der genannten Erklärungen reicht vollkommen aus. Was den Unterschied zwischen diesen Geschichten ausmacht, ist die Existenz einer Strategie hinter dem Geben von Irene Diamond und das Fehlen einer solchen im Fall der Everetts. Wer eine Strategie für Philanthropie entwickelt, muss sich auf den Grad der Übereinstimmung und Ausrichtung zwischen den fünf zentralen Elementen der Philanthropie konzentrieren, von denen jedes zuvor einzeln aufgezählt wurde: der angestrebte gesellschaftliche Mehrwert, das angewandte Logikmodell, die gewählten philanthropischen Methoden und Instrumente, der Stil oder der Grad des Engagements des Gebers und der Zeitrahmen für die Philanthropie. Diese Elemente, so meinen wir, bilden den Kern einer philanthropischen Strategie. Irene Diamonds Engagement für AIDS, ihre Entscheidung für eine Stiftung mit begrenzter Laufzeit, ihr Bestreben, das Geld schnell und nicht langfristig auszugeben, ihre Konzentration auf die Grundlagenforschung und ihre aktive Rolle bei der Richtungsbestimmung – all das hat zu einer strategischen Synergie und Passform beigetragen, die für die Öffentlichkeit von großem Nutzen war. Bei der Strategie geht es nicht darum, die richtige Antwort auf einen bestimmten Bereich zu finden, sondern darum, Antworten auf die philanthropischen Kernfragen in einer konsistenten und kohärenten Weise zu finden.

1.3 Ein Modell der Strategischen Philanthropie

Um das Wesen der Strategischen Philanthropie zu erläutern, möchten wir im Folgenden ein Modell für die Analyse und Begründung philanthropischer Entscheidungen vorstellen. Da die Philanthropie es dem Einzelnen ermöglicht, seine private Vision eines öffentlichen Gutes zu verwirklichen, ist die Entwicklung einer kohärenten Förderstrategie eine schwierige Angelegenheit. Die Findungsphase kann zu Kontroversen führen, gerade wenn sich die Grenzen zwischen den Interessen des Philanthropen und den Bedürfnissen der Gesellschaft kreuzen. Es wäre der falsche Ansatz, durch eine Begrenzung der Philanthropie auf einige wenige akzeptable Praktiken diese Spannungen mildern zu wollen. Eine solche Eingrenzung auf eine Reihe vorformulierter, für alle akzeptabler und anwendbarer Prinzipien und Regeln würde nicht nur die Vielfalt der Philanthropie einschränken, sondern auch die Chancen auf Innovationen schwer beeinträchtigen. Die meisten Philanthropen brauchen oder wollen keine restriktiven und inhaltlichen Regeln, die ihnen vorschreiben, was sie unterstützen, wie sie ihre Spenden durchführen oder wann sie ihre philanthropischen Entscheidungen treffen sollen. Stattdessen hilft ihnen am meisten ein einfaches, anwendungsfreundliches Modell, mit dem die komplexen Fragen rund um eine philanthropische Förderung systematisch berücksichtigt werden; ein Modell, das es den Philanthropen ermöglicht, ihre eigenen Entscheidungen mit Mitgefühl und Intelligenz zu treffen.

Das hier vorgestellte Modell ist in Bezug auf inhaltliche Themen neutral und weist auf fünf wesentliche Fragen hin, mit denen sich Philanthropen bei der Ausgestaltung ihrer Förderpläne auseinandersetzen müssen. Erstens müssen sie für sich selbst festlegen, in welcher Weise sie mit ihrer Philanthropie einen gesellschaftlichen Mehrwert erzielen wollen. Dies bedeutet, dass sie nach sorgfältiger Abwägung zu einer Antwort auf die Frage gelangen müssen: Was ist für die Gesellschaft und für mich wertvoll? Zweitens müssen sie den richtigen Anbieter oder Verantwortlichen auswählen. Dazu müssen sie die Frage beantworten: Nach welcher Logik soll meine Philanthropie gesellschaftliche Wirkung entfalten? Drittens müssen sie die Art und Weise der Förderung definieren, wie sie ihre Mittel einsetzen. Die entsprechende Frage lautet: Welche Methode der Förderung kann am besten zur Erreichung meiner Ziele eingesetzt werden? Viertens müssen die Philanthropen eine ihnen entsprechende Einstellung und den möglichen Stil festlegen, die erfüllend und produktiv sind. Dabei sollten sie über die Frage nachdenken: Welchen Grad an Engagement und Sichtbarkeit halte ich für meine Philanthropie wünschenswert? Fünftens müssen sich die Philanthropen einen Zeitrahmen vorgeben, der ihre Förderung umspannt. Das bedeutet, dass sie eine Antwort auf die Frage finden müssen: Was ist der zeitliche Horizont für meine Förderung?

Einzeln betrachtet bietet keine dieser Fragen eine eindeutige und angemessene Antwort. Allerdings passen die Antwortsätze nachweislich mehr oder weniger gut zusammen. Dies deutet auf folgende Grundprämisse hin: Strategische Philanthropie kann als die zielgerichtete Ausrichtung der fünf zuvor beschriebenen wichtigen philanthropischen Dimensionen definiert werden. Einige Philanthropen beantworten zuerst einzelne oder mehrere der fünf Fragen. Andere werden diese Aufgabe der Strategiebildung mit einer offeneren Perspektive angehen. In beiden Fällen beinhaltet die Entwicklung einer kohärenten Strategie für die Philanthropie die Überprüfung und erneute Überprüfung der Ausrichtung und der Übereinstimmung aller Elemente, um ein konsistentes, sich gegenseitig unterstützendes Modell für die philanthropischen Aktivitäten zu finden. Wenn die Antworten auf alle fünf Fragen vollständig aufeinander abgestimmt sind, stehen die Chancen gut, dass beides erfüllt wird: die gesellschaftliche Wirkung und die Erwartung der Philanthropen. Die präzise Abstimmung der fünf Antworten ist die wesentliche Aufgabe eines strategischen Philanthropen.

Das von uns entwickelte Modell (siehe Abb. 1.1), das „philanthropische Prisma", kann als strukturierte Checkliste und als diagnostisches Hilfsmittel für Philanthropen dienen. Übereinstimmungen werden genauso beleuchtet wie Unstimmigkeiten und Spannungsfelder. Dadurch kann das Prisma zu philanthropischen Entscheidungen beitragen, die in sich konsistent sind. Im Idealfall wird diese analytische Arbeit abgeschlossen sein, bevor die Philanthropen mit ihrer Förderung beginnen. Da jedoch viele Menschen am besten durch eigenes Tun lernen, ist das Prisma auch für diejenigen von Nutzen, die sich schon vielfältig philanthropisch engagiert haben – allein um die Notwendigkeit von mehr Struktur und Disziplin zu erkennen. Die Anwendung dieser strategischen Analyse in einem bestehenden Gestrüpp von Aktivitäten und bei ausgetretenen Pfaden des Engagements wird mit großer Sicherheit die Problembereiche isolieren, die Aufmerksamkeit erfordern, und gleichzeitig den Philanthropen zu einem höheren Maß an Kohärenz und Wertorientierung führen.

Strategische Philanthropie muss mit der Definition eines zentralen Wertversprechens beginnen, das einen gesellschaftlichen Mehrwert oder einen bestimmten Zweck für erstrebenswert erklärt. Diese Herausforderung kann aus zwei verschiedenen Richtungen angegangen werden. Einige Philanthropen können ein substanzielles Engagement eingehen, indem sie sich nach innen wenden, über ihre Werte und Interessen nachdenken und

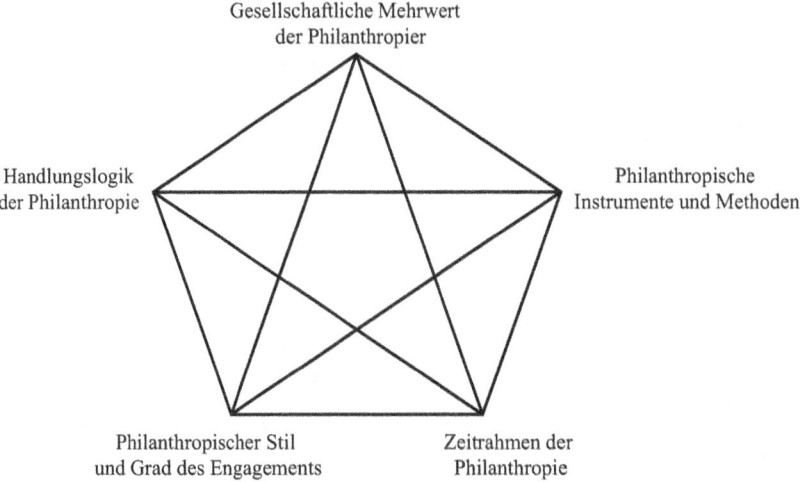

Abb. 1.1 Das philanthropische Prisma

schließlich nach Organisationen oder Themen suchen, mit denen sie sich identifizieren können. Andere gehen an diese Aufgabe heran, indem sie sich nach außen wenden, die dringendsten öffentlichen Bedürfnisse erforschen und Organisationen ausfindig machen, die diese Bedürfnisse erfüllen können. Natürlich schließen sich diese beiden Ansätze nicht gegenseitig aus, und in den meisten Fällen versuchen Philanthropen, ihr Engagement irgendwo zwischen diesen beiden extremen Varianten zu verorten. Wir sind der Ansicht, der Ausgangspunkt sollte die Suche nach einem Wertversprechen sein, das sowohl den öffentlichen Nutzen des Gebens als auch die persönliche Zufriedenheit des Philanthropen maximiert.

Philanthropen müssen außerdem eine Logik für ihr philanthropisches Engagement entwickeln. Mit dieser Logik wird beschrieben, wie die Art der finanzierten Programme und die erwarteten Ergebnisse dieser Aktivitäten zueinander passen und wie dadurch eine gesellschaftliche Veränderung erreicht werden soll. Dazu bedarf es kontextuell angemessener Entscheidungen darüber, wann „Top-down"-Strategien verfolgt werden sollen, die auf eine Veränderung der wesentlichen Grundlage und Konzepte eines Förderbereichs abzielen, und wann eine „Bottom-up"- oder Basislösung angestrebt werden soll. Philanthropen müssen sich auch mit einer Reihe von eher operativen Fragen im Zusammenhang mit der Form der geleisteten Unterstützung auseinandersetzen, sei es allgemeine Betriebsunterstützung, Projektzuschüsse, Auszeichnungen, Darlehen, Sachleistungen oder Kapitalfinanzierung usw. Bei diesen Entscheidungen wird es darum gehen, wie man angesichts des angestrebten Zwecks eine Hebelwirkung erzielen kann. Und schließlich können Philanthropen überlegen, wie sie mit ihrer Förderung eine sinnvolle Skalierung erreichen können, z. B. durch organisatorische Multiplikation oder durch die Repetition von Programmen. Ein logisches Wirkungsmodell ist wichtig, weil es die kausalen Zusammenhänge definiert, angefangen beim Förderbetrag bis hin zu den Ergebnissen. Viele Zuwendungen führen nicht zu jeder ihrer beabsichtigten Wirkung, aber ein stringentes Wirkungsmodell ermöglicht es den Beteiligten, das Problem einer bestimmten philanthropischen Intervention zu diagnostizieren. In diesem Sinne kann ein Wirkungsmodell, das Theorien über Veränderung, Hebelwirkung und Skalierung enthält, ein wirksames Instrument sowohl für die Planung als auch für das weitere Lernen sein.

Im Laufe der Jahre haben sich in der Philanthropie eine Reihe von charakteristischen Organisationsformen etabliert. Neben klassischen Förderstiftungen (die in der Regel auf Dauer bestehen und Förderbeiträge vergeben) haben Geber im Wesentlichen drei institutionelle Optionen: operative Stiftungen (die Kapitalerträge zu selbst entwickelten Programmaktivitäten verwenden), Verbrauchsstiftungen (die sowohl Stiftungskapital und -erträge für die Zweckerfüllung einsetzen, bis alles verbraucht ist) und unselbstständige Stiftungen (als Teil einer Dachstiftung, die für die Unterstiftungen als juristisches Dach dient und zentrale Dienstleistungen erbringt). Man kann sich auch dafür entscheiden, anstatt einer institutionellen Verankerung einfach direkt zu spenden, oder mehrere Spendenoptionen auswählen. Dazu bestehen Bürgerstiftungen, Spenderkreise und Spendenparlamente, bei denen die Spenden zusammengelegt werden und man sich gemeinsam auf Projekte einigt. Grundsätzlich sollte ein Philanthrop die gesamte Palette an Fördermöglichkeiten prüfen und verstehen, wie der angestrebte Zweck am besten angesprochen – oder behindert – werden kann.

Die Planung der eigenen philanthropischen Aktivitäten muss also auf ein solides konzeptionelles Fundament gestellt werden. Dazu zählen auch Überlegungen zum eigenen Philanthropie-Stil und der Involvierung. Häufig wird dazu auf den Rat und die Hilfe von Familienmitgliedern, Freunden, Anwälten, Mitarbeitenden und Beraterinnen zurückgegriffen. Jedoch ist in den letzten Jahren auch ein Trend zu mehr Unmittelbarkeit festzustellen: Viele wohlhabende Unternehmerinnen und Unternehmer wollen über ihre philanthropischen Aktivitäten selbst entscheiden und agieren ohne Vermittler oder Dienstleister. Die Ausprägungen reichen dabei von „Hände weg", wenn der Empfängerorganisation einfach eine Summe überwiesen wird, bis hin zu einem stärker engagierten Ansatz, bei dem Förderer und Empfänger gemeinsam an der Programmentwicklung und Problemlösung arbeiten. Ebenso handeln einige Philanthropen anonym, während andere Anerkennung und Sichtbarkeit wünschen. Bei der Entscheidung über die Identität und den Stil der Philanthropie müssen die Philanthropen mehr tun, als nur ihren eigenen Nutzen zu bewerten. Sie müssen sich fragen, welche Form der Organisation am besten auf die Art des zu finanzierenden Programms und die Struktur abgestimmt ist, durch die ihre Förderung erfolgt. Nur wenn der Stil und die Involvierung des Philanthropen im Hinblick auf seine Beziehung zu anderen Punkten im philanthropischen Prisma verstanden wird, ist es möglich, zu einer Bewertung der Wirksamkeit und Angemessenheit zu kommen.

Philanthropen sind auch mit der Frage der Zeit konfrontiert: Wie viel sollen sie jetzt und wie viel später geben? In dieser Entscheidung verbinden sich Fragen zu Langfristigkeit und zum angemessenen Förderausmaß. Dazu eine einfache Rechnung: 1 Million Stiftungskapital, von dem nur der Ertrag für den gemeinnützigen Zweck eingesetzt wird, kann aufgrund der geringen Zinsen keine wirksame Förderung bewirken. Die gleiche Million in einer Verbrauchsstiftung kann in zehn Jahren etwas bewirken und weit über diese zehn Jahre hinaus fortwährende Wirkung erzielen. Bei der Frage nach dem „Wann?" bedarf es einer Art „philanthropischer Diskontierung". Welche Kosten werden in dem angestrebten Förderbereich in Zukunft bestehen, mit welcher Geschwindigkeit verschärft sich die Dringlichkeit des Problems und welche Kosten werden durch eine Aufschiebung von Leistungen entstehen? Ein Philanthrop muss beurteilen, wann und in welchem Tempo die philanthropischen Ressourcen von den Empfängerorganisationen verbraucht werden sollen und welcher Anteil der Mittel für später gespart oder unmittelbar für Förderprojekte ausgeschüttet werden soll. Noch entscheidender ist, dass der zeitliche Rahmen für die Förderung zu den geplanten Eckdaten oder der Entwicklung des zu behandelnden Themas passen muss. In Fällen, in denen die Kosten für eine Verzögerung der Aktion hoch sind, wie z. B. bei schweren Krankheiten, Hungersnöten und intensiven sozialen Krisen, sind zeitnahe Förderungen unerlässlich. Wenn jedoch das Problem, das der Philanthrop zu lösen wünscht, wahrscheinlich noch Jahrzehnte oder Jahrhunderte bestehen wird, wie es bei vielen globalen Umwelt- und Bevölkerungsproblemen der Fall ist, kann ein längerer Zeitrahmen erforderlich sein.

1.3 Ein Modell der Strategischen Philanthropie

Die Kernthese unseres Buches lautet, dass Philanthropie – vor allem bei Großspenden und Stiftungen – ein gewisses Maß an Strategie erfordert, und dass die Essenz der Strategischen Philanthropie in der Auslotung der fünf Punkte des philanthropischen Prismas besteht. Nur durch eine konsistente Übereinstimmung der Elemente des Prismas wird aus Philanthropie nach dem Zufallsprinzip eine kongruente Strategie. Ausgehend von vielen Fällen und Beispielen sind wir überzeugt, dass die Aufgabe einer strategischen Philanthropin darin besteht, so lange an der Gesamtheit des philanthropischen Prismas zu arbeiten, bis jeder Punkt definiert, ausgefeilt und auf die anderen abgestimmt ist. Erst wenn eine Philanthropin dieses komplexe und anspruchsvolle Niveau erreicht hat, kann sie behaupten, dass ihre Spenden wirklich strategisch geworden sind. Daraus leiten wir als finale Feststellung ab, dass Philanthropen die Wahrscheinlichkeit für eine Wertschöpfung für sich und für die Öffentlichkeit nur dann erhöhen, wenn ihre Philanthropie strategisch wird.

Sind dann Strategie und strategische Ausrichtung die ultimative Lösung der Philanthropie? Wohl kaum. Es muss immer Raum und Möglichkeiten für unzusammenhängende, emotional geleitete und individualistische Spenden geben, die ohne Sorge um deren Wirksamkeit oder einer Strategie erbracht werden, ebenso wie für schlichte und unreflektierte Spenden, die direkt auf ein dringendes Bedürfnis reagieren. Daher ist es nicht unser Ziel, die Geber zu einer exklusiven und engen Vision von strategischer Philanthropie als der einzigen gültigen Form des Gebens zu zwingen. Stattdessen möchten wir erreichen, dass diejenigen Philanthropen, die sowohl persönliche Befriedigung aus ihrer Förderung wünschen, als auch die Chancen auf einen signifikanten gesellschaftlichen Nutzen maximieren möchten, über die Qualität und den Charakter ihrer philanthropischen Strategie nachdenken.

Dies ist insbesondere dann der Fall, wenn es sich dabei um hochgesteckte philanthropische Ziele handelt. Wenn ein Geber lediglich das bescheidene und limitierte Ziel hat, einem Krankenhaus Anerkennung und Dank zu geben, das der Familie des Gebers mit Qualität und Mitgefühl einen wertvollen Dienst geleistet hat, muss die philanthropische Leistung nicht übermäßig verkompliziert werden. Eine einfache Spende erfüllt die Erwartungen auf beiden Seiten. Wenn der Philanthrop sowohl die gute Arbeit des Krankenhauses anerkennen, als auch das Krankenhaus dazu anregen möchte, die Grenzen der Medizin in einem bestimmten Bereich, z. B. der orthopädischen Chirurgie weiter voranzutreiben, ist die Aufgabe plötzlich wesentlich ehrgeiziger und komplexer. Wenn die philanthropischen Absichten von Philanthropen breiter werden und ihre Vision von Gemeinwohl an Klarheit gewinnt, suchen sie in ihren philanthropischen Aktivitäten mehr als nur persönliche Befriedigung. Vielmehr wird die gesellschaftliche Wirkung des philanthropischen Engagements zu einem wichtigen Teil der eigenen emotionalen Belohnung. Dann wird Strategie zu einer zentralen Herausforderung. Das Modell der Strategischen Philanthropie in diesem Buch richtet sich daher an Philanthropen, die sowohl eine persönliche als auch eine gemeinnützige Agenda verfolgen.

Ein weiterer Treiber für eine stärkere strategische Ausrichtung der eigenen Philanthropie sind die verfügbaren Ressourcen. Für kleine Spenden oder einmalige Unterstützungen braucht es keine umfassenden strategischen Abklärungen. Genauso wenig, wenn die Strategieentwicklung als Belastung empfunden wird und dadurch die Freude an dem eigenen Engagement verloren geht. Gilt es, große Millionenbeträge philanthropisch einzusetzen, dann nimmt der Ruf nach strategischer Philanthropie zu. Im Gegensatz zur kleinteiligen Spendentätigkeit der Masse können sich Großspender heutzutage kaum mehr einer breiten Diskussion ihrer philanthropischen Leistungen entziehen und sind gefordert, öffentliche Bedürfnisse zu erkennen und zu befriedigen. Die Dimension der Ressourcen erzwingt die Notwendigkeit zum strategischen Handeln, damit die eigenen Bedürfnisse des Philanthropen als auch die der Gesellschaft erfüllt werden.

Wenn man sich der Aufgabe stellt, strategisches Denken in die komplexen Dimensionen der eigenen Philanthropie zu bringen, ist es letztlich weniger wichtig, wo man anfängt als wo man aufhört. Viele Philanthropen beginnen den Prozess der strategischen Planung, indem sie für mindestens einen der Punkte des strategischen Prismas eine Entscheidung getroffen haben. Vielleicht soll es unbedingt eine Stiftung sein, die Zusammenarbeit mit den geförderten Organisationen soll möglichst eng sein, oder das philanthropische Engagement soll auf einen definierten Zeitraum beschränkt sein. Alle anderen Entscheidungen folgen dann aus dieser ersten Festlegung. Viele Philanthropen haben Entscheidungen zu einer oder mehreren der fünf wesentlichen Fragen getroffen, nur um dann festzustellen, dass diese Festlegung in der weiteren Entwicklung ihrer Philanthropie erneut überprüft werden muss. Daher kann es unmöglich sein, sich ganz auf eine einzelne Dimension festzulegen, bis sich ein umfassenderes Bild ergibt. Es gibt daher auch keine tiefgreifende Begründung für die Reihenfolge der in diesem Buch vorgestellten Elemente. Der Aufbau einer philanthropischen Strategie ist ein wiederkehrender Prozess, der ein ständiges Überdenken und eine ständige Neuausrichtung erfordert, da sich die eigenen Interessen verlagern, die förderbedürftigen Probleme ändern und sich die Erfahrung und das Fachwissen der Philanthropen durch die eigene Praxis verbessern und weiterentwickeln.

Die Dimensionen des philanthropischen Mehrwerts

2

Inhaltsverzeichnis

2.1 Gesellschaftliche Bedürfnisse und individuelle Werte 22
2.2 Vier Formen der Wertschöpfung 25
    2.2.1 Geben als Wohltätigkeit 26
    2.2.2 Zweckorientierte Formen der Philanthropie 29
    2.2.3 Wertorientierte Formen der Philanthropie 32
2.3 Das verbindende Element: Strategische Philanthropie 34

Die Entscheidung, was zu unterstützen ist, steht im Mittelpunkt der Definition einer Strategischen Philanthropie. Man kann nicht jeder Unterstützungsanfrage zustimmen. Dies würde unweigerlich zu einer schnellen Erschöpfung der Ressourcen und zu einer unübersichtlichen, nicht miteinander verbundenen Menge an Förderprojekten führen. Obwohl die meisten mittelsuchenden Organisationen eine Unterstützung verdienen, wäre die strikte Ausrichtung der philanthropischen Entscheidungen an den Wünschen der Destinatäre wenig zielführend. Die Strategische Philanthropie verlangt, dass sich die Geber um eine Kohärenz und Struktur des Gebens bemühen. Dieser Prozess beginnt mit der Definition von Mission und Werten, die verfolgt werden sollen.

Die Formulierung des angestrebten gesellschaftlichen Mehrwerts ist der Ausgangspunkt der Strategie und kann gleichzeitig ein echter Hindernislauf sein. Viele Geber haben Mühe, auf Optionen und Entscheidungen in einem Bereich zu verzichten, wo es um Großzügigkeit und grenzenlose Möglichkeiten geht. Darüber hinaus beginnen viele Menschen ihre Philanthropie nur mit einem vagen Gefühl dafür, was ihre „philanthropische Berufung" sein könnte. Sie wollen über das Geben mit verschiedenen Methoden und in unterschiedliche Bereiche ihre eigene Mission erst entdecken und definieren. Dies sind gute Gründe, um besser an anderer Stelle im philanthropischen Prisma zu beginnen. Darüber hinaus muss sich Philanthropie manchmal schnell auf veränderte Umstände reagieren und aus Wechselspiel von Zusagen, Leistungen und Ergebnissen entstehen. Der eigenen Philanthropie durch eine Definition von Werten und Mission eine Richtung und Struktur zu geben, kann daher herausfordernd sein.

Doch selbst wenn man Flexibilität und Freiheit der Philanthropen berücksichtigt, müssen einige Leitplanken für die Art der Aktivitäten festgelegt werden. Die Idee, einen einzigen gesellschaftlichen Mehrwert zu definieren, wird nur restriktiv erscheinen, wenn man sie nicht als Teilaspekt in einem Portfolio von Entscheidungen versteht. Tatsächlich verfolgen institutionelle Geldgeber wie beispielsweise Stiftungen im Sinn einer Diversifikationsstrategie drei oder vier definierte Programmbereiche. Für Individuen, gerade wenn sie noch unerfahren sind, kann es hilfreich sein, eine kleine Anzahl von Zwecken (z. B. Kinderfürsorge und Bildung) zu wählen, die trotz ihrer spezifischen Logik miteinander verbunden sind. Ob durch Studium und Reflexion oder durch Erfahrung und Praxis, eine Festlegung des gesellschaftlichen Mehrwerts ist notwendig, auch wenn die Definition von Mission, Zweck oder Werten breit und mehrdimensional ist.

2.1 Gesellschaftliche Bedürfnisse und individuelle Werte

Zu jeder philanthropischen Aktivität gehört die Abstimmung der individuellen Vorstellungen der Geberin mit den gesellschaftlichen Bedürfnissen, damit das Ergebnis sowohl für Andere als auch für die Geberin befriedigend ist. Wenn es an diesem Ausgleich mangelt, verkommt Philanthropie entweder zu einer spannungslosen Abfolge von unzusammenhängenden Transferzahlungen oder zu einem egoistischen und uninspirierten Müßiggang. Doch die Wahl des zu verfolgenden Ziels oder der Mission ist kein Nullsummenspiel zwischen öffentlichem Nutzen und privater Zufriedenheit, bei dem ein Mehr des einen unweigerlich weniger vom anderen bedeutet. Die besten Methoden Strategischer Philanthropie entstehen, wenn zwischen den Leidenschaften der Geberin und den Bedürfnissen der Gesellschaft von Beginn an eine Verbindung besteht und zu einem hohen Maß an öffentlicher Wirkung und privater Zufriedenheit führt.

Leider halten zu viele Geber die öffentliche und die persönliche Dimension der Philanthropie für unvereinbar. Im extremen Verständnis enthält die Aufforderung zur Philanthropie die bewusste Selbstaufgabe zugunsten der dringendsten Bedürfnisse der Gemeinschaft. Der Ursprung dieses Ansatzes liegt in der Vielfalt und Dringlichkeit gesellschaftlicher Probleme wie Migration, Jugendgewalt, Drogenmissbrauch, Klimawandel oder ein Mangel an bezahlbaren Wohnungen, die gar keinen Zweifel an der Notwendigkeit einer philanthropischen Leistung aufkommen lassen. Dabei wird aber übersehen, dass kein Konsens darüber besteht, welche öffentlichen Bedürfnisse – und in welcher Reihenfolge – zu berücksichtigen sind.

Nimmt man die Diskussionen in der Öffentlichkeit oder in der Politik als Maßstab, dann wird deutlich, dass es keinen Konsens über die Priorisierung oder gar einen Standard

2.1 Gesellschaftliche Bedürfnisse und individuelle Werte

für die Definition gesellschaftlicher Bedürfnisse gibt. Vielmehr entstehen gesellschaftliche Bedürfnisse gleichermaßen durch kollektive Überlegungen wie durch individuelle Argumentation, und es gibt keine einfache Antwort auf die Frage, wie viele Menschen sich einigen müssen, bevor ein Thema zu einem echten gesellschaftlichen Bedürfnis wird. Kohärenz und Spezifität können bei der Suche nach einem Konsens geopfert werden, da die Anzahl der an der Entscheidungsfindung beteiligten Personen umgekehrt korreliert ist mit der Fähigkeit der Beteiligten, eine enge und präzise Vereinbarung über die Bedingungen zu treffen. Abgesehen davon, wer die gesellschaftlichen Bedürfnisse definiert, sind sich die Beteiligten auch darin uneinig, wie diese definiert werden. Evidenzbasierte Definitionen, die empirisch durch Feldforschung belegt sind, werden neben normative Definitionen gesellschaftlicher Bedürfnisse gestellt, die sich häufig auf moralische Argumente stützen und durch Erwartungen getragen werden, wie Dinge sein sollten. Die Philanthropie kann hier von der Politik lernen, die es auch nicht schafft, eine rationale Hierarchie gesellschaftlicher Bedürfnisse zu konstruieren und so zu verteidigen, dass jeder sie akzeptiert.

Ein guter Hinweis darauf, dass keine eindeutige, zwingende Hierarchie gemeinnütziger Zwecke definiert werden kann, liegt in der Zurückhaltung der Steuergesetzgebung, bestimmte gemeinnützige Zwecke gegenüber anderen zu bevorzugen. Suppenküchen erhalten die gleiche steuerliche Behandlung wie avantgardistische Theater. Sozialeinrichtungen, die in problematischen Stadtvierteln arbeiten, haben keinen Vorteil gegenüber historischen Zunftgesellschaften. Alle gemeinnützigen Organisationen werden steuerlich gleichbehandelt, weil die Alternative, eine differenzierte Behandlung von gemeinnützigen Organisationen, z. B. nach ihrem gesellschaftlichen Mehrwert, nicht realistisch ist. Darüber hinaus zeigt die tatsächliche Verteilung der philanthropischen Mittel keine wirklich erkennbare Hierarchie der sozialen Bedürfnisse. Das Geld wird auf viele Bereiche verteilt, wobei Sozialwesen, Kultur, Hochschulbildung und Gesundheit große Teile des philanthropischen Kuchens erhalten. Innerhalb dieser großen Kategorien ist es sehr schwierig festzustellen, wie viel Prozent der gespendeten Mittel für soziale Gerechtigkeit oder für die Unterstützung der Bedürftigsten verwendet werden. In der Praxis sind die Kriterien für die Definition der relativen Dringlichkeit gesellschaftlicher Bedürfnisse unklar.

Deshalb ist es für Geber unerlässlich, das gesellschaftliche Bedürfnis, auf das sie sich mit ihrer Philanthropie konzentrieren wollen, auch durch eine gewisse persönliche Reflexion zu ergründen. Dabei können sie die gesellschaftlichen Bedürfnisse selbst oder in Zusammenarbeit mit ihren vielen Interessengruppen zu definieren. Sie können wählen, ob sie gesellschaftliche Bedürfnisse evidenzbasiert auf der Grundlage bestehender empirischer Forschung definieren, oder ob sie ihre Auswahl normativ und auf moralischen Überlegungen basierend treffen. In der Praxis enden viele Geber bei einer Mischung zwischen den beiden Extrempositionen, die sowohl die ausdrücklichen Wünsche der Anspruchsgruppen als auch ihre eigenen Überzeugungen kombiniert und gleichzeitig die neueste Forschung und Wissenschaft mit fundierten und überzeugenden moralischen Argumenten im Namen anderer einschließt.

Wenn die Art der gesellschaftlichen Bedürfnisse die eine Seite des konzeptionellen Spielfeldes der Philanthropie definiert, dann ist die andere Seite durch den Charakter der privaten Werte und Verpflichtungen geprägt, die durch das Geben sichtbar werden. Philanthropie ermöglicht es Gebern, sich mit der Welt darüber auszutauschen, was sie für wertvoll halten. Sie ist eine expressive Aktivität von Einzelpersonen, um ihre Wertvorstellungen in den öffentlichen Raum zu projizieren. Manche wohlhabenden Personen entscheiden, ihr rechtmäßig verdientes oder erworbenes Vermögen frei und ohne Verpflichtung zu verschenken und folgen dabei ihrer persönlichen Zufriedenheit als Haupttreiber ihrer Philanthropie. In der Folge unterstützen diese Geber Organisationen, die persönlich von Bedeutung waren – ein College, das der Geber besucht hat, oder ein Krankenhaus, das das Leben des Gebers verlängert hat. Wenn die privaten Werte des Gebers der Ausgangspunkt sind, sind es möglicherweise nicht die dringendsten gesellschaftlichen Bedürfnisse, die eine Unterstützung erhalten. Vielmehr werden die persönlichen Lebenserfahrungen und Werte des Gebers zu einem wichtigen Faktor.

Anstatt die persönliche Verbindung und Leidenschaft der Geber zu vergeistigen, ist es zielführender, sie anzuerkennen und ihren Anteil an der inneren Mobilisierung zum Spenden zu nutzen. Schließlich profitieren Organisationen in fast jedem wichtigen Thema von ihren spezifischen Gebern. Das seit langem bestehende Wachstum des Spendens ist auch ein Ausdruck der Zufriedenheit der Spender und Philanthropen. Im Gegensatz zu Steuern, die obligatorisch sind und ohne direkte Zustimmung des Steuerzahlers verwendet werden, um eine Reihe von routinemäßigen Staatsausgaben zu decken, können philanthropische Mittel auf Ursachen gerichtet werden, die den Gebern wichtig sind und die ihre Werte bestätigen. Das ist der einzigartige Wettbewerbsvorteil der Philanthropie und erklärt ihren starken Reiz. Damit Philanthropie funktioniert, müssen Geber mit jenen Themen zusammengebracht werden, die ihnen wichtig sind. Dann wird ihre Philanthropie zu einem Ausdruck und zu einer Handlung ihrer eigenen Werte und Ziele.

Gerade in den Debatten der letzten Jahre wurde die private Natur des philanthropischen Impulses in Frage gestellt. Anstatt die Leidenschaften und Interessen der Geber als Quelle der Stärke und Vitalität für das Feld zu verstehen, werden die privaten Werte als Bedrohung für eine rationale und effektive Philanthropie dargestellt. Es wird als ungerecht und undemokratisch bezeichnet, dass Einzelne über große Vermögenswerte für gesellschaftliche Bedürfnisse entscheiden können. Interessanterweise vereinigt die Kritik jene, die generell Vorbehalte gegen den Einfluss privater Werte in der Philanthropie haben, mit denen, die eine stärkere Fokussierung der Philanthropie auf die dringendsten gesellschaftlichen Herausforderungen fordern und dazu ein größeres Mitspracherecht bei der Zuweisung von philanthropischen Mitteln wünschen. Jedoch ist der Dualismus von privaten Werten und öffentlichen Zielen wie schon beschrieben ein zentrales Merkmal der Philanthropie. Nur mit einem differenzierten Blick kommt der volle Wert einer privat initiierten, personalisierten Philanthropie für gesellschaftliche Bedürfnisse zum Tragen. Es ist nicht nur abwegig, private Werte aus der individuellen Philanthropie herauszunehmen, sondern dies würde sicherlich die Leistungsfähigkeit der Philanthropie schwächen und ihre Fähigkeit, große Summen zu mobilisieren, untergraben. Die persönlichen Werte von Gebern interagieren mit gesellschaftlichen Bedürfnissen, und die Philanthropie wird bereichert, wenn sich die beiden Dimensionen überschneiden. Es handelt sich um eine komplexe Schnittmenge, bei der private Werte mit den Wünschen der Gesellschaft in Einklang gebracht werden müssen. Unterschiedliche Wahrnehmungen gesellschaftlicher Bedürfnisse können kollidieren und dazu führen, dass der Punkt dieser Überschneidung schwer zu finden ist. In vielen Beispielen erfolgreicher Philanthropie zeigt sich, dass dann für alle Parteien zufriedenstellende Ergebnisse erzielt wurden, wenn dieses Zusammentreffen widersprüchlicher Kräfte stattgefunden hat. Selbst wenn dieser Schnittpunkt nicht exakt erreicht wird, drückt sich Geben in alternativen oder gemischten Formen aus, die mehr oder weniger eine Annäherung an die strategische Philanthropie darstellen.

2.2 Vier Formen der Wertschöpfung

Wie wir gesehen haben, ist das Zusammenspiel von gesellschaftlichen Bedürfnissen und privaten Werten stark umstritten und herausfordernd. Deshalb entwerfen wir im Weiteren eine Struktur für das Verständnis der wichtigsten Formen der philanthropischen Wertschöpfung. Wertschöpfung wird hierzu nicht ausschließlich ökonomisch verstanden, sondern hinsichtlich aller Werte, die durch philanthropische Leistungen geschaffen werden, z. B. sozial, humanitär, kulturell oder ökologisch. Philanthropie besitzt zwei sehr unterschiedliche Dimensionen: eine instrumentelle, zweckorientierte und eine expressive, wertorientierte Natur.

Erstens ist Philanthropie ein wichtiges Instrument zur Erreichung gesellschaftlicher Zwecke, unabhängig davon, wie und von wem sie definiert wird. Zuwendungen und Förderbeiträge können ein zentraler Unterstützungsmechanismus sein, der es einer Vielzahl von gemeinnützigen Organisationen ermöglicht, die Dienstleistungen anzubieten, von denen ihre Klienten abhängig sind. Wenn es den Gebern gelingt, mit ihrer Philanthropie gesellschaftliche Ziele zu erreichen, steht der Zweck im Vordergrund. Dann hat das Geben eine instrumentelle Dimension, die an seinen konkreten Ergebnissen gemessen wird.

Zweitens kann Philanthropie bereichernd sein, weil es den Gebern ermöglicht, ihre Werte und ihre Intention durch Zuwendungen an andere auszudrücken. Durch das Engagement für berührende, herzensnahe Anliegen können sie den positiven Effekt der Philanthropie spüren – in der Psychologie spricht man von „helpers high" oder „warm glow". Für die Geber kann der Akt des öffentlichen Handelns ein befriedigender Selbstzweck sein, unabhängig vom Endergebnis. Der geschaffene Wert kann völlig psychisch sein und einfach aus der Umsetzung von Engagement, Fürsorge und Glauben entstehen. Die expressive Qualität des Gebens legt nahe, dass der enge Fokus auf die programmatischen Ergebnisse, die durch Philanthropie erreicht werden, vom tieferen Sinn des philanthropischen Handelns ablenken. Dieser ergibt sich auch – aber nicht nur – aus der Selbstverwirklichung derjenigen, die geben oder sich freiwillig engagieren. Das ist es, was wir als die expressive Dimension des Gebens bezeichnen.

Die instrumentelle und die expressive Dimension des Gebens können sich gegenseitig ergänzen oder aber Spannungen erzeugen. Unter den geeigneten Umständen werden die

Werte der Geber genutzt, um eine bessere und effektivere Förderung zu erreichen. In gewisser Weise scheint dieser Zusammenhang offensichtlich: Engagierte Geber beteiligen sich eher ausdauernd für den angestrebten Mehrwert als Geber, die sich innerlich abgekoppelt und von ihrer Philanthropie ausgeschlossen fühlen. Wenn die Werte, die Überzeugungen und das Engagement des Gebers in der Philanthropie zum Ausdruck kommen, können sie gleichzeitig mit den instrumentellen Zielen der Philanthropie in Konflikt geraten. So kann die auf persönlich motivierte Beschränkung auf einen bestimmten geografischen Raum später die wirkungsvolle Umsetzung von Förderprogrammen einschränken, weil eine Skalierung in andere Regionen nicht möglich ist.

Damit Geber diese beiden kritischen Dimensionen in Einklang bringen können, stellen wir vier Handlungsoptionen vor. Erstens kann Philanthropie von persönlichen Werten losgelöst werden und auf sehr enge und spezifische gesellschaftliche Bedürfnisse ausgerichtet sein: Das Ergebnis ist jedoch eine Form des Gebens, die an eine altmodische Wohltätigkeitsorganisation erinnert, bei der das Geld via NPO direkt und wertfrei von einer Person zur anderen fließt. Zweitens kann Philanthropie von persönlichen Werten und Leidenschaften durchdrungen sein und auf einen Zweck ausgerichtet sein, von dem weder die Gesellschaft noch der Geber vernünftigerweise behaupten können, dass er dringend oder wichtig ist. Dies wird zu einer ausdrucksstarken Philanthropie führen, welche die Bedürfnisse der Geberin privilegiert, aber dem Effektivitätstest nicht standhält. Drittens kann Philanthropie auf die gesellschaftlichen Bedürfnisse der betroffenen Anspruchsgruppen auf möglichst effiziente Art ausgerichtet werden, wobei die Werte der Geberin aus der Gleichung ausgeklammert werden: In solchen Fällen entsteht eine Art instrumentelle Philanthropie, die Ergebnisse erzielt, wenngleich Innovation und Leidenschaft fehlen. Schließlich gibt es eine Art Philanthropie, bei der gesellschaftliche Bedürfnisse erfolgreich mit den tief verwurzelten Überzeugungen und Intentionen der Geber verbunden werden: Diese seltsame und schwer fassbare Kombination ist es, die wir zu beleuchten versuchen.

Um das Zusammenspiel der beiden Dimensionen besser zu verstehen, denken wir uns eine Karte, die entlang zweier Achsen den kritischen Unterschied zwischen den instrumentalen und expressiven Dimensionen der Philanthropie abbildet. Die hier vorgestellten vier Formen der Wertschöpfung (siehe Abb. 2.1) sind Idealtypen, da sie reine Konzepte darstellen. In der Praxis sind die Grenzen dazwischen durchlässig und verschieben sich. In den meisten Fällen kombiniert das philanthropische Engagement einer Geberin zwei oder mehr Formen. Doch selbst mit diesen Einschränkungen ist es noch möglich, den Mehrwert der Philanthropie zu beschreiben, je nach Art des privaten Engagements und des öffentlichen Zwecks, der verfolgt wird.

2.2.1 Geben als Wohltätigkeit

Zunächst gilt es nochmals festzuhalten, dass nicht jede Form von Wohltätigkeit und Philanthropie strategisch ist oder sein muss. Die überwiegende Anzahl an Spenden von Einzel-

2.2 Vier Formen der Wertschöpfung

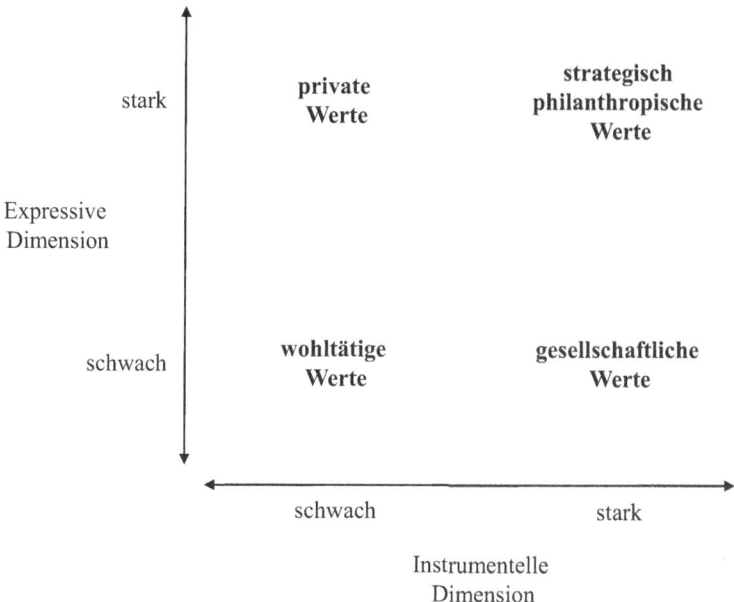

Abb. 2.1 Vier Formen der philanthropischen Wertschöpfung

personen und sogar Institutionen ist unkompliziertes Wohlwollen, das die einfache Form eines Geschenks annimmt. Auch wenn wir anfangs diese klassische Form der Wohltätigkeit etwas kritisch betrachtet haben, hat das Konzept eine lange und ehrwürdige Geschichte, die bis in die frühesten Gesellschaften zurückreicht. Wohltätigkeit ist für fast alle religiösen Traditionen von zentraler Bedeutung und verbindet den Glauben mit weltlichen Taten. Gerade viele kleine Hilfswerke und NPO decken das Bedürfnis der Geber, direkt und unkompliziert zu geben. Jedoch sehen sich auch diese Organisationen heute mit der Erwartungshaltung konfrontiert, dass mehr als nur Almosen und Direkthilfe notwendig sind, um Menschen oder Gesellschaftsgruppen nachhaltig zu helfen. Da das Ausmaß der menschlichen Bedürfnisse sowohl auf nationaler als auch auf internationaler Ebene wächst, entsteht das Gefühl, dass die Größe der Probleme die Kapazität traditioneller wohltätiger Spenden weit übersteigt. Im Vergleich zu Strategischer Philanthropie ist traditionelle spendenbasierte Wohltätigkeit fokussiert auf die unmittelbare Erleichterung menschlicher Sorgen bei den Empfängern und den „warm glow"-Effekt bei den Gebern.

Wohltätiges Geben hat viele Formen, die wichtigste davon sind Spendenaufrufe. Diese Appelle – in Form von Briefen, Emails oder online – werden vor allem von Organisationen eingesetzt, die benachteiligten oder behinderten Menschen helfen, sich für die Umwelt einsetzen oder der medizinischen Forschung auf der Suche nach der Heilung einer Krankheit dienen, und verlangen daher kleine Beiträge. Der Einsatz von Fundraising ist im Lauf der Jahre zu einem sehr anspruchsvollen Geschäft geworden, und die Ziele der Kampagnen werden immer präziser formuliert. Durch die gezielte Auswahl und Ansprache der Geber erhöht sich die Wahrscheinlichkeit, dass auch tatsächlich gespendet wird. Dieser Effekt verstärkt sich, wenn die Geber mehrfach oder dauerhaft spenden und sie damit zu verlässlichen Partnern der Organisation werden. Einerseits sind die damit verbundenen Kosten wegen der Streuverluste in einem breiten Spektrum möglicher Unterstützer sehr hoch (und steigen seit Jahren), andererseits sollte der langfristige Nutzen des Aufbaus einer Basis von kleinen Gebern nicht unterschätzt werden. In einer Zeit, in der andere Quellen von Unterstützung – z. B. Stiftungen und staatlichen Zuschüssen – im Laufe der Zeit kommen und gehen, kann man sich darauf verlassen, dass kleine Geber jahrelang wichtige und uneingeschränkte Unterstützung leisten.

Bei kleinen Beträgen stellen Spender selten Fragen zur Verwendung ihrer Mittel. Meistens werden die Gelder einfach an die Wohltätigkeitsorganisation gespendet mit der Erwartung, dass die Gelder sinnvoll verwendet werden (oder man vertraut auf ein Spendengütesiegel). Da die Spender nur wenige Evaluationen oder Nachforschungen anstellen, ist die Mobilisierung einer großen Anzahl kleiner Beitragszahler für Organisationen attraktiv. Sie bietet ihnen uneingeschränkte Unterstützung, die auch zur Deckung von Gemeinkosten eingesetzt werden können, die von institutionellen Geldgebern eher abgelehnt werden. Geber kleiner direkter Beiträge erhalten im Gegenzug für ihre Spenden etwas Wesentliches zurück: Das Gefühl, anderen geholfen zu haben. Das ist ein Gefühl, das man für relativ wenig Geld und ohne echten Zeit- und Energieaufwand erhält. Es ist eine Form der Wohltätigkeit, die zugegebenermaßen oberflächlich ist, aber die die Bedürfnisse einer großen Zahl von Spendern befriedigt. Es baut auf einem traditionellen Modell der Wohltätigkeit auf, bei dem die Ursache ausschlaggebend ist und der Geber nachrangig. Auf diese Weise werden Milliarden von Euro gesammelt, wobei Organisationen regelmäßig mehrere Millionen Briefe im ganzen Land versenden. Schwierigkeiten machen zunehmend die geringe Rücklaufquote und die niedrige Durchschnittsspende, weshalb NPO ständig versuchen, die Häufigkeit der Direct Mails zu erhöhen. Fundraising ist zu einem Spezialistenjob geworden und Aufrufe werden sehr ausgefeilt gestaltet, auf Ergebnisse wie Naturkatastrophen, Sonderurlaube, Jubiläen oder aktuelle Debatten zugeschnitten.

Eine erfolgreiche Form der Wohltätigkeit findet jeweils vor und während der Weihnachtsfeiertage statt. Jedes Jahr im Advent steht die Heilsarmee an Straßenecken, musiziert und sammelt Beiträge von Passanten. Die Höhe des durchschnittlichen Beitrags ist gering und oft ist es einfach das Kleingeld, das in der Tasche klimpert. Aber die Absicht derjenigen, die geben, ist klar: Anderen während der besinnlichen Weihnachtszeit zu helfen, denen es weniger gut geht. Die Heilsarmee ist mit dieser Art von einfachem und direktem Geben erfolgreich, weil sie den Ruf hat, schlanke Prozesse, viele Ehrenamtliche und eine Hingabe für ihre Mission zu haben. Kleinspender geben nicht mit der Illusion, dass ihr individueller Beitrag einen großen Unterschied machen wird, sondern dass die Gesamtheit der kleinen Beiträge etwas Bedeutendes leisten kann. Tatsächlich sammelt die Heilsarmee Millionen mit ihren Topfkollekten. Wenn also kleine Hilfswerke effektiv organisiert werden, können sie über die Grenzen der Wohltätigkeit hinausgehen und größere und mutigere Lösungen für öffentliche Probleme finden.

Obwohl es in der abwechslungsreichen Landschaft der Philanthropie immer einen dauerhaften Platz für Wohltätigkeit geben wird, hat sie nach wie vor ihre Grenzen, sowohl als wirksames Instrument des Wandels als auch als Mittel zum Ausdruck privater Werte. Überschaubar und lokal kann Wohltätigkeit über Lohnsenden, Aufrunden oder Spendenbriefe Personen erreichen, die sonst gar nicht spenden würden. Die Möglichkeit der Einflussnahme ist bei diesen Spenden jedoch im Allgemeinen begrenzt. Aus diesem Grund neigen Geber mit größeren Ressourcen dazu, philanthropische Instrumente mit breiterer Wirkung und klar erkennbaren Folgen zu nutzen.

2.2.2 Zweckorientierte Formen der Philanthropie

Wir haben Philanthropie unterschieden in instrumentelle, zweckorientierte und expressive, wertbezogene Formen. Instrumentelle Philanthropie ist auf ein Problem oder einen Bedarf ausgerichtet, für das die zur Verfügung gestellten Ressourcen eine Lösung ermöglichen. Neben dem inhaltlichen Zweck erhöht die Chance, Gutes zu tun, das Interesse der Philanthropen. Für sie steht im Vordergrund, ein Ergebnis zu erzielen und nicht ihre privaten Werte oder Überzeugungen umzusetzen. Durch die instrumentelle Seite des Gebens umgehen viele wohlhabende Philanthropen, dass sie keine starke Leidenschaft für ein bestimmtes Thema haben und mehr als alles andere daran interessiert sind, Nutzen zu stiften. Für sie ist instrumentelle Philanthropie attraktiv, weil sie ihr Engagement einfach messen können, ohne ihr Privat- oder Familienleben darin zu verwickeln.

Stein am Rhein, ein kleines pittoreskes Städtchen mit etwa 3000 Einwohnern, ist der Schauplatz für eine der bemerkenswertesten instrumentellen Spenden in der Schweiz. 1989 entstand hier die Jakob und Emma Windler-Stiftung, deren Vermögen vor allem aus Aktien der Basler Chemie- und Pharmafirma Sandoz (heute Novartis) besteht. Diese hatte das Geschwister-Paar über Umwege geerbt. Die Cousine Marie Gnehm war die Tochter von Robert Gnehm, der Chemie an der ETH Zürich studiert hatte und dort von 1894–1904 auch ordentlicher Professor für technische Chemie war. 1909 erhielt er den ersten Ehrendoktor der ETH Zürich. Sein Berufsleben verbrachte Robert Gnehm aber vor allem in der chemischen Industrie in Basel, wo er wichtige Teerfarbstoffe entdeckte und bis ins höchste Management aufstieg. Bei Ciba war er Direktor und Verwaltungsrat und bei Sandoz schließlich Miteigentümer und Verwaltungsratspräsident. Seine Tochter Marie erbte die Aktienanteile, blieb aber kinderlos und so wurden die Verwandten Windler als Erben eingesetzt. Schon zu Lebzeiten setzte sich besonders Emma Windler für die Kunst ein, erneuerte das auch von der Cousine geerbte Haus „Zum Lindwurm" in Stein am Rhein aufwendig und machte daraus ein Museum. Aber die beiden Geschwister hatten keine Kinder und brachten ihr Vermögen schließlich in eine Stiftung ein, deren Zweck sich ganz auf Stein am Rhein fokussierte. Der Zweck umfasste die Unterstützung von Bürgern, Maßnahmen zur Erhaltung des Ortsbildes und die Finanzierung von Kulturinstitutionen. Für das Städtchen mit jährlichen Steuereinnahmen von 9 Mio. CHF waren die

5–7 Mio. CHF Ertrag des Stiftungsvermögens ein echter Glücksfall. Die schöne Altstadt mit vielen mittelalterlichen Häusern ist zwar ein Tourismusmagnet, aber auch sehr teuer im Unterhalt.

So wurden die Gelder der Stiftung großzügig eingesetzt. Erleichternd kam hinzu, dass gemäß dem Wunsch der Stifter neben zwei von der Firma Novartis bestimmten Mitgliedern auch der Stadtpräsident von Stein am Rhein im Stiftungsrat Einsitz nehmen sollte. Das verkürzte die Wege zwischen Rathaus und Stiftung! Und so flossen beispielsweise 22,7 Mio. CHF in die Renovierung der Burg Hohenklingen über der Stadt, 12,7 Mio. CHF in die Renovierung des alten Spitals zum Hl. Geist und 12 Mio. CHF in die Renovierung der Altstadt. Mit dem Geld der Stiftung wurde 2008 ein jährliches Symposium begründet, „Stein-am-Rhein-Symposium – stars", an dem hochrangige Wirtschaftsvertreter zum Austausch in das Städtchen eingeladen wurden.

Immer wieder aber regte sich auch Widerstand gegen den Geldsegen der Stiftung. Das Stadtparlament fühlte sich in seiner Entscheidungsfreiheit eingeschränkt, denn viele Projekte zur Stadtentwicklung wurden erst durch Stiftungsgelder möglich und durch den Stadtpräsidenten im Stiftungsrat vordefiniert. Oft blieb nur die Wahl „take it – or leave it". An der Finanzierung eines Parkhauses am Rand der Altstadt, zu dem die Stiftung 10,5 Mio. CHF beitragen sollte, eskalierte 2010 schließlich die Frage über eine sinnvolle Verwendung der Stiftungsgelder. Der Entwurf des 15 Mio. CHF teuren Projektes wurde als überdimensioniert empfunden und es bildete sich ein Komitee gegen den Bau. In einer Volksabstimmung lehnte die Bevölkerung die Zuwendung ab und stimmte damit auch gegen die Verwendung der Stiftungsgelder in solcher Weise. In der Folge wurden die Strukturen und der Zweck der Stiftung überdacht. Einerseits sollte der Stifterwille berücksichtigt werden, andererseits war deutlich geworden, dass für einen Teil der Stadtbewohner die Stiftung zum Danaergeschenk geworden war. In der inneren Struktur der Stiftung bleibt der Stadtpräsident zwar Mitglieder des Stiftungsrates, amtet aber nicht mehr als Präsident. Und bei der Förderung öffnete sich die Stiftung stärker für Organisationen aus dem gesamten Kanton Schaffhausen, so dass die vielen Gelder breitere Wirkung erzielen können. Außerdem will die Stiftung transparenter über ihre Aktivitäten berichten.

Die Jakob und Emma Windler-Stiftung ist in mehrfacher Hinsicht ein Beispiel für instrumentelle, zweckorientierte Philanthropie. Wohl lag den Stiftern ihre Heimatstadt am Herzen, aber sie machten wenig Vorgaben, was genau mit den Stiftungsgeldern geschaffen werden sollte. Auch gibt es bis heute kein Windler-Museum, keinen Windler-Platz oder ähnliches, denn den Stiftern ging es nicht um ihre eigene Bedeutung. Schließlich wurde mit dem Einbezug des Stadtpräsidenten von vornherein festgelegt, dass die Stiftung ergänzend zum Staat tätig ist und wohl kaum ein eigenes Förderprogramm für die Stadt entwickeln wird, das im Widerspruch zur Politik steht. Gleichzeitig zeigt die Parkhaus-Debatte, dass private Philanthropie selbst bei hoher Zweckorientierung zu Spannungen führen kann.

Die Dominanz des Zwecks spielt bei Großspenden von einzelnen Individuen selten eine Rolle. Vielmehr bildet sie die Grundlage von eigenständigen Stiftungen ohne direkten Bezug zur Stifterperson wie im Fall der Jakob und Emma Windler-Stiftung. Viele der größten gemeinnützigen Stiftungen arbeiten heute sehr professionell in ihren Förderbereichen: Sie bearbeiten Förderanträge effizient, führen Besuche vor Ort durch, evaluieren ihre Förderprojekte und vernetzen ihre Destinatäre. Der Prozess wird gesteuert von fachlich ausgebildeten Bereichsleitern, die an Gremien rapportieren, die sich wiederum den Absichten der Stifterperson verpflichtet fühlen. Diese (mindestens) zweifache Prinzipal-Agenten-Beziehung beschreibt den Kern institutioneller philanthropischer Strukturen. Projektbearbeiter tendieren dazu, Prozessabläufe zu perfektionieren, anstatt substanzielle Werte wie Inspiration, Verantwortlichkeit oder Offenheit zu fördern. Die Betonung der Prozesse ist ein nachvollziehbares Verhalten der Fachkräfte, um ihre Aufgaben mit Distanz und Chancengleichheit umzusetzen. Obwohl alle Stiftungen einmal von einer Stifterperson gegründet (und geprägt) wurden, nimmt der Einfluss der Stifterwerte mit der Zeit ab. Über die Jahrzehnte wird die Vision der Stifterperson laufend neu interpretiert, zuerst von Familie und Freunden, dann von treuhänderisch handelnden Stiftungsräten, die keinen persönlichen Bezug zur Stifterperson haben. Selbst wenn die Mitarbeitenden und Stiftungsräte alles unternehmen, um im Sinne der Stifterperson zu handeln, werden die ursprünglichen Werte von Förderschwerpunkten, Neuinterpretationen oder Umweltveränderungen überlagert.

Ein weiterer Grund, warum sich viele große Stiftungen vom Ausdruck der persönlichen Werte und Verpflichtungen ihrer Stifter entfernt haben, ist die Art und Weise, wie Stiftungen organisiert sind. Stiftungsmitarbeitende sind nicht darauf aus, ihre eigenen persönlichen Überzeugungen oder Werte oder sogar die einer Stifterperson, die sie nie kannten, zum Ausdruck zu bringen. Vielmehr sehen die Mitarbeitenden in ihrer Arbeit die technische Aufgabe, die Effektivität der Stiftung zu verbessern. Infolgedessen sind persönliche Leidenschaft und Hingabe selten die Treiber der institutionellen Philanthropie. Dies ermöglicht es ihr, cool und technokratisch zu sein und damit durchaus interessante Ergebnisse zu erzielen. Jedoch führt das selten zu herausfordernden und kontroversen philanthropischen Initiativen, die auf persönlicher Erfahrung und starken Wertversprechen basieren. Mit ihrer Arbeitsweise – Förderanträge begutachten, Destinatäre betreuen, Ergebnisse analysieren – gewährleisten Stiftungsmitarbeitende einen hohen Standard philanthropischen Engagements. Jedoch wird das Ergebnis rein instrumentell an dem vordefinierten Zweck gemessen.

Über kurz oder lang reduziert sich der Einfluss der Stifterperson, dagegen übernehmen Stiftungsräte und Mitarbeitende die Führung der Stiftung. Je größer der Abstand, desto schwieriger wird es für sie, die privaten Werte und Intentionen mit den öffentlichen und objektiven Erwartungen in Einklang zu bringen. Ohne direkten Bezug oder persönliches Erleben der Stifterperson fehlt den Stiftungsverantwortlichen eine wertbasierte Begründung ihrer Arbeit. Noch dazu ist es häufig schwierig, aus der zeitlichen Distanz heraus die genaue Absicht und die mit der Stiftungsgründungen verbundenen Erwartungen festzustellen. Letztlich bedeutet eine Stiftungsgründung, dass die Geberin anerkennt, dass sich ihre Philanthropie über kurz oder lang zu einer Organisation entwickelt, die den Zweck höher gewichtet als die originären Werte und in allgemeiner, unabhängiger und technischer Form ihren gesellschaftlichen Auftrag erfüllt.

2.2.3 Wertorientierte Formen der Philanthropie

Auch wenn sich in den letzten Jahren das Verständnis durchgesetzt hat, dass professionelle Philanthropie rational und formalisiert umgesetzt werden muss, bleibt in großen Teilen der Philanthropie eine starke emotionale Seite bestehen. Der Auslöser zum Geben sind oft die privaten Leidenschaften, Überzeugungen und Erfahrungen der einzelnen Individuen. Viele Kunststiftungen sind ein Ergebnis der eigenen Leidenschaft, viele Stiftungen zur medizinischen Forschung eine Folge der persönlichen Betroffenheit und Umweltstiftungen geht häufig ein persönliches Engagement für die Umwelt voraus. Philanthropen wünschen, dass ihr Geben ihre Werte und ihre Identität widerspiegelt. Gerade Geber aus der jüngeren Generation können Philanthropie nutzen, um eine öffentliche Identität aufzubauen oder ein gesellschaftliches Thema zu erschließen, dass sich mit den eigenen Interessen deckt. Für andere ist das Geben eine Möglichkeit, private Werte und persönlichen Glauben mit realen Problemen zu verbinden. Viele kleine und große Geber wollen durch ihre Philanthropie verdeutlichen, woran sie glauben und was ihre wahren Prioritäten sind – entweder gegenüber der Öffentlichkeit oder gegenüber sich selbst.

Geben und Religion sind eng miteinander verbunden und der persönliche Glauben ist für viele Menschen eine wichtige Motivation zum Spenden. In den unterschiedlichen Religionen wie Christentum, Judentum, Buddhismus oder Islam gehört Geben zu den zentralen Werten. Obwohl meist im Kleinen und lokal gelebt, kann der Glaube manchmal auch zu großer und ehrgeiziger Philanthropie führen. Ein bemerkenswertes Beispiel für die Verbindung von Glauben und Philanthropie ist Friedhelm Loh. Als Unternehmer hat er mehrere Firmen zur Friedhelm Loh Group zusammengeführt, die heute weltweit über 11.000 Mitarbeitende beschäftigen und ihm einen Platz auf der Liste der 500 reichsten Deutschen beschert.

Neben seinem wirtschaftlichen Erfolg engagiert sich der bekennende Christ stark und öffentlich sichtbar in christlichen Organisationen. Neben dem Bibellesebund oder der Veranstaltung ProChrist ist es vor allem die Stiftung Christliche Medien (SCM), die er im Jahr 2000 gegründet hat. In die Stiftung wurden nach und nach mehrere christliche Verlagshäuser und Medienunternehmen integriert, darunter der Hänssler-Verlag und Gerth-Medien sowie der ERF-Verlag des Evangeliums-Rundfunks. Heute gilt SCM als das größte evangelische Medienhaus im deutschsprachigen Raum. Daneben gründete er mit „Wertestarter – Stiftung für Christliche Wertebildung" eine Organisation, die Projekte im Bereich der Erziehung, der Schule, der Jugendarbeit und der Mitarbeiterqualifizierung begleitet und fördert. 2019 erhielt er die Lutherrose als Anerkennung für seinen Einsatz für das Gemeinwohl. Ein Engagement, das derart eng mit persönlichen Werte und Glauben verbunden ist, stößt jedoch auch auf Widerstand und löst Kritik aus, gerade in Bereichen wie Medien und Erziehung.

Für andere Philanthropen steht nicht ihr Glauben im Zentrum, sondern sie engagieren sich für das, was sie in ihrem Leben bewegt hat. Im Fall von Haymo G. Rethwisch war dies die heimische Natur und die Jagd. Schon früh engagierte er sich für den Schutz von Wildtieren und kaufte dazu Flächen auf, die er konsequent in wildtierfreundliche Gebiete verwandelte. 1992 gründete er die boco-Stiftung, benannt nach seinem Unternehmen, das er

1997 verkaufte und sich ganz seinem philanthropischen Engagement widmete. Als Jäger lagen ihm die heimischen Wildtiere und deren Schutz besonders am Herzen. 1999 wurde die Stiftung in Deutsche Wildtier Stiftung umbenannt. Rethwisch kaufte in Mecklenburg-Vorpommern große Wald- und Naturflächen auf und entwickelte auf dem Gut Klepelshagen einen Musterbetrieb für seine Vision einer wildtierfreundlichen Land- und Forstwirtschaft. Die Flächen der Stiftung umfassen heute über 2000 Hektar und das Stiftungsvermögen ist auf über 110 Mio. Euro angewachsen. Rethwisch förderte einerseits die Forschung zu Wildtieren durch Forschungsstationen und Stipendien, andererseits produzierte er Gourmetfleisch von Zucht- und Wildtieren auf seinem Gut. Für sein Engagement wurde Rethwisch vielfach ausgezeichnet, unter anderem 2011 mit dem Deutschen Stifterpreis.

Eine weitere Grundlage für philanthropisches Engagement sind persönliche Erinnerungen. Durch die Spenden halten Geber ihre eigenen Erfahrungen lebendig und lassen die Gesellschaft daran teilhaben, woraus ein nachhaltiger und breit verankerter Nutzen entstehen kann. Institutionen wie Zoos und Universitäten profitieren besonderen von dieser Ausprägung wertegeleiteter Philanthropie. Im 1874 eröffneten Zoo Basel, von den Einheimischen einfach „Zolli" genannt, wurde 2012 die neue „Geigy-Anlage" für Menschenaffen eröffnet. Die Anlage bot den Tieren größeren Freiraum und besonders für Orang-Utans eine artgerechtere Haltung. Den Großteil der Kosten deckte die Spende von 25 Mio. CHF der Eckenstein-Geigy-Stiftung. Als Begründung für die Spende nannte Matthias Eckenstein die eigenen Erinnerungen, als Familie mit den Kindern in den Zoo zu gehen, und dass seine verstorbene Frau Jeannine Eckenstein-Geigy dem Zoo immer sehr verbunden war. Die Spende war die größte Einzelspende in der Geschichte des Basler Zoos und ermöglichte dem Zoo, bereits zurückgestellte Gelder für andere Projekte zu verwenden. Die durch diese und andere Großspenden erhaltene Aufmerksamkeit nutzte der Zoo, um auch Kleinspenden zu gewinnen. So wurden für den späteren Neubau der Elefantenanlage „Tembea" über 23.000 Einzelspenden gewonnen.

Wohltätigkeit sowie instrumentelle und expressive Philanthropie können und sollen sich überschneiden und gegenseitig befruchten. Nur wenige Geber bleiben in diesem Sinn absolut konsistent bei all ihren gemeinnützigen Engagements. Viel eher haben sie ein diversifiziertes Portfolio von Spendenformen, zu dem beispielsweise Spenden an lokale Organisationen zu Weihnachten, vereinzelte Spenden an große angesehene Organisationen, eine Stiftung mit klar formuliertem Zweck mit einer strategischen Ausrichtung. Im Verhältnis zwischen Wohltätigkeit, instrumentellem und expressivem Geben sowie strategischer Philanthropie lassen sich auch Entwicklungstendenzen feststellen. Geber, die mit instrumentalen oder expressiven Spenden beginnen, entwickeln ihre Philanthropie im Laufe der Zeit in Richtung strategische Philanthropie, weil sie an Erfahrung und Kompetenz gewinnen und Klarheit über den Zweck ihres Engagements gewinnen. Andererseits erlauben sich selbst viele der strategischsten Philanthropen bewusst den Freiraum, schlicht und einfach wohltätig zu spenden, wenn die Umstände es erfordern. Stephan Schmidheiny beispielsweise verfolgte als Präsident des von ihm gegründeten Viva Trusts in Südamerika eine sehr professionelle Umsetzung der Ziele dieser Stiftung. Gleichzeitig gab es die kleine Kostenstelle „Presidents' Money". Über dieses Geld konnte er direkt und ohne große Abklärungen verfügen, wenn er auf ein Problem aufmerksam wurde, oder eine Organisation direkt unterstützen wollte. Mit den Inhalten der Matrix und den damit verbundenen Methoden und Instrumente können Geber experimentieren und dadurch ihre eigene strategische Philanthropie entwickeln.

2.3 Das verbindende Element: Strategische Philanthropie

Strategische Philanthropie verbindet instrumentelle Zweckorientierung mit expressiver Wertorientierung und kann dabei viele verschiedene Formen annehmen. Sie ist nicht an ein bestimmtes inhaltliches Thema gebunden, sondern bemisst sich an der Qualität der Umsetzung und der Überlappung des öffentlichen Nutzens und der privaten Werte. Die Entwicklung und Formulierung der Förderagenda basiert auf den Werten, die für den Geber wichtig waren, und schafft gleichzeitig einen breiten Nutzen für die Öffentlichkeit. Eine erfolgreiche strategische Philanthropie führt so die instrumentelle und expressive Dimension zusammen und multipliziert den ursprünglichen Beitrag um ein Vielfaches. Ein mögliches Beispiel für solch ein philanthropisches Engagement ist die Dietmar Hopp Stiftung. Die Stiftung engagiert sich in den Bereichen Sport, Medizin, Soziales sowie Bildung und fokussiert sich dabei vornehmlich auf die Rhein-Neckar-Region, der Heimat des Stifters. Dietmar Hopp hat 1972 zusammen mit vier Kollegen von IBM das Software-Unternehmen SAP gegründet. Die Firma ist zum größten nicht-amerikanischen Software-Unternehmen aufgestiegen und hat Dietmar Hopp zum Milliardär gemacht. Über den weltweiten Erfolg vergaß er aber weder seine Herkunft, noch seine Heimat. Als Jugendlicher spielte er Fussball bei der TSG Hoffenheim. Dank seiner Unterstützung, gerade auch in der Nachwuchsförderung, wurde der Verein professionalisiert und schaffte den Aufstieg bis in die deutsche Bundesliga und spielte sogar in der europäischen Champions League. Auch wenn das Engagement als Sportmäzen die größte öffentliche Aufmerksamkeit bewirkte, hat Dietmar Hopp deutlich mehr Ressourcen in seine gemeinnützige Stiftung investiert. Seit der Gründung 1995 hat die Dietmar Hopp Stiftung mehr als 800 Mio. Euro ausgeschüttet. Die Stiftung fördert bestehende Organisationen, führt aber auch eigene Projekt durch. Ausgangspunkt jeden Engagements der Stiftung ist eine persönliche Wertvorstellung des Stifters, sei es beim Sport, der Bildung, sozialem Zusammenhalt, der Medizin oder zuletzt beim Klimaschutz. Ein Beispiel ist die Aktion „alla hopp!", mit der Menschen aller Generationen für mehr Bewegung und Begegnung gewonnen werden sollten. 2013 wurde das Programm öffentlich bekannt gegeben und 127 Gemeinden aus der Metropolregion Rhein-Neckar bewarben sich für eine „alla hopp!"-Freizeitanlage. Schließlich wurden 19 Kommunen ausgewählt und von der Stiftung 45 Mio. Euro für die Umsetzung zur Verfügung gestellt. In den folgenden vier Jahren wurden die Anlagen geplant und gebaut. In der Planungsphase konnten Bürger ihre Vorstellungen einbringen und so entstanden 19 völlig unterschiedliche, parkähnliche Bewegungs- und Begegnungsplätze mit insgesamt 215 Quadratkilometer Fläche. Die Dietmar Hopp Stiftung mag vielleicht nie eine globale Bekanntheit erringen, was mit einem Vermögen von mehreren Milliarden Euro durchaus machbar gewesen wäre. Stattdessen setzt sich die Stiftung dort ein, wo sich ihr Stifter ebenso verbunden wie verantwortlich fühlt und ermöglicht breiten Teilen der lokalen Gesellschaft, von dem Vermögen zu profitieren. Aktivitäten wie die Freizeitanlagen verbinden so eine expressive Wertorientierung mit instrumenteller Zweckorientierung und es entsteht ein gesellschaftlicher Mehrwert, der aber auch Ausdruck der Stifterwerte ist.

Die persönliche Verbundenheit zu einem Ort oder einer Region ist ein starker Antrieb für Philanthropie. Genauso gut kann Philanthropie aber auch durch das Interesse an einem bestimmten Thema entwickelt werden, dass für die Geberin persönlich von großer Bedeutung ist. Maja Oeri ist früh in ihrem Leben mit Kunst in Berührung gekommen. Ihre Großmutter Maja Sacher führte sie mit 18 Jahren in den Stiftungsrat der nach ihrem verstorbenen Ehemann benannten Emanuel-Hoffmann-Stiftung ein. Emanuel Hoffmann war der Sohn des Gründers der Hoffmann-La Roche AG, heute eines der größten Pharmaunternehmen der Welt. Zweck der Stiftung ist die Förderung zeitgenössischer Kunst, so dass die Stiftung seit den Anfängen in den 1930er-Jahren bis heute eine der größten Sammlungen moderner Kunst aufgebaut hat. Die Orientierung am „Zeitgenössischen" zwingt die Stiftung, sich immer wieder mit den neuesten Strömungen der Kunst auseinanderzusetzen. Maja Oeri selbst studierte Kunstgeschichte und arbeite in Galerien und Museen, bevor sie sich vollständig auf ihre Rolle als Mäzenin und Stifterin konzentrierte. 1995 wurde sie Präsidentin der Emanuel-Hoffmann-Stiftung. Die Sammlung der Stiftung wurde vor allem im Kunstmuseum Basel und im Museum für Gegenwartskunst in Basel ausgestellt. Jedoch blieb der größte Teil der Sammlung meist in den Archiven verstaut und war dadurch der Öffentlichkeit, vor allem aber auch Forschenden und Künstlern nicht zugänglich. Dieses Problem löste Maja Oeri mit der von ihr gegründeten Laurenz-Stiftung. 2003 wurde außerhalb von Basel das Schaulager eröffnet. Das Gebäude ist gleichzeitig ein Lagerhaus mit optimalen räumlichen und klimatischen Bedingungen für die Aufbewahrung von Kunst und eine Galerie, in der vornehmlich Forschende oder Künstler jederzeit Zugang zu der Sammlung der Emanuel-Hoffmann-Stiftung haben. Dieses innovative Konzept sorgte weltweit für Aufsehen und wurde bereits vielfach nachgeahmt. Alle zwei Jahre organisiert das Schaulager eine Ausstellung, die auch für die Öffentlichkeit zugänglich ist. Darüber hinaus finanziert die Laurenz-Stiftung zwei Professuren an der Universität Basel, um die aktive Forschungsarbeit zu zeitgenössischer Kunst zu fördern. Der Ruf Basels als Kunst- und Museumsstadt wäre ohne das Engagement von Maja Oeri und ihrer Großmutter Maja Sacher deutlich geringer ausgeprägt. Aus ihrer persönlichen Leidenschaft haben sie mit ihrem philanthropischen Engagement einen gesellschaftlichen Mehrwert geschaffen, der weit über die eigentliche Förderung hinauswirkt. Für innovative Projekte wie das Schaulager braucht es aber die Überzeugung und den Willen einzelner Personen sowie deren Bereitschaft, die dafür notwendigen Ressourcen zur Verfügung zu stellen.

Wie bereits erwähnt, sind die Grenzen zwischen den verschiedenen Formen der Philanthropie fließend. Wie in einer mathematischen Kurvendiskussion ist der Schnittpunkt zwischen dem geschaffenen Nutzen und den persönlichen Werten in einem Kontinuum einzuordnen, das von weniger zu mehr gemeinsamen Formen der Wertschöpfung reicht.

Für manchen Philanthropen sind die persönlichen Werte das oberste Ziel, während ein anderer sich ausschließlich nach dem öffentlichen Bedarf richtet. Aber selbst in den Extrempunkten – und selbstverständlich dazwischen – zeichnet sich Philanthropie durch eine Vermischung der beiden Ziele aus. Instrumentelle und expressive Formen des Gebens fördern eher das eine oder das andere. Strategische Philanthropie hingegen versucht, die Verbindung von beidem in einem einzigen Akt des Gebens zu realisieren. Die Strahlkraft der Strategischen Philanthropie ergibt sich aus der Verwirklichung privater Ideen zum Gemeinwohl in der Gesellschaft, die erhebliche und oft unerwartete Auswirkungen haben können. Frei vom Zwang, Kompromisse schließen zu müssen, lassen sich Projekte und Initiativen umsetzen, wie sie für staatliche Institutionen kaum realisierbar sind. Dies ermöglicht Innovation und Alternativen in den Umsetzungen. Wie gut und wie verantwortungsbewusst die Philanthropen die ihnen zur Verfügung stehenden Möglichkeiten nutzen, hängt jedoch von der Qualität ihrer strategischen Vision ab.

Die Fähigkeit der Philanthropie, die privaten Werte der Geberin und die öffentlichen Bedürfnisse der Gemeinschaft zu vereinen, muss immer wieder neu debattiert und entwickelt werden. Wenn große Geber ihr philanthropisches Vermögen an Stiftungen übergeben und damit andere Personen die Verantwortung für das philanthropische Erbe übernehmen, nimmt der wertbezogene Bezug gegenüber der zweckbezogenen Interpretation ab: Die Gremien verändern sich und sind immer weniger mit der Stifterperson vertraut, die ersten von der Gründerin lancierten Projekte müssen ersetzt oder erneuert werden und die Prozessabläufe sind an neue Gegebenheiten anzupassen. Die Verantwortlichen konzentrieren sich darauf, die Mittel sinnvoll und zweckmäßig zu verwenden. Durch diese schleichende Entwicklung wird die Fähigkeit der Philanthropie in Frage gestellt, Werte und Zweck zu vereinen. Aber es sind Ausgleichskräfte am Werk, die den Sektor regenerieren. Jedes Jahr kommen neue Geber hinzu, die ihre Visionen vom Gemeinwohl umsetzen. Sie machen ihre Erfahrungen und stellen manchmal fest, dass es viel schwieriger ist, soziale Renditen in der Philanthropie zu erzielen als finanzielle Renditen in der Wirtschaft. Dennoch profitiert der Sektor von einem stetigen Zufluss neuer Geber, die mit frischen Ideen beginnen. Ob dieser Zufluss an neuen Philanthropen die Verknöcherung in einigen Teilen des Sektors vollständig aufwiegt, ist schwer zu sagen. Sicher ist jedoch, dass der Philanthropie-Sektor regelmäßig sowohl die Geburt als auch den Tod von expressiven und instrumentalen Kräften erlebt. Und irgendwo in diesem komplexen Transformationsprozess werden alle vier Hauptformen der Wertegenerierung angewandt.

Die Entscheidungen zu den verbleibenden vier Bereichen des philanthropischen Primas werden einen wesentlichen Einfluss darauf haben, wo Philanthropen für sich den Schnittpunkt zwischen instrumenteller und expressiver Philanthropie finden. Die Entscheidung für ein gutes Logikmodell, die geeigneten Methoden, den richtigen Zeitrahmen und einen passenden Stil wird die Chancen deutlich beeinflussen, wie viel strategische Potenzial die gewählte Wertgenerierung entfalten kann. Umgekehrt ausgedrückt wird ein Engagement, das private Wertvorstellungen mit gesellschaftlichen Zwecken verbindet, nicht von sich aus immer die richtigen Lösungen bieten, um eine philanthropische Strategie erfolgreich umzusetzen. Es stellt jedoch ein notwendiges Puzzleteil dar.

Wirkungsmodelle: Theorien des Wandels, der Hebelwirkung und der Skalierung

Inhaltsverzeichnis

3.1 Elemente des Wirkungsmodells 38
3.2 Theorie des Wandels 40
3.3 Theorie der Hebelwirkung 45
    3.3.1 Unterstützungsstrategien 46
    3.3.2 Programmatische Strategien 48
3.4 Theorie der Skalierung 51
    3.4.1 Skalierung durch finanzielle Stärke 52
    3.4.2 Skalierung durch Programmausbau 53
    3.4.3 Skalierung durch Replikation 54

Wenn man sich mit Aufmerksamkeit der Welt zuwendet und einen gesellschaftlichen Mehrwert beitragen will, stellt sich bei der Philanthropie unweigerlich die Frage, wie man die angestrebten Ziele am besten erreichen kann. Und im Kern der Frage wiederum geht es um die philanthropische Wirksamkeit. Die meisten Geber – selbst solche, die ihren persönlichen Leidenschaften und Vorstellungen nachgehen – wollen auch Ergebnisse sehen.

Die Wege zu einer wirksamen Philanthropie sind vielfältig. Wir stellen nun drei Theorien vor, die helfen, strategisch vorzugehen. Es sind dies die Theorie des Wandels, die Theorie der Hebelwirkung und die Theorie der Skalierung. Natürlich gibt es enge Zusammenhänge zwischen diesen Theorien. Entscheidungen, die in einem Bereich getroffen werden, haben Konsequenzen für Entscheidungen in den anderen Bereichen. Zusammen formen alle drei gemeinsam das strategische Wirkungsmodell.

3.1 Elemente des Wirkungsmodells

Ein Wirkungsmodell (siehe Abb. 3.1) kann als eine formale Erklärung dafür verstanden werden, wie eine philanthropische Intervention ihre Ziele zu erreichen versucht. Wirkungsmodelle können die Spezifikation von Handlungslogiken ausdrücken, die zusammenhängende Schritte für eine erfolgreiche Intervention beinhalten.

Wirkungsmodelle werden oft grafisch veranschaulicht. Eine Variante sind Flussdiagramme, in denen Kästchen mit Pfeilen zu Kausalketten verbunden werden. Oder man nimmt das Bild eines Baumes und zeichnet als Wurzeln die Ursachen, den Stamm als Lösungsansatz und die Äste und Blätter als Ergebnisse der Intervention. Ein anderes oft gewähltes Bild sind Stufen und Treppen, die aufeinander aufbauende Aktivitäten oder Ziele beschreiben. Vielleicht finden Sie ein anderes Bild, das Ihr Wirkungsmodell am besten beschreibt. Um ein Wirkungsmodell zu erstellen, muss das höchste Ziel oder der Zweck des Gebens klar sein. Ohne Klarheit über die Ergebnisse – und die zugrundeliegenden Werte – ist ein kohärentes Wirkungsmodell unmöglich. Auch die Ausgangssituation, wenn die Intervention startet, und die Schritte auf dem Weg zur Erreichung des Ziels müssen definiert werden. Eines der häufigsten Probleme mit Wirkungsmodellen ist der Irrglaube, dass alle relevanten Determinanten in einer Kausalkette von der Intervention bis zum gewünschten Ergebnis aufgeführt sind. In Wirklichkeit sind am Ergebnis einer sozialen Intervention viele verschiedene Faktoren beteiligt, neben den wahrgenommenen haben auch unvorhergesehene oder nicht messbare Faktoren einen Einfluss. Diese nicht unerhebliche Unsicherheit müssen Geber – vergleichbar einem Forscher – berücksichtigen, wenn sie die Erfolge ihrer Aktivitäten bewerten. Deswegen ist das Wirkungsmodell und die philanthropische Leistung nicht gänzlich in Frage zu stellen, aber das Wissen darum sollte Philanthropen zu einer gewissen Demut und Bescheidenheit bewegen.

Die Erläuterung eines Wirkungsmodells beginnt in der Regel damit, dass eine Theorie des Wandels und die dazugehörenden Zielvorgaben definiert werden. Die Theorie des Wandels kann sehr breit gefächert sein und definiert die Ebene – von den kleinsten bis zu den größten gesellschaftlichen Einheiten – auf der die Philanthropie tätig sein soll. Am

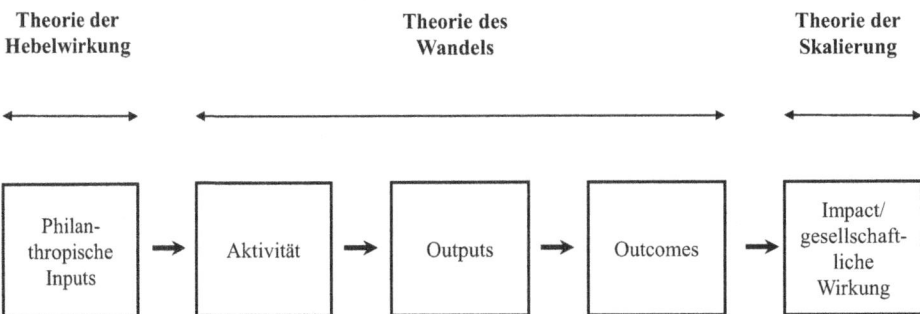

Abb. 3.1 Elemente des Wirkungsmodells

einen Ende dieses Spektrums befindet sich vielleicht eine Theorie des Wandels, die sich auf die Ausbildung und Entwicklung einzelner Führungskräfte konzentriert, die eines Tages den gewählten Tätigkeitsbereich verändern könnten. Das andere Ende beschließen Theorien, die durch die Beeinflussung der öffentlichen Ordnung auf nationaler oder sogar internationaler Ebene Veränderungen herbeiführen sollen. Die Einordnung in diese Hierarchie von Theorien verhilft lediglich zu einer ersten Festlegung, wie die Förderung in einen bestimmten Teil der Gesellschaft wirksam werden soll. Die Wahl der geeignetsten Theorie hängt von einer Vielzahl von Faktoren ab, unter anderem vom Tätigkeitsfeld und der Beschaffenheit des abgestrebten Ergebnisses.

Die Theorie der Hebelwirkung unterscheidet sich von der Theorie des Wandels insofern, dass der Fokus weniger darauf liegt, wie Wirkung am besten erzielt wird, sondern mehr auf dem Mechanismus des Vorgangs. Die Hebelwirkung ermöglicht es, die Wirksamkeit von Spenden zu erhöhen. Dieses Konzept beruht auf dem bekannten physikalischen Prinzip, dass ein langer Hebel nützlicher sein kann als ein kurzer, wenn es darum geht, feststehende Objekte zu lösen oder anzuheben. Wenn ein Hebel unter einen Gegenstand gelegt wird, berechnet man einen Drehpunkt, um eine größere Kraft auf den Gegenstand auszuüben. Der Hebel verlängert den Weg, den die Kraft zurücklegen muss und vergrößert sie dadurch.

Unter Philanthropen übt seit langem die Vorstellung eine starke Anziehungskraft aus, mit ihren Projekten und durch den strategischen Einsatz von Hebelkraft eine überproportionale Wirkung zu erzielen. Ein gespendeter Euro oder Franken soll ein Mehrfaches an sozialem Nutzen erzielen. Folglich wird viel Zeit darauf verwendet, mit verschiedenen Methoden und Instrumenten zu experimentieren, um die größtmögliche Wirkung zu erzielen. Selbstverständlich ist die Notwendigkeit einer Hebelwirkung beim Geben umso dringlicher, je größer das anvisierte gesellschaftliche Anliegen ist. Genauso steigt der Bedarf für eine Hebelwirkung, wenn das zur Verfügung stehende Fördervolumen abnimmt.

Neben der Entwicklung einer Theorie des Wandels und der Ortung von Hebelpunkten, kann die Wirkung der Philanthropie durch ein drittes Element gesteigert werden: die Theorie der Skalierung, durch die das philanthropische Engagement ausgebaut werden soll. Während es einigen Gebern genügt, kleine, gezielte Schenkungen zu machen, die auf episodische Bedürfnisse ausgerichtet sind, sind viele andere darauf bedacht, ihre philanthropische Arbeit auszuweiten. Eine erfolgreiche Intervention kann, wenn sie richtig eingeschätzt und dokumentiert wird, durch verschiedene Maßnahmen skalierbar gemacht werden, sodass die Zahl der Betroffenen steigt, die von dem Programm oder der Intervention profitieren können. Für viele ist dies das letzte Stück des operativen Puzzles, das mit der Entwicklung der Theorie des Wandels anfängt und mit dem Streben nach einer größeren philanthropischen Hebelwirkung fortgesetzt wird.

Die Theorie des Wandels, die Theorie der Hebelwirkung und die Theorie der Skalierung können als eine Reihe miteinander verbundener Konzepte verstanden werden, die alle dem Wunsch einer erhöhten programmatischen Effektivität und Wirkung entspringen. Die Theorie des Wandels ist der Kern der Wirkungsmodelle und der Strategieentwicklung.

Theorien der Hebelwirkung und der Skalierung sind die unterstützenden Vorgehensweisen an beiden Enden des Wirkungsmodells, die es ermöglichen, die Wirkung des Gebens zu maximieren.

Philanthropen, die eine klare Vorstellung von einem dieser drei Elemente skizzieren können, werden besser in der Lage sein, den gesellschaftlichen Nutzen ihrer Philanthropie zu maximieren. Natürlich ist dadurch nicht gesagt, dass die persönliche Zufriedenheit bei erfolgreichem Geben zunimmt. Aber in zahlreichen Erfahrungsberichten in der Philanthropie ist zu lesen, dass durch das Erreichen von Zielen die Motivation erhöht wird, mehr zu geben, als wenn das nicht gelingt. Aus diesem Grund ist die Verbesserung der Handlungslogiken des Gebens ein wichtiges Element des philanthropischen Prismas.

3.2 Theorie des Wandels

Zuerst beschäftigen wir uns mit der Theorie des Wandels – englisch „theory of change" genannt. Eine Theorie des Wandels wirkt auf fünf verschiedenen, miteinander verbundenen konzeptionellen Ebenen: Individuen, Organisationen, Netzwerk, Politik und Ideen.

Individuen
Auf der individuellen Ebene konzentrieren sich viele Geber auf die Ausbildung und Entwicklung von Verantwortungsträgern für jene Tätigkeitsfelder, in denen eine Veränderung herbeigeführt werden soll. Die Konzentration auf den Aufbau von Fähigkeiten und die Förderung von Einzelpersonen bezweckt, eine Vielzahl von Akteuren des Wandels zu schaffen, die bereit sind, sowohl die Praxis in diesem Bereich zu verändern, als auch in der politischen Debatte als Wortführer aufzutreten. Jedoch ruft dieses Vorgehen auch immer Kritik hinsichtlich der Unabhängigkeit und Kontrolle auf. Selbst wenn gesellschaftliche Führungspersonen von philanthropischen Akteuren ausgebildet und gefördert werden, müssen die beteiligten Personen die Freiheit haben, ihren eigenen Weg zu gehen. Trotz dieser Gratwanderung verbinden viele Förderprogramme neutrale berufliche Entwicklungsprogramme einerseits und Initiativen mit einer eindeutigen Agenda andererseits. Wenn sie gut gestaltet werden, tragen solche Programme zur Entwicklung von Führungskräften, zur Ausbildung und zur beruflichen Weiterbildung bei und schaffen damit ein Leistungsreservoir für das Tätigkeitsfeld. Die geförderten Individuen können neue, innovative Fähigkeiten im Handlungsfeld kultivieren, andere Menschen zu eigenen Beiträgen motivieren und langfristige Ziele kontinuierlich verfolgen.

Die Ausbildung und Entwicklung von Personen in einem bestimmten Bereich erfordert eine langfristige Perspektive. Dies unabhängig davon, ob der Bereich bereits eine etablierte Führung hat oder ob der Bereich jung ist und sich noch entwickelt. Typische Methoden der Förderung zu diesem Zweck sind Sommerschulen, Seminare, Begabtenförderung, Stipendien, Sabbaticals und andere Angebote, bei denen talentierte Menschen identifiziert und ermutigt werden, mehr Verantwortung für die Gestaltung eines Themenfeldes zu übernehmen. Ein bekanntes Beispiel dafür sind die Förderprogramme für Journalisten der parteinahen Stiftungen in Deutschland. So hat beispielsweise die Heinrich Böll-Stiftung, die den Grünen nahe steht, im Jahr 2008 das Förderprogramm „Medienvielfalt, anders! Junge Migrantinnen und Migranten in den Journalismus" gestartet. Ziel des Programms ist es, Studierende und Berufsanfänger mit Migrationshintergrund für den Journalistenberuf zu gewinnen und so die Vielfalt der Medienberichterstattung zu fördern. Die Hanns-Seidel-Stiftung der CSU setzt dagegen auf die Förderung eines breiten Netzwerkes von Stipendiaten, die später in Medien, Wirtschaft und Behörden arbeiten.

Organisationen
Veränderungen in einem Tätigkeitsfeld lassen sich aber auch eine Ebene höher erzielen, durch leistungsfähige Organisationen. Zur Entwicklung von Kapazitäten bzw. der Förderung von Kompetenzen sind Stiftungen zunehmend bereit, eine erste Förderung für die Stärkung der organisatorischen Strukturen zu sprechen, bevor die Organisationen für eine Zuwendung für die eigentliche Zweckerfüllung in Frage kommen. Durch diese Betriebsförderung erhalten die geförderten Organisationen technische Hilfe, fachliche und ökonomische Beratung, Marketing oder Medientraining – letztlich alles, was später hilft, den Zweck nachhaltig erfolgreich umzusetzen. Mit der Kompetenz-Förderung verbunden ist oftmals auch die Formulierung einer Wachstumsstrategie, damit das Thema breit in der Gesellschaft verankert wird. Natürlich braucht es dazu die Bereitschaft der NPO, diese oftmals gravierenden Eingriffe in ihre Organisationsstruktur, ihre Finanzierung oder gar ihre Mission zuzulassen. Programmatisch arbeitende Stiftungen nehmen Kompetenz-Förderung jedoch sehr ernst und schöpfen dadurch Potenziale für Skalierung und Hebelwirkung. Ein Engagement zum Aufbau schlagkräftiger Organisationen erfordert von den Geldgebern eine langfristige Perspektive und gute Kenntnisse über die operativen und strategischen Bedürfnisse ihrer Destinatäre. So wird Kompetenz-Förderung zu einer Theorie des Wandels, die den Aufbau von Organisationen als einen entscheidenden Bestandteil breiter angelegter Bemühungen zur gesellschaftlichen Entwicklung versteht.

Eng verbunden mit der Kompetenzentwicklung stellt sich für Geber immer wieder die Frage, ob sie mit ihren Geldern besser bestehende Organisationen stärken oder neue Strukturen schaffen sollen. Übertragen könnte man fragen: Lohnt sich die Reparatur oder schafft man sich besser ein neues Gerät an? Bei der Reparatur kann man nach der Fehleranalyse und -behebung rasch wieder das Gerät in Einsatz nehmen. Dagegen ist die Neuanschaffung oft bequemer, aber das neue Gerät muss sich im Alltag erst bewähren. Ähnlich können bereits existierende Organisationen durch fachliche Hilfe oder Beratung reformiert werden, während die Gründung einer neuen Initiative oder Organisation aufregender ist. Sie bietet die Möglichkeit, eine Idee vom Konzept in die Realität umzusetzen und „auf der grünen Wiese" zu starten, ohne den Ballast abzuwerfen, den fast alle etablierten Organisationen mit sich tragen. Entscheidungen über die Personalbesetzung sind einfacher, wenn das Organigramm ein leeres Blatt Papier ist. Ohne eine dominierende Kultur oder ein bestehendes „Betriebshandbuch" steht es neuen gemeinnützigen Organisationen frei, das Umfeld zu analysieren und auf bewährte Praktiken zu setzen oder bewusst die Dinge anders zu handhaben. Ein Start ohne Vorgeschichte eröffnet dem Geber potenziell auch die Tür, durch die Organisation sich selbst ein sichtbares und bleibendes Zeichen zu setzen.

Aber aller Anfang ist schwer! Der gemeinnützige Sektor ist vielfach von Redundanzen und Überkapazitäten geprägt. In fast jeder deutschen Stadt leisten mehrere gemeinnützige Organisationen die gleiche Arbeit. Oftmals laufen parallele Projekte jahrelang in völliger Unkenntnis voneinander ab, auch wenn die Zielpopulation recht klein ist. Anstatt neue Programme oder Organisationen ins Leben zu rufen, kommen erfahrene Philanthropen oft zur Überzeugung, besser bestehende Organisationen zu konsolidieren oder zumindest zu einer umfassenderen Zusammenarbeit untereinander zu ermutigen. Vor jeder Neugründung sollten Sie sich davon überzeugen, dass die neue Organisation oder das neue Projekt wirklich notwendig ist und die bestehenden Projekte tatsächlich nicht zu retten sind bzw. den Aufwand einer Reform nicht wert sind. Der zweite Nachteil junger NPO betrifft die operative Effizienz: Der Aufbau von etwas Neuem ist in der Regel mit höheren Anlaufkosten verbunden und kann in manchen Fällen mehr Zeit in Anspruch nehmen. Philanthropen müssen daher die Kosten und Zeitverzögerungen gegen die Vorteile abwägen, die ein Neuanfang mit sich bringen kann.

Netzwerke
Anstelle von Individuen oder Organisationen können Philanthropen eine Theorie des Wandels auf Ebene von Netzwerken zwischen Organisationen umsetzen. In weiten Teilen ist der Nonprofit-Sektor bis heute geprägt vom Drang zu Autonomie und von Redundanzen. Hier können Geldgeber auf effiziente Weise Einfluss nehmen. Wenn Gruppen mit gemeinsamen Werten und Zielen zusammengeführt werden, kann daraus eine Bewegung oder zumindest eine Koalition entstehen, die sonst nicht existierte. Innerhalb des Netzwerks kann man sich über Erfahrungen zu bestimmten Fachthemen austauschen oder sich gegenseitig mit Ressourcen unterstützen. Die Initialzündung durch einen philanthropischen Akteur muss dabei gar nicht einmal so umfangreich sein und kann doch einen wichtigen Beitrag dazu leisten, Doppelspurigkeiten oder fehlende Lernbereitschaft zu reduzieren. Durch den Aufbau von Netzwerken werden Kapazitäten für kleine Programme und lokale Innovationen geschaffen, wenn dadurch Austausch und Kommunikation gefördert werden und auf lange Sicht Verbindungen zwischen Personen entstehen. Aus Sicht der Philanthropen sind dies Elemente, um einzelne NPO aus der Isolation lösen und breit abgestützte Bewegungen zu schaffen, die gemeinsam ein Vielfaches von lauter Einzelgängern leisten. Schließlich können Netzwerke der Kommunikation und Zusammenarbeit in politische Bewegungen transformiert werden, wenn Ereignisse eine Grundlage zum Handeln schaffen.

Politik
Dazu dient die nächste Theorie des Wandels, nämlich der Einfluss auf das politische System. Die Philanthropie hat versucht, Politik durch mindestens drei verschiedene Ansätze zu gestalten. Erstens unterstützen Geber Projekte, die ziviles Engagement fördern, indem

sie die Bürger für Politik aktivieren und sie zum Handeln mobilisieren. In der Schweiz dienen dazu nicht selten Unterschriftensammlungen für Volksinitiativen und die damit verbundenen Debatten, die von Komitees und Fachorganisationen angestoßen werden.

Zweitens fördern Geber oft gemeinnützige Organisationen, die eine wichtige Rolle bei der Information und Aufklärung der Öffentlichkeit und der politischen Entscheidungsträger übernehmen. Advocacy und Lobbying gibt es von lokal bis supranational auf allen politischen Ebene, oft in Form von Politikforschung und öffentlichen Informationskampagnen. Stiftungen und Philanthropen beteiligen sich beispielsweise häufig Kampagnen in Bereichen des Gesundheitswesens oder der Bildung. Als Vorreiterin des philanthropischen Engagements im politischen Bereich lässt sich die Bertelsmann Stiftung bezeichnen, die von Kritikern oft als „ausgegliedertes Bundesministerium" bezeichnet wird, weil die Stiftung zu vielen Themen Expertise aufbaut und dieses Wissen in Politik, Medien und Öffentlichkeit trägt.

Als dritte Möglichkeit können philanthropische Mittel an gemeinnützige Organisationen fließen, die sich unmittelbar am politischen Prozess beteiligen. Die Mitwirkung an der Ausarbeitung eines Gesetzentwurfs oder die Blockierung der Verabschiedung eines Gesetzes, das gerade den Gesetzgebungsprozess durchläuft, kann eine wirkungsvolle und weitreichende Intervention sein. Dies gilt besonders dann, wenn die zugrunde liegende Gesetzgebung beträchtliche Summen an öffentlichen Geldern für einen Bereich betrifft, in dem Philanthropen selbst engagiert sind.

Ideen
Über die Gestaltung von Politik und Regulierung hinaus können sich Geber mit ihrer Theorie des Wandels auf eine noch höhere Abstraktionsebene begeben und die Entwicklung neuer Ideen und Paradigmen unterstützen. Die Förderung von Grundlagenforschung und Theoriebildung in so unterschiedlichen Bereichen wie Physik, Geografie und Wirtschaft kann zu neuen Wegen führen, Probleme zu verstehen und die Welt aus anderer Perspektive zu sehen. Gelingt es diesen innovativen Ansätzen, das Feld auf breiter Front zu durchdringen, können sie große Veränderungen einleiten, die nicht nur die weitere Ideenproduktion nachhaltig beeinflussen werden, sondern auch die Art und Weise, wie die Praktiker ihre Arbeit tun. Zu beurteilen, was vielversprechende und wichtige Forschung ausmacht, ist eine große Herausforderung, gerade weil die meisten Geldgeber selten die notwendige Fachkenntnis haben. Aus diesem Grund fragen Förderer oft andere Forscher, die von ihren Kollegen eingereichten Anträge zu begutachten. Dennoch ist es nicht einfach, transformative oder disruptive Ideen zu fördern. Nur wenige Forschungsergebnisse können vorhergesagt oder erwartet werden, und es gibt keine Garantie, dass etwas Produktives dabei herauskommt. Mit sorgfältigen Risikobewertungen wäre die Finanzierung vieler wichtiger Durchbrüche, wie jene von Jonas Salk und David Ho zur AIDS-Bekämpfung, wahrscheinlich nicht zustande gekommen. Die Förderung von Ideen und Konzepten ist selten geradlinig und mit viel Scheitern verbunden. Dennoch lohnen sich die hohen Risiken, wenn Philanthropen bereit sind, durch die Wahl der Verantwortlichen und des Themas die Grundlagen für Ideenentwicklung zu schaffen, bei der

Umsetzung dann aber im Hintergrund zu bleiben. Wenn tatsächlich bedeutende Veränderungen entstehen, sei es durch die Widerlegung vorherrschender Annahmen oder durch die Reorganisation des Tätigkeitsbereichs, können sie an dem Erfolg teilhaben.

Philanthropische Förderung auf der Ebene von Ideen gewinnt besonders dann an Wirkung, wenn neben der Erforschung auch der Transfer in die Gesellschaft oder Politik einbezogen wird. Wenn die Ergebnisse der Forschung in politische Debatten über das Gesundheitssystem oder die Kinderbetreuung einfließen, oder innovative Konzepte im Klimaschutz oder der Integration in die Praxis übertragen werden, erreichen Philanthropen eine weitaus größere Hebelwirkung im Vergleich zu punktuellen oder fokussierten Verbesserungen bei einzelnen Organisationen oder Netzwerken. Die Herausforderung, neue und kraftvolle Ideen zu entwickeln, hängt nicht nur davon ab, ob man mit der Innovation richtigliegt, sondern auch davon, wie man dafür sorgen kann, dass die Ideen Verbreitung finden.

Ungelöste Fragen
Wir behaupten, dass Philanthropie tatsächlich auf allen fünf der hier beschriebenen Ebenen – Individuen, Organisationen, Netzwerke, Politik und Ideen – operieren kann. Damit stellen sich unweigerlich zwei elementare Fragen, die offensichtlich sind, aber von niemandem leicht zu beantworten sind. Die erste bezieht sich auf die Zusammenhänge zwischen den Ebenen und die zweite betrifft die relative Wirksamkeit jeder dieser Ebenen. Es gibt auf diese Fragen keine eindeutige Antwort, weshalb sie auch nur selten wirklich gestellt werden. Dennoch müssen sich Philanthropen für eine Theorie des Wandels entscheiden, obwohl ihnen die Zusammenhänge der verschiedenen Ebenen wie auch die Wirkung auf ihre angestrebten Ziele nicht bekannt sind.

Auf den ersten Blick scheinen sich die fünf Ebenen der Veränderung wie ein Modell systematisch aufeinander aufzubauen. Von der Mikroebene der Individuen über die Mesoebene der Organisationen und Netzwerke bis hin zur Makroebene von Politik und Ideen. Aber die Interdependenzen zwischen diesen Ebenen bauen nicht aufeinander auf bzw. führt die eine Ebene nicht zwingend zur nächsten. Deshalb operieren viele Geldgeber gleichzeitig auf mehreren Ebenen und versuchen, Synergien zwischen zwei oder drei Ebenen zu schaffen. Programmatisch arbeitende Stiftungen werden in der Regel für jedes Tätigkeitsfeld eine Grundannahme der kausalen Zusammenhänge formulieren, die ihrer Ansicht nach zu den von ihnen definierten Zielen und Ergebnissen führen. Innerhalb und über Programmbereiche hinweg werden im Laufe der Zeit viele, wenn nicht sogar alle fünf Ebenen des Wandels berührt. Die Schwierigkeit besteht nun darin, wie aus den einzelnen Maßnahmen auf den verschiedenen Ebenen eine Gesamtwirkung entstehen kann, die den Ansprüchen der Geber gerecht wird.

Zusätzlich zur Ungewissheit über die Wechselwirkung dieser Ebenen fällt es Gebern schwer, die Wirksamkeit der einzelnen Ebenen ins Verhältnis zu setzen. Es ist offensichtlich, dass sowohl Risiko als auch Belohnung zunehmen, wenn sich der Fokus von kleinen Einheiten des Wandels (Individuen) zu viel größeren Einheiten (Ideen) weitet. Abgesehen von dieser einfachen – und zugleich unbefriedigenden – Wahrheit fehlt für die Philanthropie eine Grundlage für die Abwägung der Wirksamkeitsansprüche unterschiedlicher Theorien des Wandels. Während die größten Stiftungen jedes Jahr Hunderte von Millionen Euro an Fördermitteln zur Verfügung haben, verfügen viele kleinere Geber, insbesondere solche, die außerhalb des Stiftungskontexts arbeiten, über weitaus weniger Ressourcen. Für diese Geber ist es entscheidend zu wissen, unter welchen Umständen jede der fünf Ebenen wahrscheinlich zum gewünschten Ergebnis führen wird, da sie nie die ganze Breite des Spektrums abdecken können. Wie viel leichter wäre die Entscheidung für sie, wenn ihnen garantiert würde, dass für frühkindliche Entwicklung die individuelle Ebene am bestens ist, bei Forschung auf Netzwerke gesetzt werden sollte oder im Integrationsbereich neue Ideen gefördert werden sollten, um die jeweils höchste Wirkung zu erzielen! Leider sind Informationen über die relative Wirksamkeit der fünf Ebenen des Wandels nur schwer zu finden, da kaum in diesen differenzierten Ebenen gedacht und gehandelt wird. Meist wird nur in direkte Unterstützung oder Lobbying differenziert. Darüber hinaus müssen die beteiligten Akteure – Philanthropen, Stiftungen und Destinatäre – die Diskussion führen, ob universelle Regeln der Wirkungsmessung überhaupt möglich sind und welche Art von Daten dazu erforderlich wären.

Aufgrund dieser ungelösten Fragen der Interdependenzen und der relativen Wirksamkeit greifen Geldgeber und Fachkräfte in der Regel auf das zurück, womit sie am besten vertraut sind. Die Finanzierung politischer Arbeit ist einfacher als die Finanzierung von Grundlagenforschung, wenn man über jahrelange Erfahrung in der Welt der Politik verfügt. Die menschliche Natur verleitet die Geber zu ausgetretenen Pfaden, und macht es oft schwer, neue Wege zu beschreiten. Je mehr Zeit ein Philanthrop oder die Verantwortlichen einer Stiftung mit der Suche nach und Formulierung „ihrer" Theorie des Wandels verbringen, desto eher wird dadurch eine kongruente Verbindung von Werten und Wirkung entstehen, die dem Anspruch der strategischen Philanthropie gerecht wird.

3.3 Theorie der Hebelwirkung

Die Vorgehensweisen der Philanthropen, gesellschaftlichen Wandel zu fördern, können sehr unterschiedlich sein. Aber alle Vorgehensweisen zielen auf die eine oder andere Weise darauf ab, eine Hebelwirkung zu erzeugen. Unter Hebelwirkung verstehen wir einen Mechanismus, mit dem die Wirkung der Beiträge maximiert wird. Im Idealfall sorgt ein geringer Einsatz von Fördergeldern durch Anreize oder Nachahmer zu spürbaren und nachhaltigen Veränderung für die Destinatäre. Um dieses Ziel zu erreichen, darf man die Förderung nicht als eine Serie von einzelnen und isolierten Beiträgen verstehen, sondern man muss daraus eine katalytische Kraft entwickeln, mit der die Produktivität der Aktivitäten erhöht wird. Gerade in der Philanthropie ist es wichtig, solche Ansätze zur Hebelwirkung zu finden. Die verfügbaren philanthropischen Ressourcen sind sehr knapp im Vergleich zu den gesellschaftlichen Bedürfnissen in Gesundheits- und Sozialwesen, Kultur, Bildung und Forschung, Umweltschutz, internationale Hilfe usw. Deshalb müssen die verfügbaren Ressourcen möglichst effizient und wirksam eingesetzt werden. Vor diesem

Hintergrund ist die Idee einer Hebelwirkung sehr einnehmend und vielversprechend. Gleichwohl hat es oft den Anschein, dass der Werkzeugkasten der Philanthropie – die Ideen, wie man Hebelwirkung erzeugt – vorwiegend mit alten, rostigen und stumpfen Werkzeugen gefüllt ist. Mit der nachfolgenden Auflistung von bekannten und aktuellen Förderstrategien wollen wir die Vielfalt der Handlungsmöglichkeiten aufzeigen und Philanthropen ermutigen, in Abhängigkeit ihrer Theorie des Wandels verschiedene Methoden zu testen und den eigenen Erfahrungsschatz zu erweitern. Die Förderstrategien lassen sich grob in zwei Hauptkategorien einteilen: Unterstützungsstrategien, die vornehmlich auf der Zuweisung von Ressourcen beruhen und programmatische Strategien, die den Aufbau und Einsatz von Interventionen und Programmen beinhalten.

3.3.1 Unterstützungsstrategien

Für Stiftungen und Philanthropen sind Unterstützungsstrategien eine häufig gewählte Methode, um die Hebelwirkung durch die Art und den Charakter der Förderung selbst zu erhöhen. Durch die Gestaltung der Verfahrung und Förderbedingungen sollen Projekte und Destinatäre gewählt werden, die mit größerer Wirkung operativ tätig sind. Wir konzentrieren uns im Weiteren auf einige der bekanntesten und häufigsten Unterstützungsmethoden. Dazu gehören unter anderem Projektförderung, Matching Grants, Darlehen und Impact Investing, Ausschreibungen und Wettbewerbe sowie Beiträge für strukturelle Hilfe, Planung und Kapazitätsentwicklung. Jede dieser Strategien konzentriert sich auf den Prozess der Finanzierung, nicht auf den Inhalt der unterstützten Projekte.

Projektförderung
Eine konsequente Aufsicht und Kontrolle der Mittelverwendung ist die in der Praxis geläufigste Strategie, um als Philanthrop Einfluss auf die Wirkung zu nehmen. Eine klare Definition des Einsatzbereichs und des Zwecks, für den die Mittel verwendet werden dürfen, vereinfacht die Überprüfbarkeit der Ergebnisse. Viele Geber wählen gezielt bestimmte Programme oder Projekte innerhalb von Organisationen aus, da sie der Meinung sind, dass diese Einschränkung die Rechenschaftspflicht, Berichterstattung und Bewertung erleichtert. Durch die Auswahl bestimmter Projekte und Aktivitäten innerhalb des Programmportfolios einer Organisation können Philanthropen ihre eigenen Schwerpunkte setzen. Deshalb herrscht nach wie vor die Meinung vor, dass die Vergabe von Projektmitteln besonders effektiv ist. Für die Destinatäre ist der Fokus auf Projektförderung ein gemischter Segen. Einerseits werden sie dadurch gezwungen, ihre Aktivitäten zu strukturieren und eine detailliertere Planung vorzunehmen. Andererseits fehlen den Organisationen Ressourcen für ihren Betrieb und die zentralen Aufgaben, die nicht als Projekt gefördert werden können. In der Philanthropie-Forschung spricht man deshalb von einer Projektitis, die die Philanthropie befallen hat und deren häufigsten Symptome zu geringe Ausgaben für die Verwaltung und eine von beiden Seiten beklagte Antragsflut sind. Eine Hebelwirkung

durch Projektförderung lässt sich letztlich nur dann erzielen, wenn das Projekt in ein entsprechendes Umfeld innerhalb und außerhalb der geförderten Organisation eingebettet ist.

Matching Grants
Eine unmittelbare Hebelwirkung lässt sich am einfachsten mit Matching Grants – bedingten Zusagen – erzielen. Die Zusage der eigenen Mittel wird abhängig gemacht von der Fähigkeit der Destinatäre, weitere Mittel zu akquirieren. Matching Grants bestehen in vielen Variationen. Am häufigsten ist sicherlich eine Eins-zu-Eins-Bedingung, also die Stiftung sagt die Hälfte der Fördersumme zu unter der Bedingung, dass die Destinatäre die zweite Hälfte bei anderen Geldgebern einwerben. Alternativ ist eine Zwei-zu-Eins-Bedingung, eine Drei-zu-Eins-Bedingung oder jedes andere vom Geldgeber gewünschte Verhältnis vorstellbar. In jedem Fall sollte die Bedingung mit einem Zeitrahmen verbunden sein, z. B. ein Jahr, damit beide Seiten besser planen können. Matching Grants werden häufig von großen Geldgebern genutzt, um eine Organisation im generellen Fundraising zu unterstützen. Die Organisation kann dann damit werben, dass jede Spende (bis zu einem bestimmten Gesamtbetrag) vervielfacht wird. Dadurch wird das Spenden für einzelne Personen oder Unternehmen attraktiver. Matching Grants basieren auf der Idee, dass Philanthropie durch einen Anreiz für andere Spender die Wirkung zusätzlicher Geldbeschaffung erhöhen kann.

Darlehen
Warum Geld ein für alle Mal verschenken, wenn es ausgeliehen und immer wieder in Umlauf gebracht werden kann? Schließlich bedeutet jeder Förderbeitrag – aus finanzieller Sicht des Gebers – einen Verlust von 100 %. Die Vergabe von philanthropischen Darlehen führt zu einem Hebel im wahrsten Sinn des Wortes, denn die eingesetzten Mittel können nach Rückzahlung wiedereingesetzt werden und so mehrfach Wirkung erzielen. Gleichzeitig erhöht sich durch die Beziehung zwischen „Gläubiger" und „Schuldner" das Verantwortungsgefühl, und es entsteht eine anhaltende Austauschbeziehung, die durch einmalige Förderbeiträge nicht geschaffen wird. Darlehen wirken für die Empfänger oftmals wie Beschleuniger, denn sie können ein Projekt beginnen, bevor die vollständige Finanzierung durch eigene Mittel gesichert ist. Während Darlehen meist aus dem Fördertopf finanziert werden, erhält zunehmend auch Impact Investing eine erhöhte Aufmerksamkeit. Hierzu werden Anteile des Stiftungskapitals so eingesetzt, dass durch die Investition der gemeinnützige Stiftungszweck gefördert wird. Die Möglichkeiten reichen hierbei von marktnahen spezialisierten Fonds bis hin zu speziellen Wirkungsanlagen durch direkte Investitionen, z. B. in den Bau eines Pflegeheims. Im Kap. 7 werden wir noch ausführlich darauf eingehen.

Ausschreibungen und Wettbewerbe
Nicht alle Geldgeber wollen jeden Tag in ihren Büros sitzen und warten, bis neue Förderanträge online oder mit der Post eintreffen. Zwar mangelt es nie an Anträgen und Gesuchen, aber oft enttäuschen die zugesandten Vorschläge hinsichtlich des Themas oder es

fehlt die Kohärenz. Daher gehen manche Geber proaktiv auf potenzielle Förderpartner zu und setzen auf den Hebel einer fokussierten Partnerauswahl. Eine weitere Möglichkeit sind Ausschreibungen, die offen oder geschlossen gestaltet werden können. Bei einer offenen Ausschreibung kann jede Organisation einen den Richtlinien entsprechenden Vorschlag einreichen, bei geschlossenen Ausschreibungen stellt die Stiftung eine Liste von Bewerbern zusammen, die persönlich für einen Antrag eingeladen werden. Ausschreibungen und Wettbewerbe legen sehr detailliert fest, was die Geberin erreichen will und wie das Programm durchgeführt werden soll. Mindestens ein Aspekt der Ausschreibungen ist umstritten: Sie scheinen auf der Annahme zu beruhen, dass die Geberin mehr darüber weiß, wie ein bestimmtes soziales Problem gelöst werden kann als die Organisationen im Feld. Angesichts der heute bestehenden Erwartung an Philanthropen, integrativ zu sein, auf Bedürfnisse zu hören und leistungsbezogen zu finanzieren, können Ausschreibungen und andere proaktive „top down"-Ansätze zu Missverständnissen führen. Andererseits nimmt jede Organisation gerne medienwirksam einen Preis (und das dazugehörige Preisgeld) entgegen.

Beiträge für strukturelle Hilfe, Planung und Kapazitätsentwicklung
Die wenigsten NPOs werden jemals zugeben, dass sie nicht „bereit" sind, Fördergelder zu erhalten, oder dass ihre Kapazitäten gerade ausgeschöpft sind. Immer wieder aber stellen Förderer fest, dass Projektförderungen allein nicht ausreichen, damit NPOs ihre Strategien und Kapazitäten planen und entwickeln können. Anstatt direkt den inhaltlichen Zweck zu fördern ist es daher ratsamer, zuerst die Organisation selbst mit struktureller Hilfe für einen Organisationsentwicklungsprozess zu stärken. So wird die NPO in die Lage zu versetzt, sich später um größere Beiträge zu bewerben oder ihre Programme in größerem Umfang anzubieten. Häufig erfolgt diese Unterstützung in Form von Beratung zu Themen wie Vorstandsentwicklung, Fundraising und Marketing oder Prozessmanagement. Vielen Organisationen geht diese Form der Einmischung in ihre Planung und ihren Betrieb zu weit, weshalb Förderer dieser Verunsicherung durch ein bestimmtes Angebot entgegenwirken: Bei Beiträgen für strukturelle Hilfe, Planung und Kapazitätsentwicklung überlassen Förderer in der Regel dem Destinatär die Auswahl des Beraters bzw. des konkreten Entwicklungsthemas. Mit diesem Zugeständnis wird die Wahrscheinlichkeit für ein positives Ergebnis der Organisationsentwicklung deutlich erhöht. Der Hebel von solchen Beiträgen kann enorm sein: Wenn es gelingt, die Organisation neu aufzustellen oder interessant für andere Geldgeber zu machen, wird die Investition in die Strukturen um ein Vielfaches erhöht.

3.3.2 Programmatische Strategien

Die zweite Kategorie von Strategien für mehr Hebelwirkung hängt mit der Art des finanzierten Programms zusammen. Diese Strategien zielen darauf ab, die Wirksamkeit der Förderbeiträge durch eine bestimmte Art der Aktivitäten zu erhöhen. Auch hier gibt es eine große Vielfalt, aber wir beschränken uns auf fünf Beispiele, die zuletzt besondere Aufmerksamkeit erhalten haben oder umfangreiche philanthropische Mittel generieren konnten: geografisch definierte Programme, Kooperationsprogramme, Förderung öffentlicher Institutionen, Programme für kommerzielle Aktivitäten von NPO; Finanzierung eigener Organisationen. All diese Strategien hängen eng mit der jeweils entwickelten Theorie des Wandels zusammen, da sie sich mehr auf die geförderte Aktivität beziehen, als auf die Umsetzung und die Konditionen der finanziellen Förderung.

Geografisch definierte Programme
Die meisten Stiftungen strukturieren ihre Förderung nach Programmbereichen wie soziale Dienste, Gesundheit, Bildung, Kunst und Umwelt oder enge thematische Gebiete wie Gesellschaftsentwicklung, frühkindliche Entwicklung und Jugendgewaltprävention. Ausgehend vom Stifterwillen werden in Stiftungen Förderstrategien für die einzelnen Bereiche entwickelt und dann vom Stiftungsrat bzw. der Geschäftsführung umgesetzt. Bei größeren Stiftungen werden zusätzlich Programmverantwortliche eingestellt, die als Fachexperten ihr Thema entwickeln sollen. In letzter Zeit ist eine neue Theorie der Hebelwirkung entstanden, die diese grundlegende Art der Organisation philanthropischer Arbeit in Frage stellt. Einige wenige Stiftungen haben traditionelle Programmbereiche zugunsten einer breiten, funktionsübergreifenden Ausrichtung auf bestimmte geografische Schwerpunkte aufgegeben. Die Logik hinter diesem Schritt ist einfach: Gesellschaftliche Herausforderungen sind selten kategorisch, sondern hängen von einer ganzen Reihe miteinander verbundener Faktoren innerhalb der Gesellschaft ab. Indem sie sich auf bestimmte Landkreise, Städte und Stadtviertel konzentrieren, wollen die Geldgeber eine Hebelwirkung durch eine abgestimmte Förderung in verschiedenen Bereichen erzielen. Durch die Verlagerung auf geografische Räume sollen soziale Probleme in einer realistischeren und ganzheitlicheren Weise konzeptualisiert werden. Anstatt Probleme zu verdinglichen, indem sie durch traditionelle programmatische Bezeichnungen kategorisiert werden, zielt diese neue Art des Denkens über Förderaktivitäten darauf ab, durch Koordination und Konzentration eine Hebelwirkung zu erzielen.

Kooperationsprogramme
Einige Stiftungen haben in den letzten Jahren Förderprogramme entwickelt, mit denen eine Hebelwirkung durch die Zusammenarbeit und Programmintegration erzielt werden soll. Die Förderung von Kooperation zwischen gemeinnützigen Organisationen ist reizvoll, weil die Spezialisierung der NPO vielen Klienten die Orientierung besonders in den Sozialdiensten zunehmend erschwert hat. Deshalb bevorzugen Förderer mit dieser Strategie jene Anträge, die Pläne für eine organisationsübergreifende Koordination enthalten. Die Hebelwirkung wird dadurch erreicht, dass die Redundanz und Isolierung von Anbietern verringert und dadurch die Effektivität des gesamten Systems der Dienstleistungserbringung verbessert wird.

Förderung öffentlicher Institutionen
Für manche Philanthropen und Stiftungen ist die Finanzierung von gemeinnützigen Organisationen nicht ausreichend. Stattdessen leisten sie Beiträge direkt an staatliche und lokale Regierungsbehörden. Oberflächlich betrachtet scheint eine solche Strategie angesichts der Fähigkeit der Regierung, durch Besteuerung Einnahmen zu erzielen, „hebellos" zu sein. Die Zeiten haben sich jedoch geändert. Viele Bundesländer, Kantone und Kommunalverwaltungen sind knapp bei Kasse und haben nur einen geringen Ermessensspielraum bei den Ausgaben. Deshalb engagieren sich Stiftungen und leisten ihre Beiträge mit der Auflage, dass der Staat das Programm (z. B. Leseförderprogramme in Schulen) nach Abschluss des Förderzeitraums weiterführt. Die Hebelwirkung entsteht dadurch, dass der Staat langfristig das Programm weiterführt, das er für kurze Zeit kostenlos erhalten hat. Im Zusammenhang mit solchen Programmen bestehen erhebliche Fragen hinsichtlich der demokratischen Rechenschaftspflicht, da sie die Entscheidungsfindung auf lokaler Ebene beeinträchtigen können. Gerade aber aktivistische Förderer sehen in dieser Strategie die Möglichkeit, ihre Agenda langfristig beim Staat zu etablieren und bauen darauf ihre Theorie des Wandels auf.

Programme für kommerzielle Aktivitäten von NPOs
Eine der wichtigsten Veränderungen im gemeinnützigen Sektor in den letzten Jahrzehnten war der Anstieg eigener Erträge durch Dienstleistungen oder andere kommerzielle Aktivitäten. Im Gegensatz zu Spenden sind Einnahmen aus Dienstleistungen und Produkten an keine Bedingungen geknüpft und als solche für viele Organisationen attraktiv (sofern sie profitabel erstellt werden können). Gleichzeitig haben die Geldgeber die gesteigerten unternehmerischen Fähigkeiten in NPOs wahrgenommen und haben darauf mit einem entsprechenden Ansatz reagiert. Die Hebelwirkung baut auf diesem wirtschaftlichen Impuls auf, indem NPOs Investitionen in kommerzielle Angebote ermöglichen. Meist stehen diese Aktivitäten in einem direkten Zusammenhang mit dem gemeinnützigen Zweck der NPO, zum Teil haben sie aber nichts damit zu tun. Wenn die NPOs ihren Zufluss an eigenen Erträgen erhöhen, erhalten Geldgeber einen Hebel ihrer eigenen Unterstützung. Philanthropische Mittel werden dann nicht nur einmalig in programmatische Aktivitäten umgewandelt, sondern stattdessen werden sie zum Aufbau ertragswirksamer Kapazitäten verwendet, die auch noch lange nach Ablauf der Förderung weitergeführt werden. Für NPOs kann die Intensivierung eigener Erträge zugleich Fluch und Segen sein. Es besteht die Gefahr, den gemeinnützigen Zweck zugunsten höherer Einnahmen zu vernachlässigen, denn erfolgreiche Unternehmungen zu führen erfordert Zeit und Ressourcen des Personals. Dennoch ist der Einsatz philanthropischer Förderbeiträge gerechtfertigt, wenn dadurch die Abhängigkeit von Spendenerträgen reduziert werden kann.

Finanzierung eigener Organisationen
Die kontinuierliche Suche nach Hebelwirkung hat einige große Stiftungen zu dem drastischen Schritt veranlasst, eigene unabhängige NPOs zu gründen, die die Interessen und

Ziele der Stiftung verfolgen. Eine Neugründung erfolgt oftmals, um die öffentliche Politik zu gestalten, eine Gruppe bestehender Organisationen zu koordinieren, oder in anderer Weise existierende NPOs zu unterstützen. Nur wenige Stiftungen gründen ausdrücklich neue Organisationen, um mit bestehenden gemeinnützigen Organisationen zu konkurrieren. Stattdessen kommt die Hebelwirkung oft von der Schaffung einer Dachorganisation, die einen Bedarf deckt, der gegenwärtig von anderen gemeinnützigen Organisationen nicht gedeckt wird. Manchmal haben die Organisationen, die gegründet werden, eine begrenzte Lebensdauer, während sie sich in anderen Fällen zu dauerhaften Einheiten entwickeln.

Am Ende dieser Auflistung bleibt die Frage zu beantworten, ob eine dieser Strategien und Taktiken und Schemata die Wirksamkeit der Philanthropie verbessern und die gesellschaftliche Wirkung nachhaltig steigert? Wir denken, die Antwort bleibt uneindeutig. Klar ist jedoch, dass die größte Chance für eine verbesserte philanthropische Wirkung viel zu lange vernachlässigt wurde: Philanthropie braucht mehr Forschung über gesellschaftlichen Wandel und Formen der Hebelwirkung. An diese Forderung schließt sich die komplexe Frage an, die wir zu Beginn gestellt haben: „Wie können Philanthropen Wirkung erzielen?" Aus der Geschichte der Philanthropie wissen wir, dass es immer wieder neue Ansätze und innovative Theorien der Wirkung gegeben hat, was einerseits motivierend ist, andererseits aber auch Zweifel an der Kontinuität aufkommen lässt. Die hier skizzierte Hebelwirkungstheorie wird die Philanthropie in der Zukunft nicht vollständig verändern. Doch ist es ermutigend, dass die Geber in der Vergangenheit immer bestrebt waren, ihre Philanthropie zu verbessern.

3.4 Theorie der Skalierung

Wie wir gesehen haben, sind Stiftungen und Philanthropen in der Lage, kohärente und überzeugende Theorien des Wandels und der Hebelwirkung zu entwickeln, um ihre Förderbeiträge wirksam in gesellschaftlichen Mehrwert zu transformieren. Aber selbst dann bleibt ihnen noch die schwierige Aufgabe, erfolgreiche Modelle und Initiativen so auszubauen, dass möglichst viele Menschen davon profitieren. Hier lässt sich der Unterschied von effizient und effektiv verdeutlichen: Man kann mit einem Projekt die Bedürfnisse einer kleinen Gruppe von Menschen decken und dabei sehr effizient sein. Effektiv wird das Projekt aber erst, wenn möglichst viele Menschen erreicht werden und sich die soziale Hebelwirkung der Intervention dadurch deutlich verstärkt. Deshalb liest und hört man immer wieder davon, dass Programme skaliert, erweitert oder vergrößert werden sollen. Doch was genau ist mit Skalierung gemeint? Im Kern geht es bei der Idee der Skalierung um eine dauerhafte und signifikante Wirkung. Über die allgemeine Idee einer besseren Wirkung hinaus findet Skalierung in der Philanthropie im Wesentlichen über drei Strategien statt, die in der Praxis viel zu selten eingesetzt werden: Skalierung durch (1) finanzielle Stärke, (2) Programmausbau und (3) Replikation an mehreren Standorten.

3.4.1 Skalierung durch finanzielle Stärke

Die erste Bedeutung der Skalierung bezieht sich auf die organisatorische Leistungsfähigkeit und Nachhaltigkeit. Eine Organisation wie das Rote Kreuz, Greenpeace oder manche privaten Museen haben eine Skalierung erreicht, weil sie über ein sichtbares institutionelles Profil verfügen, einen guten Ruf für Exzellenz haben und über die finanziellen Mittel verfügen, um auf längere Zeit bestehen zu können. Größe ist in diesem Zusammenhang gleichbedeutend mit Finanzkraft und Nachhaltigkeit, die oft durch Stiftungen oder durch große Betriebsbudgets mit verlässlichen Einnahmequellen gesichert sind. In einem Sektor, dessen Wertschöpfung immer von Zuwendungen Dritter abhängt, bedeutet Größe, dass man in der Lage ist, dem Test der Zeit standzuhalten und auch stürmische Zeiten zu überstehen. Die Zahl der NPOs, die nach dieser Definition eine nachhaltige Größe erreicht haben, ist jedoch nach wie vor gering und auf einige wenige Tätigkeitsfelder beschränkt.

Grundsätzlich gibt es nur sehr wenige Hindernisse, um eine einzelne Organisation zu skalieren. Die philanthropischen Ressourcen sind zwar begrenzt, doch man kann damit eine neue Gruppe an großen und dauerhaften Organisationen schaffen. Dies setzt voraus, dass sich verschiedene Geber zusammenfinden und ihre philanthropischen Aktivitäten aufeinander abstimmen. Interessanterweise sind es bei privaten Bildungs- und Kultureinrichtungen oft die Sichtbarkeit, das Prestige und der Wettbewerb mit anderen Gebern, die zu mehr Spenden führen.

Große Förderstiftungen scheinen diesen Begriff der Skalierung nicht so bereitwillig anzunehmen wie Einzelpersonen, obwohl es einige bemerkenswerte Ausnahmen gibt. Eine einzelne Organisation als diejenige auszuwählen, die den Maßstab setzt, mag unfair und launisch erscheinen. Es impliziert, dass ein einzelner Geber in der Lage sein sollte, den Wettbewerb zu überwinden und darüber zu entscheiden, wer in der gemeinnützigen Arena gewinnt und wer verliert. Auch wenn dies genau das ist, was Skalierung ermöglicht, wollen nur wenige Stiftungen als ungerecht und unbeholfen wahrgenommen werden. Im Jahr 2012 sorgte eine Spende von 100 Mio. CHF der Großbank UBS an die Universität Zürich für großes Aufsehen. Mit dem Geld wurde die Stiftung „UBS Center for Economics in Society" gegründet, die mehrere Professuren in Wirtschaftswissenschaften finanzieren sollte. Neben anderen Aspekten (u. a. mangelnde Transparenz der Verträge, die Rettung der Bank durch Staatsgelder kurz zuvor) wurde auch kritisiert, dass die Bank das Geld nicht auf mehrere Universitäten im Land verteilte. Heute, mehrere Jahre nach der Gründung des Centers, profitiert die Universität Zürich von der fokussierten Förderung und hat international zu den besten Wirtschaftsuniversitäten der Welt aufgeschlossen.

Nach wie vor scheuen sich Geber davor, alles auf eine Karte zu setzen. Darüber hinaus sind Stiftungen unter Umständen weniger geneigt, eine einzelne Organisation zu skalieren, weil ihre Interessen meist nicht an spezifische Organisationen gebunden sind, sondern an Inhalten und Leistungen, die Organisationen in ihren Aktivitäten liefern. Eine Organisation ist als Destinatär nur so lange interessant, wie sich die Agenden der Stiftung und der Organisation überschneiden. Viele Stiftungen legen sogar Wert darauf, nicht zu häufig die gleiche Organisation zu unterstützen, damit das Verhältnis nicht zu einer Quasi-Subvention verkommt, aus der ein Zahlungsanspruch abgeleitet wird.

Ein weiterer Grund für die seltene Skalierung durch massive finanzielle Fokussierung ist in Effizienzbedenken zu suchen. Auch wenn es vernünftig klingt, einer NPO die Fähigkeit zu geben, ökonomisch nachhaltig zu werden, ist dies aus Sicht der Geber vielleicht nicht der effizienteste Einsatz ihrer Ressourcen. Wenn Stiftungen nur die Erträge ihres Vermögens zur Förderung einsetzen dürfen, kann die dauerhafte Finanzierung einer Organisation im Verhältnis zu den verfügbaren Mitteln zu einer kostspieligen Angelegenheit werden. Wird dieses Ziel dennoch erreicht, wird die Stiftung ihren Einfluss verlieren, da die Organisation nicht mehr auf weitere finanzielle Unterstützung angewiesen ist. Das Geld der Stiftung steckt dann zwar in den Rücklagen der NPO, aber die Stiftung kann nicht mehr mitreden.

3.4.2 Skalierung durch Programmausbau

Die zweite Strategie der Skalierung bezieht sich auf die Größe oder den Umfang der Leistung, normalerweise gemessen an der Anzahl der betroffenen Personen. Eine Skalierung in diesem Sinne misst sich am Ausbau und der Reichweite eines Programms. Ein Pilotprojekt oder ein Programm werden oft mit dem Ziel gestartet, durch eine Finanzierung auf höherer Ebene (z. B. den Staat) eine Skalierung zu erreichen und das Programm damit mehr Menschen zugänglich zu machen. Dies unter der Annahme, dass ein gutes Programm nie genug Menschen erreichen kann. Sobald eine Initiative signifikante Ergebnisse zu erzielen scheint, besteht einer der ersten Impulse von Geldgebern und Managern gemeinnütziger Organisationen gleichermaßen darin, die Aktivitäten zu intensivieren und einen Weg zu finden, mehr Klienten zu identifizieren und zu bedienen. In der Vergangenheit war es oft das eigentliche Ziel, nach der Startfinanzierung mit privaten Geldern zunehmend Staatsbeiträge zu erhalten.

Eine Handvoll guter Argumente motiviert gemeinnützige Organisationen und ihre Geldgeber zum Programmausbau. Erstens erscheint der Finanzierungsumfang bei einer Skalierung insofern fair und gerecht, als er frühere Leistungen belohnt. Finanzierungsentscheidungen können durch die tatsächlich erzielten Ergebnisse gerechtfertigt werden. Zweitens kann durch die Ausweitung eines Programms eine größere operative Effizienz erreicht werden, da die Grenzkosten der Verwaltung mit der Ausweitung des Programms sinken. Drittens schafft dieser Ansatz Anreize für gemeinnützige Organisationen, erfolgreiche Projekte zu entwickeln und durchzuführen. Wenn Manager von NPOs wissen, dass die Finanzierung des Wachstums ihrer Programme davon abhängt, wie gut ihre Programme funktionieren, werden sie härter daran arbeiten, sie zum Erfolg zu führen. Viertens ermöglicht es Förderern und Empfängern, über längere Zeiträume zusammenzuarbeiten als dies bei einer typischen Projektfinanzierung der Fall wäre.

Gemeinnützige Organisationen verstehen Skalierung vorzugsweise als Programmausbau. Sie stellt einen natürlichen Weg dar, aus einem Bürgerengagement eine Organisation mit einer breiteren Präsenz und Wirkung zu entwickeln. Für die NPO-Manager selbst ist das Streben nach Größe im Sinn des Programmausbaus wichtig. Die Ausweitung von Programmen wird als gleichbedeutend mit beruflichem Erfolg angesehen und kann ein Schlüssel zum Aufstieg sein. Sowohl als Erfolgssignal als auch als Instrument für den beruflichen Aufstieg ist der Umfang des Programmausbaus daher für viele NPO-Manager attraktiv.

Aus der Perspektive des Geldgebers verspricht die Förderung einer NPO mit einer nachgewiesenen Erfolgsbilanz sowohl eine hohe Rendite im Sinn von Anerkennung, als auch ein relativ risikoarmes Engagement dar. Schließlich hat die gemeinnützige Organisation ihre Fähigkeit zur Umsetzung eines bestimmten Programms bereits unter Beweis gestellt. Alles, was sie braucht, sind Mittel für den Programmausbau, damit sie mehr von einer bestimmten Aktivität durchführen können. Für die Geldgeber ist damit wesentlich weniger Risiko verbunden, als mit der Entwicklung und dem Aufbau einer neuen Initiative.

3.4.3 Skalierung durch Replikation

Wenn sich eine bestimmte Initiative oder ein bestimmtes Dienstleistungsmodell als erfolgreich erweisen, wächst das Interesse, das Projekt an anderer Stelle mit anderem Personal und unter anderen Umständen zu kopieren. Die Replikation ist in der Wirtschaft eine altbewährte Strategie der Skalierung. Eine Replikation kann auf zwei ganz unterschiedliche Arten erfolgen: (1) innerhalb der Organisation durch eine Reihe von mehr oder weniger eng miteinander verbundenen Teilorganisationen bzw. durch ein Franchise-System, das unabhängige Organisationen miteinander verbindet; oder (2) außerhalb der Organisation durch unabhängige Akteure, die ähnliche Programme zu schaffen.

Die Art und Weise, wie Filialen oder angeschlossene Organisationen Dienstleistungen replizieren, hat sich als entscheidend für die Expansion vieler älterer und etablierter NPOs erwiesen. Die Eröffnung von Filialen in Städten im ganzen Land ermöglicht es einer Organisation, schnell eine Skalierung zu erreichen und dennoch durch Zentralisierung einen gewissen Grad an Kontrolle zu behalten. Oft werden die Filialen in einer „Hub-and-Spoke"-Anordnung gegründet, in der Gelder und Ressourcen zwischen dem Zentrum und der Peripherie hin und her fließen. Ein häufiges Problem dieses Ansatzes ist die fehlende Einheitlichkeit und Konsistenz zwischen den Filialen. Eine zentrale Frage in der Entwicklung ist daher immer, welches Ausmaß an Autonomie den Filialen oder Unterorganisationen gewährt werden sollte. In der Praxis findet man sowohl erfolgreiche Modelle auf der Basis einer losen Vereinigung, wie auch streng reglementierte Netzwerkstrukturen.

Der alternative Franchise-Ansatz der Replikation basiert auf der einfachen Annahme, dass nach der Erstellung eines Modells die eigentliche Arbeit darin besteht, das Modell an so vielen Orten wie möglich zu kopieren und dadurch zu multiplizieren. Franchising ist gerade in jüngerer Zeit im Sozial- und Bildungsbereich populär geworden, weil sich damit ein Modell schnell ausbreiten lässt. Durch die Vergabe von Lizenzen für eine „Marke" oder ein Konzept können NPO schnell in großem Maßstab tätig werden. Eine Schlüsselherausforderung des Franchise-Ansatzes besteht darin, qualifizierte Leute zu finden, die in der Lage sind, ein Modell in eine neue Stadt oder Gemeinde zu übertragen und umzusetzen. Die Franchise muss durch eine Qualitätssicherung geschützt werden, sonst verliert die gesamte Organisation schnell an Reputation. Die Bewahrung der Konsistenz und die Qualitätsmessung sind jedoch im gemeinnützigen Sektor beide schwierig umzusetzen.

Sowohl bei der Filialen- als auch bei der Franchise-Replikation sind einige Schwierigkeiten zu benennen. Die Replikation ist kein Ansatz, der leicht von Geldgebern initiiert oder geleitet werden kann. Auch wenn Geldgeber durch Zuschüsse und Anreize die Bereitschaft zur Replikation fördern können, scheitern von außen gesteuerte Replikationsstrategien meistens am unbändigen Hang des NPO-Sektors zur Autonomie und dem Widerstand gegen Nachahmung und Konvergenz – gerade bei Mitgliedern und Mitarbeitenden von NPOs. Zwar gibt es Beispiele für eine erfolgreiche Replikation von Innovationen und Ideen, aber eine große Zahl der Replikationsprojekte findet keine Abnehmer, selbst wenn sie sich als sehr vielversprechend erwiesen haben. Eine andere Herausforderung ist, dass Initiativen auf niedriger und lokaler Ebene erfolgreich sein können, die Replikation über den ursprünglichen Kontext hinaus dann aber scheitert. Dies ist besonders dann zu beobachten, wenn die NPO mit benachteiligten Bevölkerungsgruppen arbeitet, wo Vertrauen und Glaubwürdigkeit von entscheidender Bedeutung sind.

Eine andere Form der Replikation ist, wenn die Geberin ein Pilot- oder Modellprogramm erstellt und dann der Regierung oder anderen Geldgebern die Möglichkeit gibt, die Bemühungen zu skalieren. Die Gemeinnützige Hertie-Stiftung in Frankfurt/Main rief 2002 das Projekt „Start" ins Leben, mit dem Jugendliche mit Migrationshintergrund eine besondere außerschulische Förderung erhalten sollten. Die jungen Menschen sollen sich engagieren und aktiv in die Gestaltung einer zukunftsfähigen Gesellschaft einbringen. Nach dem erfolgreichen Pilotprojekt in Frankfurt wurde das Programm erst regional, dann national ausgeweitet und inzwischen gibt es Start bereits in Österreich. Die Gemeinnützige Hertie-Stiftung verantwortete das Konzept, die Finanzierung wurde aber über lokale Stiftungen, Unternehmen und staatliche Institutionen gewährleistet. 2007 wurde die Start-Stiftung gGmbH gegründet. Trotz dieser Ausgründung kann das Programm aber bis heute noch nicht unabhängig von der Gemeinnützigen Hertie-Stiftung existieren. Es ist verlockend anzunehmen, dass das Replikationsmodell die einfache Vervielfältigung bestehender Programme und Institutionen ermöglicht, doch in Wirklichkeit ist dieser Prozess sehr arbeitsintensiv. Den Kern vieler erfolgreicher Programme bilden die Vision und das Engagement einer einzelnen Person. Wenn das Programm an anderen Standorten repliziert wird, fehlt oft diese persönliche Note. In der Organisation wird dann die gelebte Wertorientierung des Vorbilds durch einen eher instrumentellen Ansatz ersetzt, der auf schriftlichen Konzepten und Prozessabläufen beruht.

Obwohl bei vielen Geldgebern die Idee der Skalierung auf Zustimmung stößt, bleibt die Zahl der Initiativen überschaubar, die nach einer der drei Definitionen eine Skalierung erreicht haben. Gemäß dem „Datenreport Zivilgesellschaft" verfügen in Deutschland

61,9 % der gemeinnützigen Organisationen über Jahresbudgets von weniger als 20.000 Euro. Die Zahl der sehr großen und erfolgreichen NPOs ist dagegen sehr gering. Nur 4,5 % der NPOs haben Einnahmen von mehr als 1 Mio. Euro, und davon sind die meisten wohl Krankenhäuser oder Pflegeeinrichtungen. Das Ziel einer Skalierung wirft daher eine Reihe von Fragen auf: Wann und warum sollte eine dieser drei verschiedenen Skalierungsstrategien angewandt werden? Warum scheitert Skalierung? Passt das Ideal der Skalierung vielleicht besser in den Unternehmenssektor als in den gemeinnützigen Sektor? Können Verpflichtungen zu Skalierung und Ausgewogenheit gleichzeitig erfüllt werden? Handelt es sich bei den weniger erfolgreichen Skalierungsversuchen lediglich um Beispiele für Bereiche, die besser von der öffentlichen Hand bearbeitet werden sollen? Diese Fragen sollen hier nur als Denkanstöße genannt werden, denn eine allgemeingültige Beantwortung fällt schwer. Nichtsdestotrotz ist Skalierung zu einem häufig genannten und erstrebenswerten Ziel der organisierten Philanthropie geworden. Und es sollten immer wieder Versuche unternommen werden, einen breiten Zugang zu innovativen Projekten zu gewährleisten und so Effizienz und Effektivität der Philanthropie zu steigern.

Das grundlegende Problem mit dem Verständnis der Skalierung, wie es in der Philanthropie verbreitet ist, hängt mit der Annahme zusammen, dass es einen direkten Zusammenhang zwischen der erzielten Wirkung und dem gesellschaftlichen Mehrwert gibt. Skalierung beruht auf der einfachen mathematischen Gleichung, dass die Unterstützung von 10.000 Personen bei gleicher Ausgangslage besser ist als die Unterstützung von nur 1000. Von Ideologien wie dem effektiven Altruismus wird diese Reduzierung auf rein qualitative Ergebniskriterien auf die Spitze getrieben. Und tatsächlich ist diese Annahme im Kontext der Philanthropie besonders schwer zu widerlegen, da die Qualität von gemeinnützigen Programmen schwer zu messen ist. Umso einfacher erscheint es, quantitative Größe als Beleg für die Wirkung eines Programms zu verwenden und anzunehmen, dass Hilfe für eine große Anzahl Menschen mehr zum Gemeinwohl beiträgt als eine Konzentration auf eine kleinere Bevölkerungsgruppe. Aber Größe ist kein besonders guter Indikator für Wirksamkeit, und viele große Programme verdienen nicht die Unterstützung, die sie erhalten, während viele kleinere Programme viel zu selten die notwendige Anerkennung finden. Wenn Skalierung ohne ausreichenden Nachweis der Wirksamkeit und ohne ausreichende Qualitätskontrollen erfolgt, kann sie die Kohärenz der Handlungslogik untergraben. Eine solche Fehlanwendung von Skalierung muss daher bei der Entwicklung der strategischen Philanthropie vermieden werden.

Wenngleich eine Theorie der Skalierung typischerweise gegen Ende des Prozesses der Abrundung eines Logikmodells steht, sollte sie zusammen mit der Theorie des Wandels und der Theorie der Hebelwirkung als Teil eines integrierten Systems konzipiert werden, das darauf abzielt, einen nachweisbaren gesellschaftlichen Mehrwert zu erzielen. Um dies zu verdeutlichen, ändern wir die zuvor gezeigte lineare Darstellung einer Wertschöpfungskette in der Philanthropie an und verbinden die drei Elemente der Handlungslogik zu einem Dreieck (siehe Abb. 3.2).

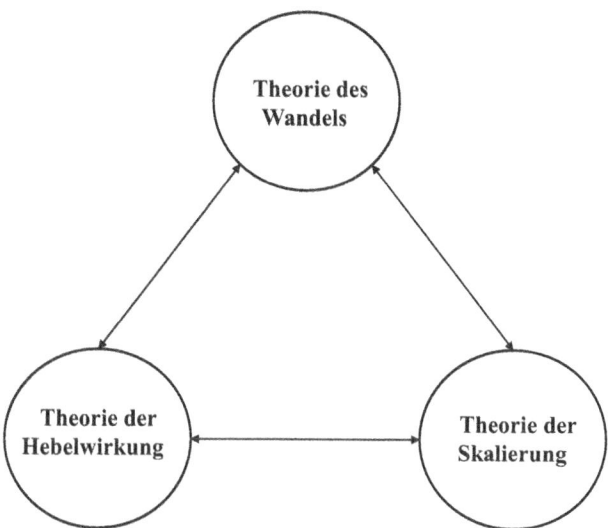

Abb. 3.2 Drei Elemente der philanthropischen Handlungslogik

Die unüberschaubare Vielfalt der philanthropischen Landschaft führt Philanthropen und Stiftungen sehr einfach den Nutzen eines grundlegenden Logikmodells mit einer Theorie des Wandels, einer Theorie der Hebelwirkung und einer Theorie der Skalierung vor Augen. Diese drei konzeptionellen Elemente helfen den Gebern, ihre Erwartungen zu formulieren und ihr Engagement zu kanalisieren. Gleichzeitig gibt es keine universell anwendbaren oder erfolgreichen Theorien des Wandels, der Hebelwirkung und der Skalierung. Je nach Thema oder Tätigkeitsfeld und abhängig von den Entscheidungen, die der Geber in anderen Bereichen des philanthropischen Prismas trifft, unterscheiden sich die Komponenten, um wirksam einen gesellschaftlichen Mehrwert zu schaffen. Versuche, ein Logikmodell aus einem Bereich in einen anderen Bereich zu kopieren, werden in der Regel scheitern. Der Kontext ist nicht nur für die Bestimmung des Logikmodells entscheidend, sondern auch für alle anderen Elemente des philanthropischen Prismas.

Die überzeugende Begründung für ein leistungsfähiges Logikmodell liegt letztlich nicht nur in seiner Fähigkeit, den Rahmen für eine Bewertung der Aktivitäten zu schaffen, sondern vielmehr noch darin, dass die Geber ihre philanthropischen Ziele für sich selbst klar definieren. Die Beschäftigung mit den Elementen des Logikmodells erzeugt eine Struktur für die eigenen Werte und Erwartungen und verhilft den Philanthropen zu mehr strategischer Klarheit. In gewisser Weise ist die Qualität des Denkens, das hinter dem Geben und der Plausibilität der philanthropischen Absichten steht, ebenso wichtig wie die letztendliche Wirkung. Ein Logikmodell kann so eine kohärente Darstellung der Erwartungen der Geberin an ihre Förderung sein. Schließlich wird eine Philanthropin vor allem daran gemessen, wie sie die Vergabe und Verwendung der Fördergelder umsetzt.

Den eigenen Stil finden 4

Inhaltsverzeichnis

4.1 Engagement 61
4.2 Profil: zwischen Anonymität und Anerkennung 66
4.3 Ein neuer Stil: Venture Philanthropy und Impact Investing 70
4.4 Philanthropische Beziehungen 76

Wenn Philanthropie eine exakte Wissenschaft wäre, dann könnten die Regeln und Gesetze des Gebens sehr einfach gelernt werden. Wer sich engagieren will, müsste nur diese Normen lernen, die wichtigsten Instrumente und Systeme verstehen und dieses Wissen dann entsprechend anwenden, um von der wohltätigen Absicht zu den gewünschten gesellschaftlichen Ergebnissen zu gelangen. Dies ist offensichtlich nicht der Fall. Und das schadet der Philanthropie nicht. Denn Philanthropie lässt sich nicht auf eine begrenzte Anzahl technokratischer Richtlinien oder gar nur auf eine einzige vorbestimmte Herangehensweise reduzieren.

In ihrer natürlichen Form ist Philanthropie voller Gestaltung und Persönlichkeit, voller eigenwilliger Visionen, unbestätigter Annahmen und tief empfundener Leidenschaften. Der große Fehler vieler Geber heutzutage ist der Drang, ihre Förderung in etwas rein Effizientes, Präzises und Konsequentes zu verwandeln. Auch wenn sich das Stiftungswesen professionalisiert hat und es im Umfeld ein wachsendes Angebot spezialisierter Dienstleistungen gibt, die Philanthropie normieren und rationalisieren, bedeutet dies keineswegs, dass die Philanthropen selbst von vornherein genauso handeln müssten.

© Der/die Autor(en), exklusiv lizenziert durch Springer Fachmedien Wiesbaden GmbH, ein Teil von Springer Nature 2022
P. Frumkin, G. von Schnurbein, *Strategische Philanthropie*,
https://doi.org/10.1007/978-3-658-35813-6_4

Führungspersonen in Stiftungen – insbesondere in jenen, wo die Stifterperson nicht mehr lebt – fühlen sich nicht befugt ihre eigenen Werte einzubringen. Sie verstehen sich als Fachpersonen, die den ihnen anvertrauten Auftrag mit Blick auf die Maximierung des öffentlichen Nutzens fair und neutral umsetzen. Eines der wiederkehrenden Argumente unseres Buches ist, dass die Professionalisierung der Philanthropie die kritisch ausdrucksstarke Dimension des Gebens schwächt, die den besonderen Wert dieses Sektors für die Beteiligung an der gesellschaftlichen Entwicklung ausmacht.

Aber nicht die gesamte Philanthropie ist neutral und homogen. Die Variation an Zwecken, die von den einzelnen Gebern festgelegt werden, und die vielfältigen Wirkungsmodelle, die sie entwickeln, zeugen von Pluralismus und Vielfalt. Kein Bereich des philanthropischen Handelns ist so vielfältig wie die Stile der einzelnen Geber.

Die Geschichte der Philanthropie ist voller schillernder Charaktere, darunter religiös motivierte Helfer, politisch engagierte Akteure, kulturverliebte Mahner, disruptive Geschäftsleute, zwielichtige Finanzjongleure, unverfrorene Selbstdarsteller, sicherheitsorientierte Reformer, rastlose soziale Innovatoren und stille, aber neugierige Denker.

Es wäre verlockend anzunehmen (und es ist der Wunsch vieler aktueller Kritiker), dass der Akt des Gebens die Geber erzieht und in ihrer Persönlichkeit verändert. In Tat und Wahrheit vergrößert und transponiert Philanthropie gerade die persönlichen Eigenschaften des Gebers und überträgt sie in eine neue und häufig öffentlichere Sphäre. Philanthropie bringt die latenten Persönlichkeitsmerkmale von Menschen zum Vorschein und bietet eine Plattform um Engagement mit Ursachen zu verbinden.

Zwei wesentliche Dimensionen des individuellen Philanthropie-Stils sind die Intensität des Engagements der Geberin und die erwünschte öffentliche Wahrnehmung. Bevor Gelder von Gebern die Destinatäre erreichen, müssen sich beide Seiten über den eigentlichen Zweck verständigen. In diesem Prozess des Aushandelns kommen viele Aspekte der Philanthropie zusammen, die die Komplexität des Gebens ausmachen, z. B. Werte, Wirkungsmodell oder gesellschaftlicher Nutzen. Während die Geber in diesem Spiel viele Karten auf der Hand halten, üben die Destinatäre eine gewisse Kontrolle über den Spielverlauf aus. Aus Sicht der Geberin ist die Phase des Kennenlernens und aufeinander Abstimmens vor der eigentlichen Förderung daher besonders wichtig. In dieser Phase müssen die Geber wichtige Entscheidungen darüber treffen, wie engagiert sie durch ihre Förderung sein wollen und wie viel öffentliches Profil sie wünschen. Dabei sind Engagement und Profil der Geber wesentlich von den Motiven geprägt, die hinter der Förderung stehen. Will jemand schlicht Gutes tun, wird eine geringe Sichtbarkeit angestrebt und die Förderung ist mehr oder weniger eine philanthropische Transaktion. Wenn man jedoch aufgrund persönlicher Erwägungen, die nicht einmal mit dem eigentlichen Projekt zusammenhängen müssen, hohe Erwartungen an das eigene Profil oder die eigene Beteiligung hat, wird die Abstimmung mit dem Destinatär komplexer und zeitaufwendiger. Ein zentrales Element einer guten Strategie besteht also darin, das angemessene Maß an Engagement und Profil im eigenen Verständnis einer strategischen Philanthropie zu finden.

4.1 Engagement

Vom eigenen Engagement der Geber hängt ab, wer ihre philanthropische Arbeit durchführen wird und wie. In einigen Fällen holen die Geber bei der Umsetzung ihres Engagements den Rat und die Hilfe von Familienmitgliedern, Freunden, Anwälten und Beratern ein. Diese Parteien können hinzugezogen werden, um bei der Planung einer philanthropischen Agenda zu helfen. In den letzten Jahren hat sich jedoch ein Trend zu einem verstärkten direkten Engagement herausgebildet: Die „Next Generation"-Philanthropen reduzieren den Einfluss der Vermittler und verstehen sich selbst als die Hauptakteure ihrer eigenen Philanthropie. Diese Do-it-yourself-Wendung ist natürlich die einfachste Lösung zur Beseitigung von Interessenkonflikten in der Philanthropie, da sie die Gefahr einer Abweichung von den Geberabsichten verhindert, die durch das Delegieren von Verantwortung entstehen kann.

Die Philanthropie-Stile reichen von sehr distanzierten Ansätzen, bei denen sich die Philanthropen im Hintergrund halten über sehr involvierte Ansätze, bei denen sie sich stark in die Programmentwicklung und Problemlösung einbringen, bis hin zu Ansätzen, bei denen sie alles in eigener Regie umsetzen. Stark engagierte Philanthropen handeln oft aus dem Gefühl heraus, dass es bei der Philanthropie um mehr gehen muss als um das Ausstellen von Schecks. Sie wollen auch Anteil an den Erfahrungen und Reaktionen ihrer philanthropischen Mittel haben.

So kommt es, dass sich Philanthropen mit Aktivisten für Zwischennutzungen austauschen, während sie Seite an Seite den Gemeinschaftsgarten anlegen. Die Geber können an der Vorstandssitzung einer Organisation, die in der Klemme steckt, teilnehmen und gegebenenfalls Vorschläge unterbreiten. Sie können auch regelmäßig externe Gutachter hinzuziehen, die sowohl die Stiftung als auch den Geber hinsichtlich der Stärken und Schwächen der Programmgestaltung und -durchführung beraten. Es gibt viele Möglichkeiten, wie Geber mehr tun können, als nur Schecks auszustellen. Die wichtige Frage ist, warum sich Geber mehr oder weniger engagieren und wie sie durch ihr Engagement einen Mehrwert schaffen.

Warum sollte ein Geber ein hohes Maß an Engagement mit einer Empfängerorganisation anstreben, anstatt einfach eine eher traditionelle und distanzierte philanthropische Beziehung zu pflegen? Engagierte Geber wollen sich vielleicht beteiligen, weil sie anderen helfen wollen, sich selbst zu helfen und Unabhängigkeit zu erlangen. Oder sie können ein hohes Maß an Engagement anstreben, weil sie überzeugt sind, dass sie besser als andere wissen, wie man ein entsprechendes Projekt umsetzt. Dieser Impuls zum Mikromanagement und zur Einmischung resultiert oftmals aus dem eigenen Erfahrungsschatz als Führungskraft im Wirtschaftssektor. Jedoch müssen auch erfahrene Manager oftmals erkennen, dass ihr Wissen aus der Wirtschaft nicht 1:1 auf den Nonprofit-Sektor übertragbar ist. Es ist zudem möglich, dass der Drang zum Engagement getrieben wird von Eitelkeit, übertriebenem Selbstvertrauen oder dem Wunsch anderen den eigenen Willen aufzuzwingen. Grundsätzlich steht dem Engagement eines Philanthropen über die Finanzierung hinaus nichts im Wege, aber es sollte auf Erfahrung aufbauen und im besten Fall über Jahre wachsen und immer wieder auch an den eigenen Ansprüchen geprüft werden.

Das andere Extrem ist, dass sich Geber aus dem Förderprozess zurückziehen und den Destinatären völlig freie Hand lassen. Eine solche Rücksichtnahme kann aus der Erkenntnis entstehen, dass in vielen Fällen nur die NPOs das anstehende Problem wirklich verstehen. Es kann auch das Ergebnis der mühsamen Erfahrung sein, dass Manager von NPOs es vorziehen, bei der Durchführung ihrer Programme viel Spielraum zu haben, statt ein hohes Maß an Engagement zu schätzen. Geringes Engagement wurde auch im Namen der professionellen Distanz und als Notwendigkeit zur Wahrung der Objektivität gerechtfertigt. Es ist weitaus einfacher und weniger zeitaufwendig, den Umfang des Geberverhältnisses auf die Bewertung vor und nach der Gewährung von Zuschüssen zu beschränken, anstatt von der Geberin zu erwarten, dass sie die Verantwortung für die Durchführung eines Programms oder für die Leistung der Empfängerorganisation teilweise übernimmt. Tatsächlich kann die Beziehung umso schwieriger zu beenden sein, falls die Umstände dies erfordern, je mehr sich eine Geberin für ein Projekt engagiert. Engagement kann die philanthropischen Gewässer trüben, indem die Geberin in das zu finanzierende Programm eingebunden wird – eine Position, aus der es schwierig ist, harte und objektive Urteile über Qualität und Wirkung abzugeben. Aus diesem Grund ist es manchmal besser, der Versuchung widerstehen, sich ins Getümmel zu stürzen.

Je wohler sich die Philanthropen mit dem Geben fühlen, desto leichter fällt es ihnen, einen eigenen Philanthropie-Stil zu definieren, der irgendwo zwischen lockerer Einbindung und starkem Engagement liegt. Für NPOs haben diese Entscheidungen über den Stil erhebliche Konsequenzen. Ein hohes Maß an Engagement der Geber kann den Zugang zu Ressourcen und Talenten bedeuten, die für die NPOs von großem Wert sind. Es kann auch einen enormen Mehraufwand bedeuten, da die Geber betreut und zufriedengestellt werden müssen. Aus diesem Grund ziehen es einige NPOs vor, allgemeine operative Unterstützung mit möglichst wenigen Bedingungen zu erhalten. Im Laufe der Zeit lernen jedoch fast alle NPOs auf die verschiedenen Philanthropie-Stile ihrer Geber einzugehen und auf die teilweise beträchtlichen Unterschiede zu reagieren.

Das Ausmaß des Engagements hängt nicht nur vom Stil des Gebers ab, sondern auch von der Art der Arbeit, die der Empfänger leistet. Einige Aufgaben, wie wissenschaftliche Forschung oder Kunst, erschweren es den Gebern, sich direkt an der finanzierten Arbeit zu beteiligen, weil sie ein gewisses Maß an Unabhängigkeit erfordern. Andere Arten von Projekten wie Jugendprogramme und Stipendienfonds sind offener für eine Beteiligung der Geber oder deren Einflussnahme. Schließlich hat jeder eine Meinung darüber, wie man jungen Menschen helfen kann, aber nur wenige Menschen wissen genug über Genforschung, um sich selbst in einem Projekt zu engagieren.

Der Gesamtcharakter des philanthropischen Stils hängt neben dem von der Philanthropin gewünschten Maß an Engagement auch davon ab, inwieweit die Werte und Absichten der Geberin und des Empfängers übereinstimmen. In einigen Situationen denken beide gleich und teilen gemeinsame Bestrebungen, während in anderen Fällen die beiden Parteien sehr weit voneinander entfernt sind, auch wenn dies zum Zeitpunkt der Förderung

4.1 Engagement

nicht offensichtlich ist. In beiden Fällen ist es notwendig, Kongruenz, Überschneidungen und Übereinstimmungen in der Sichtweise und den Einfluss der zugrunde liegenden Werte zwischen Gebern und Empfängern auf die Bildung einer starken Arbeitsbeziehung zu betrachten. Wenn diese beiden Dimensionen miteinander verbunden werden, ergeben sich vier Arten von philanthropischen Beziehungen (siehe Abb. 4.1): vertragliche Beziehungen, in denen Geber einfach unterstützen und den Destinatären eng begrenzte Bedingungen setzen; delegierende Beziehungen, in denen die Geber die Verantwortung frei an diejenigen delegieren, die die Arbeit leisten; Revisionsbeziehungen, in denen das Vertrauen gering und die Aufsicht weitreichend ist, um die genaue Verwendung der Fördergelder zu überwachen; und schließlich Kooperationsbeziehungen, in denen beide Seiten eng zusammenarbeiten, um die gemeinsam vereinbarten Ziele zu erreichen.

Wie sehen diese verschiedenen Engagement-Strategien in der Praxis aus? Das Leben von Pauline Schwarzkopf, die 1908 geboren wurde und 2005 starb, wurde geprägt von den Verwerfungen des 20. Jahrhundert. Geboren im Kaiserreich, erlebte sie zwei Weltkriege, die Weimarer Republik, die NS-Diktatur, das geteilte Deutschland und schließlich die Wiedervereinigung. Ihr Mann, der Unternehmer Heinz Schwarzkopf starb 1969 durch einen Verkehrsunfall. In Gedenken an ihn und unter dem Eindruck der politischen Entwicklungen in Europa gründete sie 1971 die „Heinz-Schwarzkopf-Stiftung Junges Europa". Als Zweck der Stiftung legte sie fest, den europäischen Einigungs- und Friedensgedanken unter jungen Menschen zu verbreiten. Im Wesentlichen erfüllt die Stiftung ihren Auftrag durch Seminare und Veranstaltungen sowie die Vergabe von Reisestipendien für

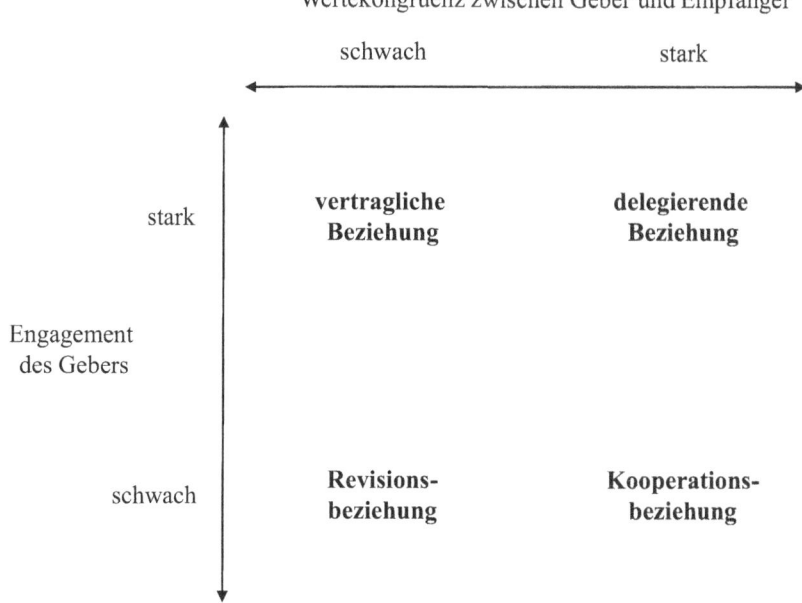

Abb. 4.1 Vier Arten von philanthropischen Beziehungen

junge Menschen von 16 bis 28 Jahren. Als erste überparteiliche Organisation fuhr die Stiftung Ende der siebziger Jahre des vorigen Jahrhunderts trotz des Eisernen Vorhangs mit Jugendlichen zu europapolitischen Begegnungen nach Polen und in die DDR.

Bis zu ihrem Tod engagierte sich die Gründerin persönlich sehr stark in der Stiftung. In den 1970er- und 1980er-Jahren nahm sie an nahezu allen politischen Seminaren der Stiftung teil und begleitete fast jede Studienreise durch Europa. Sie besuchte mit Jugendlichen die europäischen Institutionen in Brüssel, Straßburg und Luxemburg. Mit ihrer Persönlichkeit, ihren Werten und ihren Glauben sowie ihrem Sinn für soziale Gerechtigkeit prägte sie die Arbeit der Stiftung. Auch ihr Mann war bis zu seinem Tod in vielerlei Hinsicht engagiert und gesellschaftlich aktiv. Nach dem Tod der Stifterin stellte ein Gutachten 2008 jedoch fest, dass er vor und während des zweiten Weltkriegs Mitglied der NSDAP und der SS gewesen war. Die Stiftung beriet daraufhin, wie mit dem eigenen Namen umzugehen sei. Den ursprünglichen Namen wollte man nicht behalten, da die explizite Nennung von Heinz Schwarzkopf ihn zu sehr als Vorbild darstellte, gleichzeitig wurde sein Leben auch als symbolhaft für die deutsche Geschichte des 20. Jahrhunderts bezeichnet. Eine Umbenennung in Pauline-Schwarzkopf-Stiftung kam nicht in Frage, da sich die Stifterin zeitlebens gegen eine persönliche Nennung ausgesprochen hatte. Schließlich wählte man den Namen „Schwarzkopf-Stiftung Junges Europa". Die Stiftung lebt bis heute die Vision ihrer Stifterin fort, dass ein geeintes Europa ein wichtiger Beitrag für einen weltweiten Frieden ist.

Viele Förderungen werden nicht durch ein sehr persönliches Engagement geprägt, sondern entsprechen mehr einer Delegation von Aufgaben, bei der die Werte von Geber und Destinatär aufeinander abgestimmt sind, aber der Geber weder die Zeit noch das Interesse hat, sich auf operative Details einzulassen.

Eine der größten Schenkungen der letzten Jahrzehnte passt bestens auf diese Beschreibung und hat gleichzeitig viele Diskussionen ausgelöst. Der Medienmogul und Gründer von CNN, Ted Turner, überraschte 1997 viele mit seiner Ankündigung, den Vereinten Nationen (UNO) verteilt über zehn Jahre hinweg eine Milliarde Dollar zu spenden. Die Spende erregte besonders in den USA sowohl Bewunderung wegen der Spendenhöhe als auch Häme, denn die UNO stand im Ruf, vor allem bürokratisch und ineffizient zu handeln. Für Turner entsprach das Geschenk jedoch seiner Einstellung zur Unterstützung der internationalen Zusammenarbeit. Jahrelang hatte er die UNO-Flagge über den Büros von CNN gehisst und die Goodwill Games zu einer Zeit gesponsert, als internationale Spannungen an der Tagesordnung waren. Nach der ursprünglichen Ankündigung durchlief Turners Schenkung eine Reihe von Veränderungen. Zunächst gründete Turner die gemeinnützige UN Foundation, um ihr einen Teil der Time Warner-Aktien zu übertragen, die er nach dem Verkauf des Rundfunkunternehmens TBS erworben hatte. Die Schenkung beschränkte sich nicht nur auf die Vereinten Nationen, sondern förderte breit „UN-Angelegenheiten", zu denen die UN-Menschenrechtskommission sowie eine Reihe von gemeinnützigen Umwelt- und Advocacy-Organisationen gehörten. Der genaue Betrag des Geschenks hing auch von der Entwicklung der Time Warner-Aktie ab und war auf 1 Milliarde Dollar begrenzt, bei schlechter Entwicklung der Aktie auf weniger. Unabhängig von diesen Änderungen hat die Schenkung aufgrund ihrer Größe und Zielformulierung eine neue Ära in der Philanthropie eingeläutet.

Am anderen Ende der Skala befinden sich Geber, die nicht viel mehr tun als den Projektverlauf zu überwachen, die Jahresberichte zu überprüfen und sicherzustellen, dass die Bedingungen der Fördervereinbarung erfüllt werden. Je nachdem, wie gut die Erwartungen und Ziele abgestimmt sind, kann dies zu einem respektvollen Vertragsverhältnis oder zu einem distanzierten Revisionsverhältnis zwischen Geber und Destinatär führen. Die Revisionsmodelle bestehen oft in kleineren Stiftungen, in denen eine große Anzahl kleiner Beiträge gewährt wird. Diese Stiftungen, die nicht mehr tun können, als die Förderungsempfänger zu überwachen, setzen eine Reihe von verfahrenstechnischen Hürden ein, um die Rechenschaftspflicht zu gewährleisten. NPOs müssen periodisch Berichte einreichen und sich an die Vorschriften halten. Dabei ist die Überwachung finanzieller Angelegenheiten einfacher als die Überprüfung der Aufgabenerfüllung, weshalb der größte Teil der Rechenschaftspflichten mehr auf Finanzzahlen beruht als auf inhaltlichen Aktivitäten.

Vertragliche Beziehungen gibt es häufig dort, wo Schenkungen mit einer gewissen Distanz gemacht werden, aber eine gewisse Übereinstimmung der Werte – oder zumindest Interessen – angenommen wird. Gerade unternehmensnahe Stiftungen zögern aus verschiedenen Gründen, sich zu eng mit den Destinatären zu verbinden. Dazu gehört vor allem die Furcht vor negativer Publicity, falls ein Destinatär in Kritik geraten oder scheitern sollte. Manager schicken ihre Mitarbeitenden gerne in Freiwilligenprojekte zur Säuberung von Flüssen, aber sie möchten sie weniger in die Gestaltung eines Sozialprojekts zur Bekämpfung eines schwierigen Problems wie Kriminalität oder Drogenmissbrauch involviert sehen. Auch in der Kunstförderung, dem häufigsten Förderbereich von Unternehmen, gibt es nur wenig Möglichkeiten für ein hohes Engagement. Im Wesentlichen aber ist das Engagement von Unternehmen vor allem aus einem Grund schwächer ausgeprägt als bei anderen Gebern: Nur wenige Unternehmensstiftungen verfügen über genügend Personal, um wirklich mehr zu tun, als nur Anträge zu bearbeiten und fundierte Entscheidungen über Förderbeiträge zu treffen. Wirkliches Engagement erfordert einen erheblichen Einsatz an Zeit, Ressourcen und Mitarbeitenden. Viele Unternehmensstiftungen sind jedoch mehr darauf ausgerichtet, das Profil und die Anerkennung des Unternehmens zu verbessern, als in die Arbeit von NPOs einzugreifen.

Engagement ist ein entscheidender Faktor des von einer Geberin definierten Stils. Es hat nicht nur Auswirkungen auf die generelle Funktion der Förderstrategie, sondern auch auf die NPOs als Destinatäre. Wie viele andere Elemente des Puzzles der strategischen Philanthropie sind die Ebenen des Engagements variabel und kontextabhängig vom Zusammenspiel der gemeinnützigen Zwecke und privaten Werte geprägt. Engagement ist etwas, das weder von einer Geberin deklariert noch von einer Empfängerin postuliert werden darf. Vielmehr müssen sich beide Parteien gemeinsam über das richtige Maß an Engagement der Geberin austauschen und einigen.

4.2 Profil: zwischen Anonymität und Anerkennung

Das zweite Element des Philanthropie-Stils ist das Profil des Gebers oder die Frage, wann, ob und wie ein Geber ein öffentliches Profil seiner Philanthropie anstrebt. Dies bedeutet, eine philanthropische Agenda so umzusetzen, dass sie der Öffentlichkeit ein – vorzugsweise positives – Bild des Gebers vermittelt. Philanthropie lässt sich mit zwei extremen Profilen umsetzen – und auf jede erdenkliche Art dazwischen: diejenigen, die Anonymität suchen, und diejenigen, die Anerkennung suchen. Genau wie beim Engagement gibt es eine breite Streuung der persönlichen Erwartungen. Einige Geber glauben an die Wichtigkeit eines deutlich sichtbaren öffentlichen Profils, und sei es auch nur, um die unterstützte Organisation bekannt zu machen und zusätzliche Gelder anzuziehen. Aber für jede Geberin, die um Aufmerksamkeit und Anerkennung in den Medien bemüht ist, gibt es eine andere Geberin, die unerkannt bleiben möchte. Diese Geber sehen in der öffentlichen Aufmerksamkeit vor allem ein Risiko für sich, aber auch für den eigentlichen Zweck. Einerseits werden sie selbst durch die Aufmerksamkeit noch öfter um Spenden angefragt und zum anderen lenkt das Interesse an ihrer Person von der eigentlichen Aufgabe und dem Zweck ab, dem sein Engagement gilt. Obwohl bis zu einem gewissen Grad die individuelle Persönlichkeit vorgibt, wie viel öffentliche Aufmerksamkeit jemand wünscht, legt die vergleichsweise geringe Zahl anonymer Spenden nahe, dass Philanthropen normalerweise eine gewisse Anerkennung wünschen. Die geförderte NPO muss dafür das richtige Arrangement finden, auch in Abhängigkeit von ihrem Thema und dem eigenen Finanzierungs- und Förderumfeld. Dies kann eine herausfordernde Aufgabe sein, da manche Geber zwar viel Anerkennung wünschen, ihre Destinatäre aber nicht explizit darum bitten wollen. In solchen Fällen obliegt es der NPO, den Geber zu „lesen".

Während das Engagement den Philanthropen mit der NPO entweder auf konstruktive oder restriktive Weise verbindet, hat das Profil weniger spürbare Auswirkungen. Die Anerkennung eines Gebers mag eine NPO nicht viel „kosten" – zumindest so lange die Anforderungen bescheiden sind und der Geber keinen Reputationsschaden für die NPO bedeutet. Es kommt immer wieder vor, dass Schenkungen oder Förderbeiträge abgelehnt werden oder nach einer medialen Schelte kleinlaut zurückgegeben werden müssen. Geber können darum bitten, dass ihre Namen auf Listen, Ehrenlisten und Gedenktafeln aufgeführt werden, oder dass sie in Pressemitteilungen, Werbung und anderen Hilfsaktionen erwähnt werden. Um die Geber zufriedenzustellen und um sie und andere zu weiteren Förderbeiträgen zu animieren, müssen für diese Aufgaben auch Ressourcen eingeplant werden, die jedoch meist in geringem Verhältnis zu den erhaltenen Beträgen stehen. Die Schwierigkeiten mit einem allzu öffentlichen Profil des Gebers liegen aber weniger bei den Ressourcen, sondern in der Wahrnehmung der Beziehung. Wenn ein Geber es zu sehr darauf anlegt, seine Philanthropie mit dem Wunsch nach öffentlicher Anerkennung zu verbinden, werden immer Fragen zu den Motiven aufkommen. Natürlich kann die gewünschte Sichtbarkeit aus einer Reihe strategischer Gründe erklärt werden, insbesondere für neue

4.2 Profil: zwischen Anonymität und Anerkennung

Philanthropen, die ihre Aktivitäten bekannt machen wollen, und für bereits bekannte Geldgeber, die in einem neuen, der Öffentlichkeit noch unbekannten Förderbereichen aktiv werden. Erhöhte Bekanntheit kann eine Bühne für das Anliegen schaffen und für mehr Aufmerksamkeit sorgen. Wird der Bühnenvorhang gelüftet, kann dahinter aber auch viel Ego und Ehrgeiz zum Vorschein kommen.

Als wichtigste Funktion eines öffentlichen Profils für Geber ist jedoch die Vorbildfunktion für andere potenzielle Philanthropen zu bezeichnen. In Österreich führten philanthropische Stiftungen lange Zeit ein Schattendasein. Das Gesetz sah vor allem eigennützige Privatstiftungen vor, die den Vermögensabfluss aus Österreich verhindern sollten und vor allem steuerliche Vorteile für die Stifter boten. Gleichzeitig ist Gemeinnützigkeit in Österreich bis heute auf mildtätige Zwecke und direkte Unterstützung von Betroffenen beschränkt. So bestand wenig Anreiz, gemeinnützige Stiftungen zu gründen oder sich als Geber über die Maße zu engagieren. Viel später als in anderen europäischen Ländern entstand eine breitere Unterstützung für Philanthropie und 2014 wurde der Verband für gemeinnütziges Stiften gegründet. Aber ein Verband alleine kann nicht viel bewegen – gerade in der Philanthropie. Es braucht Personen wie Katharina Turnauer, die sich öffentlich für ihr Engagement und für die Entwicklung des Sektors einsetzen. Ihr Großvater, Herbert Turnauer, wurde nach dem zweiten Weltkrieg in Tschechien enteignet, zog nach Österreich und baute aus einer kleinen Lackfabrik den größten Lackerzeuger des Landes auf. Wie viele andere reiche Familien hielten sich die Turnauers bedeckt und traten kaum öffentlich in Erscheinung. Erst nach der Finanzkrise 2009 beschloss die Familie, nicht mehr nur diskret zu geben, sondern auch öffentlich sichtbar zu werden. Katharina Turnauer selbst studierte Theologie und arbeitete für Mutter Theresa in Rom, aber auch für Christie's in London. Sie gründete die gemeinnützige Katharina Turnauer Privatstiftung (KTP), deren Zweck die Linderung von menschlichem Leid und die Förderung von persönlichem Wachstum ist. Darüber hinaus wurde die Stiftung Gründungsmitglied des 2014 gegründeten Verbands für gemeinnütziges Stiften und Katharina Turnauer 2018 zu dessen Präsidentin gewählt. Vor allem setzt sie sich dafür ein, dass auch Bildung in Österreich als gemeinnütziger Zweck anerkannt wird und entsprechend mehr Stiftungen in diesem gesellschaftlichen Bereich tätig werden können. Mit ihrer Stiftung, aber auch dem Engagement für den Verband schafft Katharina Turnauer ein öffentliches Profil, das die Entwicklung der Philanthropie in Österreich fördert.

Manche Geber wünschen, anonym zu bleiben. In vielerlei Hinsicht ist das anonyme Spenden ein Sonderfall in der Philanthropie. Gerade dieser Tage, wo Transparenz großgeschrieben wird, wirkt es etwas aus der Zeit gefallen. Indem sie anonym spenden, schließen Geber jeden „Ertrag" aus, der über die persönliche Befriedigung hinausgeht, etwas Gutes getan zu haben. Anonymes Spenden ist ein Thema, das schwierig im Detail zu erforschen ist, gerade weil es unsichtbar und oft mit wenig öffentlicher Beachtung geschieht. Zwei Beispiele veranschaulichen diese seltenere Form des Gebens, und sei es auch nur als Kontrast zu dem dominanteren, öffentlichkeitswirksameren Ansatz, der von modernen Philanthropen verfolgt wird.

Ein berühmtes Beispiel eines anonymen Gebers dreht sich um die „Görlitzer Altstadtmillionen". Von 1995 bis 2006 überwies ein bis heute anonymer Geber über einen Münchner Anwalt jährlich eine Million D-Mark (später 511.500 Euro) an die Stadt Görlitz unter zwei Auflagen: Der Gönner bleibt ungenannt und das Geld wird zur Sanierung der Altstadt eingesetzt. Zur Verwaltung der Gelder wurde die Görlitzer Altstadtstiftung gegründet und daraus über die Jahre über 1500 Projekte gefördert. Mit den Geldern wurden Kirchen, die Synagoge, der Friedhof, aber auch viele private Wohnhäuser saniert. Dank der insgesamt fast 11 Millionen Euro Unterstützung gilt Görlitz heute als eine der schönsten und besterhaltenen Städte in Deutschland und ist regelmäßig Kulisse für historische Filme. Da man dem anonymen Geber nur schwierig danken kann, wurde zum Abschluss ein Buch herausgegeben und eine Ausstellung zum „Görlitzer Märchen" gezeigt.

In Basel, der Schweizer Stiftungshochburg, gehört Zurückhaltung zum guten Ton. „Man gibt, aber man sagt nichts", lautet der Grundsatz und er wird bis heute noch vielfach eingehalten. Die Stiftung „Schauspielhaus Ladies first" folgte ganz dieser Tradition. Als die Planungen zum Neubau des Basler Theaters nicht vom Fleck kamen und die klamme Stadtregierung zögerte, legten 1998 mehrere Basler Damen 7,3 Millionen Schweizer Franken zusammen, um den Neubau anzustoßen. Die Aktion fand viele Nachahmer und letztlich steuerte die Stiftung 17,5 Million Schweizer Franken bei, der Stadtkanton selbst musste nur knapp 12 Millionen Schweizer Franken zahlen. Nachdem das Schauspielhaus 2002 eröffnet wurde, löste sich die Stiftung im Jahr darauf auf und schenkte das verbleibende Restvermögen der Basler Theatergenossenschaft.

Das philanthropische Profil ist ein Element der Strategie, das sich nur in geringen Maße steuern lässt. So wie eine Philanthropin schäl angeschaut wird, die zu sehr die Öffentlichkeit sucht, so passiert einer anderen genau das Gegenteil. In New York beschloss ein Taxifahrer, Geld welches er in den Vereinigten Staaten verdient hatte, für philanthropische Zwecke in seiner Heimatstadt Doobher Kishanpur in Indien zu verwenden. Durch einen Beitrag von 2500 Dollar pro Jahr kann Om Dutta Sharma in dem kleinen Haus, in dem er aufgewachsen ist, eine Schule für Mädchen betreiben. Da die Lehrer nur etwa 50 Dollar im Monat verdienen, ist Sharma in der Lage, fast 200 Mädchen in den Klassen eins bis fünf auszubilden. Seine Pläne für die Erweiterung sind an den Verkauf seiner Taxilizenz gekoppelt, wenn er sich einst von seinem zwölf-Stunden-Schichten an sieben Tagen in der Woche verabschiedet. Sharmas Entscheidung, an Indien zurückzugeben, wurde durch zwei wichtige Faktoren begünstigt. Erstens wollte er etwas tun, um seine ungebildete Mutter zu ehren, weshalb er die Schule nach ihr benannte. Zweitens erkannte er, dass er nicht über die nötigen Mittel verfügte, um in den Vereinigten Staaten etwas Wesentliches zu bewirken. Seine bescheidenen Beiträge sind in Indien jedoch ein wirksamer Beitrag. So unternahm Sharma den ungewöhnlichen Schritt, seine bescheidene Philanthropie an einem Ort einzusetzen, wo sie maximale Wirkung entfalten konnte. Er selbst strebte keine öffentliche Anerkennung für seine Spenden an. Aber über seine Geschichte wurde in den wichtigsten Medien des Landes berichtet und so erhielt er dennoch viel öffentliche Aufmerksamkeit.

4.2 Profil: zwischen Anonymität und Anerkennung

Es gibt viele Geber, die für ihre Großzügigkeit auch öffentlich Dank und Anerkennung wünschen. Tatsächlich kann die Sichtbarkeit ein kritischer Faktor für die Spendenbereitschaft einiger Geber sein. Die Palette der Möglichkeiten, wie Geber ein öffentliches Profil suchen, ist breit gefächert und reicht von der Benennung von Gebäuden über die Anstellung von PR-Firmen bis hin zur Teilnahme an Veranstaltungen speziell zur Feier und Anerkennung ihrer Schenkungen. Verstärkt wird diese Tendenz noch durch die Entwicklung des professionellen Fundraisings, wodurch das „Relationship Marketing" auch von Seiten der Destinatäre immer aufwendiger und umfangreicher geworden ist. Es ist mittlerweile ein routinemäßiger Bestandteil des Prozesses im Großspenderfundraising, dass man den Kommunikationswünschen der Geberin gerecht wird. Dabei ist es nicht ungewöhnlich, dass Geber mit einem expliziten Angebot zur „Namensnennung" oder anderen Gegenleistungen für Schenkungen angesprochen werden. Wenn sich das Spenden jedoch zu einem reinen Austausch von Geld gegen Reputation entwickelt, geht ein wichtiger Aspekt der Philanthropie verloren, nämlich das Gleichgewicht zwischen privaten und öffentlichen Werten. Das Streben nach Anerkennung und öffentlichem Profil kann zu weit gehen und dazu führen, dass der primäre Zweck der Philanthropie die Zufriedenheit des Gebers ist und nicht die Suche nach kreativen Lösungen für gesellschaftliche Probleme. Es sind also beide Seiten, Geber und Destinatäre im Rahmen der strategischen Philanthropie gefordert, immer wieder den Ausgleich zwischen privaten Werten und gesellschaftlichem Mehrwert zu prüfen.

Wie entstehen Philanthropie-Stile, die sowohl ein gewünschtes Engagement als auch ein bevorzugtes öffentliches Profil beinhalten? Sie sind in der Regel mehr ein Produkt der Lebenserfahrungen des Gebers vor der Philanthropie, als das Ergebnis einer sorgfältigen Abwägung von strategischen Überlegungen, die für eine bestimmte Schenkung oder eine Reihe von Spenden getroffen werden. Der Stil ist deshalb stärker vorgegeben als andere Elemente des philanthropischen Prismas. Die Auswahl, Erprobung und Anpassung eines unverwechselbaren philanthropischen Stils erfordert dennoch eine ständige Neubewertung und Anpassung, um eine gute Übereinstimmung mit den anderen Elementen des philanthropischen Prismas zu erreichen. Der Grad des Engagements und des Profils müssen flexibel gestaltet und in der Lage sein, sich an die besonderen Anforderungen spezifischer Umstände anzupassen, auch wenn Änderungen des Stils für den Geber persönlich nur schwer möglich sind. Der vom Geber gewählte Stil muss daher einen doppelten Test bestehen: einerseits einen Mehrwert für die betreffende philanthropische Leistung zu schaffen und andererseits die Art von persönlicher Zufriedenheit zu erzeugen, die den Geber dazu veranlasst, auch in Zukunft zu spenden. Diese Ausgewogenheit erfordert ein beträchtliches Maß an Selbstbeobachtung einerseits und Kenntnis des Philanthropie-Sektors andererseits. Neue philanthropische Trends können den Prozess stören und bestimmte Stile attraktiver erscheinen lassen. Jedoch kann der Stil allein niemals ein Ersatz für eine gute Strategie sein.

4.3 Ein neuer Stil: Venture Philanthropy und Impact Investing

Einer der populärsten Philanthropie-Stile der letzten Jahre besteht aus Elementen eines toughen Geschäftsmannes oder Investors, die in die sanftere Welt der Gemeinnützigkeit übertragen werden. Im Kern steht die Idee, dass der gesellschaftliche Mehrwert gesteigert werden kann, wenn die philanthropische Beziehung zwischen Philanthropin und Destinatär mehr wie das Verhältnis zwischen einer Investorin und einem Investitionsnehmer gestaltet ist. Venture Philanthropy bezieht sich dabei primär auf die Verwendung von Fördergeldern, während Impact Investing mit dem (Stiftungs-)Kapital umgesetzt wird. Beide Konzepte sollen aus Gebern Investoren machen, die die Disziplin der Investment-Welt in einen Sektor übertragen, der sich bisher weitgehend auf guten Glauben und Vertrauen verlassen hat. Doch während Wirtschaftsunternehmen eine klare Möglichkeit haben, den Erfolg ihrer Investitionen mittels der Kapitalrendite zu bestimmen, besteht in der Philanthropie nach wie vor die Herausforderung, entsprechende Instrumente zur Leistungsmessung zu entwickeln, um die Auswirkungen philanthropischer Investitionen zu bewerten. Darüber hinaus fällt es schwer, in der Philanthropie genügend Ressourcen zu mobilisieren, um eine größere Wirkung zu erzielen. Die Suche nach Lösungen für die Wirkungs- und Messproblematik steht daher im Mittelpunkt der Anwendung von Venture Philanthropy und Impact Investing. Gerade für jüngere Geber, die ihr Geld durch Unternehmertum verdient haben und nun selbst gemeinnützig aktiv werden, sind messbare Fakten auch in der Philanthropie anwendbar. Die Zielsetzung, Handlungslogiken sektorübergreifend einzusetzen, hat zu einer Bewegung geführt, deren Vertreter sich als Venture Philanthropen oder soziale Investoren verstehen.

Die Auswirkungen von Venture Philanthropy und Impact Investing sind weitläufig. Obwohl es nach wie vor schwierig ist, den genauen Umfang der Bewegung zu bestimmen, schätzt eine 2019 durchgeführte Studie des Centrums für Soziale Investitionen und Innovationen (CSI) der Universität Heidelberg das Volumen von Impact Investing im engeren Sinn (d. h. direkte Wirkungsanlagen) in Deutschland auf 62 Mio. Euro. Das ist ein Bruchteil der 6,46 Mrd. Euro, die von den gleichen Akteuren generell nachhaltig oder wirkungsorientiert angelegt werden. Auch für die Schweiz und Österreich sind nur wenig Zahlen und Akteure bekannt. Aber der Einfluss von Venture Philanthropy und Impact Investing lässt sich nicht nur durch Zahlen belegen. Die Idee, Philanthropie in soziales Investieren umzuwandeln, ist in einer ganzen Reihe von Bereichen erprobt worden, wie etwa frühkindliche Entwicklung, Umweltschutz oder im Sozialwesen. Die Konzepte werden immer wieder von den Medien aufgegriffen und die Bekanntheit ihrer frühen Vertreter ist deutlich gestiegen. In der Schweiz haben Akteure wie die LGT Venture Philanthropy Foundation und die elea foundation die Methoden und die Sprache des Ansatzes bekannt gemacht. In Deutschland zählen die BMW Foundation Herbert Quandt, BonVenture Management GmbH oder Auridis gGmbH zu den Vorreitern. Eine nähere Betrachtung zeigt, dass einzelne Aspekte auch generell für die Philanthropie von Bedeutung sind.

Im Kern kann Venture Philanthropy am besten so zusammengefasst werden, dass sie auf drei intellektuellen Hauptsäulen aufbaut, von denen jede als Lösung für ein Problem der traditionellen Philanthropie angesehen wird. Die erste Idee besteht darin, die Wirkung von gemeinnützigen Organisationen durch die Bereitstellung von umfassenden, langfristigen Förderbeiträgen zu skalieren. Die zweite Idee ist die Entwicklung neuer Messgrößen zur Messung der Leistung von Organisationen. Die dritte Idee ist der Aufbau einer engen Beziehung zwischen Investor und Investitionsnehmer, in der sich der Geber mit strategischen und operativen Kernfragen befasst und versucht, als Berater und Problemlöser der NPO zur Seite zu stehen. Alle drei zusammen bilden einen unverwechselbaren Stil, bei dem sowohl das Engagement als auch das Profil sehr eng miteinander verbunden ist.

Durch Venture Philanthropy und Impact Investing wurden neue Instrumente entwickelt, die die Erfolgschancen von NPOs erhöhen sollen, so beispielsweise eine andere Art der finanziellen Förderung. Wie schon erwähnt, bevorzugen gerade Stiftungen Projektbeiträge statt Betriebsfinanzierungen, weil Projekte ein natürliches Ende haben, Organisationen dagegen nicht. Betriebsbeiträge dagegen haben ein Image-Problem, weil damit oft „unwesentliche" Dinge wie Buchhaltung, Miete oder Reisespesen gemeint werden, die nicht unmittelbar dem Kernauftrag zuzurechnen sind. Zu allem Überfluss kommt hinzu, dass viele Geber ihre Projektunterstützung auf zwei oder drei aufeinander folgende Jahre beschränken. Aus Angst, dass sie eine Abhängigkeit schaffen, die nicht unbegrenzt aufrechterhalten werden kann, haben sich traditionelle Geber für einen kurzfristigen Ansatz bei den Förderbeiträgen entschieden, der ihnen die Flexibilität gibt, schnell die Richtung zu ändern, falls sich die Bedingungen in der Gesellschaft oder die Interessen des Stiftungsrats ändern sollten. Die Folgen dieses Finanzierungsmusters für gemeinnützige Organisationen sind vorhersehbar: finanzielle Instabilität, programmatische Ungewissheit und redundante Beitragsgesuche, die allesamt das Wirkungspotenzial der Destinatäre beeinträchtigen.

Venture Philanthropy und Impact Investing folgen einem anderen Finanzierungsansatz, der langfristige Unterstützung mit weniger Einschränkungen bietet. Anstatt schnell den Stecker zu ziehen und das nächste Projekt zu suchen, legen soziale Investoren den Schwerpunkt auf langfristige Finanzierungsverpflichtungen, die Organisationen bei ihrer Entwicklung und ihrem Wachstum unterstützen sollen. Die elea Foundation in Zürich beispielsweise investiert in Sozialunternehmen in Entwicklungsländern. Dabei beteiligt sich die Stiftung auch am Eigenkapital und bleibt viele Jahre investiert. In einzelnen Fällen stellt sie ein Mitglied im Aufsichtsgremium oder unterstützt das Management vor Ort. Darüber hinaus ist es Teil des Venture Philanthropy-Ansatzes, das NPOs umfangreich und über längere Zeit beim Aufbau von Kapazitäten und Kompetenzen unterstützt werden, damit sie später eigenständig agieren können und nicht mehr von der Stiftung abhängig sind. Dadurch soll einer der größten Nachteile des gemeinnützigen Sektors überwunden werden, nämlich fehlendes Wachstum und eingeschränkte Wirkung.

Bevor die sozialen Investoren ihre Investitionsbeiträge zur Verfügung stellen und sich langfristig an eine Organisation binden, führen sie eine sogenannte „Due Diligence" durch. Damit ist eine umfangreiche und kritische Analyse der Organisation gemeint, so wie ein Wagniskapitalgeber ein Start-up prüft. Es ist zwar nicht ganz klar, inwiefern sich diese Überprüfung von dem unterscheidet, was strategisch agierende Geber schon immer getan haben (Überprüfung der Unterlagen zur finanziellen Offenlegung, die Vorlage eines strategischen Plans oder ein Besuch vor Ort), aber die neue Formulierung soll die Aufmerksamkeit auf die Tatsache lenken, dass dem Entscheidungsprozess, der zu einer Verpflichtung führt, große Sorgfalt gewidmet wird. Bei der Entscheidung darüber, welche Organisationen unterstützt werden sollen, bewerten soziale Investoren wie die Auridis gGmbH aus Mülheim a. d. Ruhr die Fähigkeit einer NPO, Größenvorteile zu erzielen und langfristig andere Finanzerträge zu erwirtschaften. Die langfristigen Investitionen von Auridis konzentrieren sich auf NPO wie den Verein A:primo, der seine Frühförderprogramme für sozial benachteiligte Kinder über die ganze Schweiz ausweiten will.

Eine Form der sozialen Investition, die besonders viel Aufmerksamkeit erhalten hat, ist der Social Impact Bond. Entwickelt in England, wurden erste Projekte auch schon in Deutschland, Österreich und der Schweiz durchgeführt. Das Grundprinzip eines Social Impact Bonds ist, dass private Geldgeber eine öffentliche Leistung vorfinanzieren und der Staat eine Rückzahlung samt Prämie garantiert, sollte das geförderte Projekt die vorab gemeinsam definierten Ziele erreichen. So werden staatliche Mittel nur dann eingesetzt, wenn tatsächlich eine nachweisliche gesellschaftliche Wirkung eingetroffen ist. In Deutschland lancierte die Benckiser Stiftung Zukunft (heute: Alfred Landauer Stiftung) die Juvat gGmbH, die zusammen mit dem Bayerischen Staatsministerium für Arbeit, Soziales, Familie und Integration 2013 ein Projekt zur Ausbildungshilfe in Augsburg lancierte. Das Projekt wurde von Stiftungen und sozialen Investoren vorfinanziert. Ziel war, innerhalb von zwei Jahren mindestens 20 Jugendliche aus der Zielgruppe in Ausbildung oder Arbeit zu bringen. 69 Jugendliche wurden in das Projekt aufgenommen und 22 davon erhielten im Projektzeitraum einen Ausbildungsplatz oder eine Arbeitsstelle. Damit wurden die Zielkriterien erfüllt und die privaten gemeinnützigen Vorfinanzierer erhielten ihre Investition und eine Prämie zurück. Weil sich alle beteiligten Akteure vor Beginn auf gemeinsame Wirkungsziele festlegen müssen, erhöht der Social Impact Bond die Wirksamkeit der eingesetzten Mittel und schafft eine Grundlage für die Skalierung von Modellprojekten. Gleichzeitig sind die mit dem Social Impact Bond verbundenen Kosten im Vergleich zur traditionellen Förderung sehr hoch, weshalb sich die Methode bisher nicht breit durchgesetzt hat.

Das zweite Merkmal von Venture Philanthropy und Impact Investing neben der Bereitstellung größerer Beträge über längere Zeiträume hinweg ist die Betonung von Evaluation oder Wirkungsmessung. Geldgeber wie BonVenture und Auridis arbeiten eng mit NPOs zusammen, um anhand definierter Ziele den Fortschritt zu messen und zu analysieren. Eine Voraussetzung dafür ist, dass NPOs ihre Aktivitäten um ein konsequentes Berichtswesen ergänzen, um regelmäßig über den aktuellen Stand der Entwicklung berichten zu können. Zu diesem Zweck wurden mehrdimensionale Instrumente zur Leistungsmessung aus dem Unternehmenssektor adaptiert, z. B. die Balanced Score Card, die weit über einfache Berechnungen der finanziellen Leistung hinauszugehen. Auch wird versucht, die

4.3 Ein neuer Stil: Venture Philanthropy und Impact Investing

„soziale Rendite" einer Intervention zu berechnen, aber diese Methoden sind meist sehr aufwendig. Denn auch wenn einige Formen der gemeinnützigen Tätigkeit monetarisiert und dann einer Finanzanalyse unterzogen werden können, engagiert sich die überwiegende Mehrheit der NPOs in Bereichen, die nicht in einfache finanzielle Kennzahlen umgewandelt werden können. Mit der Betonung der Wirkungsmessung möchten soziale Investoren die Destinatäre dazu bewegen, Ziele zu setzen und bereit zu sein, Anpassungen vorzunehmen, falls die Ziele nicht erreicht werden. Dieser Fokus auf die Messung fließt sowohl in die Idee langfristiger, substanzieller Investitionen als auch in das dritte Element des Ansatzes ein, nämlich das beratende Engagement.

In ihrem Bestreben, das Mainstream-Modell der Philanthropie umzugestalten und neu auszurichten, um auf breiter Ebene Wirkung zu erzielen, haben die sozialen Investoren auch das Verhältnis zwischen Geberin und Destinatär verändert. Im Wesentlichen beruhte die Kritik auf der Feststellung, dass zwar viel Aufwand in die Auswahl von Projekten gesteckt wird, aber nach der Geldüberweisung kaum noch Interesse daran besteht, die geförderten Projekte zum Erfolg zu führen. Tatsächlich kommen die traditionellen Stiftungen ihrem Ruf als „Banken der NPO" oftmals sehr bewusst nach und mischen sich bis zum Abschlussbericht nicht in die Projektumsetzung ein. Ein wesentlicher Grund dafür, dass der größte Aufwand der Philanthropie bei der Auswahl erfolgt und nicht auf die effektive Umsetzung ausgerichtet ist, liegt in der Erwartungshaltung gegenüber den Gebern, dass ihre Entscheide transparent, fair und nachvollziehbar erfolgen. Angesichts dieser Anforderungen ist es kaum verwunderlich, dass viele institutionelle Geldgeber sich auf die sorgfältige Prüfung von Anträgen, auf Besuche vor Ort und die Entscheide in der Sitzung beschränken. Zudem wünschen viele Destinatäre – gerade die großen NPOs – gar keine Einmischung in die operativen Aktivitäten. Da die Antragszyklen immer wiederkehren, kann es für Geldgeber in der Tat sehr schwierig sein, diesen Zyklus zu durchbrechen und mit den Destinatären in eine dauerhafte Beziehung zu treten.

Venture Philanthropy und Impact Investing verfolgen einen anderen Ansatz für die Beziehungen zwischen Geber/Destinatär oder Investor/Investitionsnehmer. Hier wird der Zeithorizont erweitert und der Kontakt zwischen allen Beteiligten vertieft. Anstatt einen Scheck auszustellen und zu überreichen, gehen soziale Investoren davon aus, dass die Arbeit erst dann beginnt, wenn eine finanzielle Verpflichtung eingegangen wurde. Da es sich um ein langfristiges Engagement handelt, treten die Geber direkt mit den Organisationen in ihren Portfolios in Kontakt. Es gibt zwei eindeutige Vorteile einer Strategie mit hohem Engagement: Erstens können NPOs etwas lernen, was sie noch nicht wissen, insbesondere wenn die Beratung in Managementbereiche fällt, in denen NPOs normalerweise kaum Fähigkeiten aufweisen. Die LGT Venture Philanthropy Fundation beispielsweise fördert ihre Destinatäre nicht nur mit Geld, sondern bietet auch ein Fellowship Programm an, mit dem Fachpersonen von Hochschulen oder aus Unternehmen für eine bestimmte Zeit bei den Destinatären arbeiten und mit ihrer Fachkenntnis beim Aufbau und der Entwicklung der Organisation helfen.

Der zweite eindeutige Vorteil einer beratenden und engagierten Beziehung hat wenig mit der gemeinnützigen Leistung, sondern viel mehr mit der Zufriedenheit der Geberin zu tun. Philanthropie mit hohem Engagement ist eine soziale Aktivität, die den Wunsch vieler wohlhabender Menschen befriedigt, einen Sinn in ihrem Leben außerhalb des Geschäftslebens zu finden. Junge Unternehmer, die als soziale Investoren aktiv sind, verfolgen gerne einen praxisnahen Ansatz und betrachten ihr Engagement als einen Prozess des Lernens und persönlichen Wachstums. Bei Social Venture Partners (SVP), einer der ersten Venture Philanthropy Organisationen können Geber mit mindestens 5000 $ einsteigen und sich unmittelbar in ihrer Umgebung bei geförderten NPOs engagieren. Viele Investoren in anderen Risikofonds engagieren sich noch stärker in den von ihnen finanzierten Organisationen, indem sie beispielsweise beim Fundraising helfen oder im Vorstand mitarbeiten.

Das neue Verständnis von Engagement bei sozialen Investoren stützt sich auf mehrere Annahmen: erstens, NPOs können bei Strategie und Umsetzung ihrer Arbeit Hilfe von außen gebrauchen; zweitens, die Berater und Experten verfügen über Fähigkeiten, an denen es im gemeinnützigen Sektor mangelt, und NPOs werden durch die vermittelten wirtschaftlichen Instrumente und Modelle erfolgreicher; und drittens, das hohes Engagement in der Philanthropie ethisch vertretbar und angemessen ist. Alle drei Annahmen können selbstverständlich in Frage gestellt werden. Eine kürzlich durchgeführte Umfrage unter den Empfängern von Förderungen mit hohem Engagement ergab, dass der Prozess der engen Zusammenarbeit mit einem Geldgeber oftmals schwierig ist und ihrer Arbeit nur wenig Mehrwert bringt. Wie in anderen Konstellationen auch ist das ungleiche Macht-Verhältnis zwischen Geldgeber und Bittsteller schwer ins Gleichgewicht zu bringen. Viele NPOs sind der Überzeugung, dass die beste Unterstützung ein Briefumschlag mit einem Scheck ohne Zweckbindung ist. Zusätzlich gibt es, wenn es um die Fähigkeiten von Förderern mit hohem Engagement geht, keinen Beweis dafür, dass erfolgreiche Unternehmer oder Fachexperten aus der Wirtschaftswelt im besonderen Maß über Wissen verfügen, wie eine NPO erfolgreich arbeitet. Die Erfüllung eines gemeinnützigen Bedarfs folgt nicht immer den gleichen Regeln wie die Befriedigung von Kundenwünschen oder eine schnelle Reaktion auf Markttrends. Manchmal müssen NPOs eine Führungsrolle übernehmen, indem sie Dienstleistungen anbieten, für die es wenig unmittelbare Unterstützung gibt, die aber dennoch von hoher gesellschaftlicher Bedeutung ist.

Wenn es schließlich um die Ethik des Gebens geht, erscheinen die zentralen Grundsätze der Venture Philanthropy problematisch. Im Laufe der Zeit ist ein immer wiederkehrendes Thema in Religionen wie Christentum, Judentum und Islam, dass Geber und Empfänger voneinander getrennt sein sollten, damit der Empfänger sich nicht schämen muss, Geld direkt von jemand anderem annehmen zu müssen. Im Extrem gewährleisten anonyme Spenden am besten, dass die Absicht der Geberin rein ist, und die Spende tatsächlich anderen helfen soll anstatt die Geberin ins Zentrum zu stellen. Die Reaktion der Venture Philanthropy auf solche Einwände ist eindeutig: soziale Investoren tätigen Investitionen, die sich von Wohltätigkeit unterscheiden. Da die Ausgangsbedingung der Unterstützung eine andere ist, entfallen die mit der Wohltätigkeit verbundenen moralischen Zwänge. Man könnte sogar so weit gehen zu argumentieren, dass sich soziale Investitionen grundlegend von Förderern unterscheiden und dass dieser Unterschied alle ethischen Fragen löst, die sich stellen könnten. Da sie eine Rendite verlangen, wenn sie ihr Geld „investieren", fühlen sich soziale Investoren berechtigt, die von ihnen unterstützten Programme aktiv zu verwalten und zu gestalten. Dies ist jedoch ein Argument, das letztlich auf semantischer Haarspalterei beruht und die Realität der asymmetrischen Macht in allen Formen der Philanthropie außer Acht lässt. In Tat und Wahrheit vergeben auch Stiftungen mit Venture Philanthropy-Ansatz bis heute mehrheitlich Förderbeiträge, ohne Aussicht auf Rückzahlung. Außerdem fehlen bis heute kohärente Kennzahlen zur Messung der Investitionsrendite. Dennoch sprechen die rationalen und unternehmerischen Ansätze von Venture Philanthropy und Impact Investing ganz besonders die aktuelle Generation junger Philanthropen an, die so ihren Beitrag für einen gesellschaftlichen Mehrwert leisten wollen.

Bis heute haben sich noch nicht alle Erwartungen an Venture Philanthropy und Impact Investing erfüllt. Noch immer sind die Unterschiede zur klassischen Philanthropie zu wenig sichtbar. Einerseits wurden manche Aspekte wie die Wirkungsorientierung im breiten Feld der Philanthropie adaptiert und andererseits fehlen die großen Durchbrüche, die nur auf Venture Philanthropy oder Impact Investing zurückzuführen wären. So bleibt oft nur die etwas andere Sprache, die den Unterschied macht. Viele der „Investitionen", die von Venture Philanthropen getätigt werden, sind letztlich Förderbeiträge; statt „Due Dilligence" legen Philanthropen Auswahlkriterien fest. Der beste Beweis für die Ähnlichkeit ist die Tatsache, dass viele von sozialen Investoren unterstützte Organisationen gleichzeitig Förderbeiträge von philanthropischen Gebern erhalten. Das mag auch daran liegen, dass der Gesamtumfang an Ressourcen für soziale Investoren noch immer sehr gering ist, auch weil die Steuerbehörden und Finanzämter der Idee der sozialen Investition sehr kritisch gegenüber eingestellt sind.

Insgesamt sind die Aufregung und die Energie, die die Sprache der Venture Philanthropy geschaffen hat, positiv zu bewerten. Es wurden neue Geber in die Welt der Philanthropie eingeführt, die sich mit Freuden und auf ihre eigene Art und Weise der Herausforderungen stellen, einen gesellschaftlichen Mehrwert zu schaffen.

Im Kern hat die Suche der sozialen Investoren nach Wirkung den gesamten Sektor belebt. Denn offensichtlich hatte und hat die traditionelle Philanthropie hier einen Schwachpunkt. Und selbst auf der konkreten Ebene der Umsetzung nur wenig anders gemacht wird als vorher, haben die sozialen Investoren doch einen beachtlichen Marketing-Erfolg verbucht. Die Konzepte wie Venture Philanthropy und Impact Investing haben einen neuen, höheren Engagement-Stil salonfähig gemacht und der Welt der Philanthropie einen weitere Alternative zur Verbindung von privaten Werten und gesellschaftlichem Mehrwert hinzugefügt. Es bleibt abzuwarten, wie diese Entwicklung in Zukunft verläuft. Aktuell kann wohl davon ausgegangen werden, dass die Idee des Impact Investing mit Kapitalanteilen mehr Chancen hat als die Venture Philanthropy mit Fördermitteln.

4.4 Philanthropische Beziehungen

Die Betonung auf Engagement wie bei den sozialen Investoren ist nicht ohne Präzedenzfall. Mit Ausnahme des anonymen Gebens bietet die Welt der Philanthropie den Gebern im Allgemeinen nicht den Luxus, in stiller, kontemplativer Isolation zu operieren. Fast immer kommt durch eine Spende ein menschlicher Austausch zwischen den Gebern und den Empfängern zustande, der durch Geld und Werte definiert wird. Nur wenige Beziehungen sind so komplex und so belastend wie die zwischen Geberin und Empfängerin. Obwohl sich zwischen Gebern und NPOs ein Muster einer professionellen Interaktion eingespielt hat, bestehen in dieser asymmetrischen Beziehung immer noch gewichtige Herausforderungen und Spannungen bestehen. Unter der scheinbar harmonischen Oberfläche lauern eine große Anzahl unbequemer und ungelöster Fragen zu Macht, Klasse und sozialem Status sowie eine gehörige Portion Verachtung und Misstrauen. Das traurige Ergebnis ist, dass zu viele Geber und NPOs miteinander in Form eines konformistischen Mummenschanzes interagieren, der auf Ritualen der Bestätigung, der Sitzungsabläufe und aufwendiger Schreibarbeit beruht. In Interviews bestätigen Manager von NPOs die Beschwerden und Vorurteile gegenüber ihren Gebern. Zu den häufigsten gehören die Müdigkeit und Verbitterung darüber, dass die gemeinnützige Tätigkeit ständig neu erfunden, neu gestaltet und neu positioniert werden muss, um den Gebern zu gefallen und das finanzielle Überleben zu sichern. In dem Maße, wie NPOs versuchen, Geber zu verstehen und ihnen das zu geben, was sie wollen, nimmt der Inhalt der Förderanträge im Verhältnis zur gelebten Realität gemeinnütziger Organisationen ab. Projekte werden immer wieder neu formuliert oder umschrieben, um den Gebern entsprechend ihrem Grad an Engagements und Profil zu gefallen. Dabei geraten die eigentlichen Ziele und die Bedürfnisse der Leistungsempfänger teils ins Hintertreffen. Eine der zentralen Herausforderungen bei der Definition des eigenen Philanthropie-Stils besteht daher darin, die schwerwiegenden Auswirkungen zu bedenken, die die eigene Förderung auf die Organisation der Destinatäre haben kann.

Wie kommt es, dass Offenheit und Qualität der Kommunikation zwischen Geberin und Empfängerin während des Förderprozesses leidet? Dazu lassen sich zwei Hauptprobleme anführen: Die Orientierung der Destinatäre an den Möglichkeiten der Geber und das proaktive Agenda-Setting der Geber. Das erste Problem entwickelt sich erst im Lauf einer Förderbeziehung: Die Sprache der Bedürfnisse – sei es für einen allgemeinen Betriebsbeitrag, den Kapitalaufbau, den Kompetenzaufbau oder irgendetwas anderes – weicht einer Sprache der Möglichkeiten, mit der die Interessen der Geber angesprochen werden soll. War zu Beginn der Beziehung die Leistung und das Potenzials des Destinatärs wesentlich, richten sich spätere Förderanträge sich zunehmend daran aus, was die Fundraiser der Destinatäre als Möglichkeiten der Geber eruiert haben. Zum einen nehmen der finanzielle Druck und der Wettbewerb innerhalb des Sektors rasch zu. Da die Zahl der NPOs ständig steigt, entsteht das Gefühl, dass es immer eine andere Organisation geben wird, die bereit ist, alles zu tun, um eine Förderung zu erhalten – auch wenn dies bedeutet, belastende Be-

4.4 Philanthropische Beziehungen

dingungen zu akzeptieren. Das Ergebnis ist, dass sich NPOs so verhalten, wie sie es von den anderen vermuten. Zum anderen gibt es ein kulturelles Hindernis für eine offene Formulierung der eigenen Bedürfnisse, das sich aus dem Machtgefälle in der Geber-Empfänger-Beziehung ableitet. Die von den Gebern festgelegten Richtlinien erscheinen vielen NPOs unveränderlich und endgültig, und die einfachste Reaktion unter finanziellem Druck besteht darin, Vorschläge zu erarbeiten, deren Bedarf genau in diese Parameter passen.

Das zweite Problem des mangelhaften Verständnisses zwischen Gebern und Destinatären ist in der Entwicklung zu mehr proaktiven Agenda Setting zu suchen. Immer mehr Geber – gerade Stiftungen – teilen ihren potenziellen Destinatären sehr genau mit, welche Art von Anträgen und Projekten sie erhalten möchten. Je mehr Fachpersonal bei philanthropischen Institutionen arbeitet und je mehr Forschung zu philanthropischen Aktivitäten betrieben wird, desto mehr verstärkt sich der Trend von aktiven, inhaltlich agierenden Gebern. Die Fokussierung auf bestimmte der Formen der Unterstützung, z. B. Betriebsbeiträge zum Kompetenzaufbau, beschränkt Destinatäre aber in der eigenen Formulierung ihrer Förderanträge. Sie haben dann die Wahl, ihren Infrastruktur-Antrag als Kompetenzaufbau zu titulieren, oder ihre Kompetenzen fördern zu lassen und weiter mit ungenügender Infrastruktur zu arbeiten. Letztlich sind die Fokussierung auf die Projektfinanzierung und die proaktiven Methoden der Geber in vielen Fällen problematisch, weil dadurch authentische Gespräche über Bedürfnisse verhindert werden. Anstatt die Finanzierung in eine einzelne, vorher festgelegte Art der Förderung zu lenken, müssen Geber und ihre Destinatäre eine umfassende und offene Aussprache über die Fördermöglichkeiten führen, die letztlich nur durch die Bandbreite der authentischen Bedürfnisse der Destinatäre begrenzt sein kann.

Statt den Philanthropie-Stil entlang vorgegebener Methoden zu definieren, sollten sich Geber die Zeit nehmen und verstehen, dass NPO-Manager möglicherweise komplett andere Ziele und Anliegen haben, die sowohl verstanden, kultiviert und respektiert werden müssen – und dass diese Ziele in die bestehenden Definitionen von Wirkung passen können oder auch nicht. Schließlich werden viele Mitarbeitende von NPOs nicht durch Aufgabenerfüllung und Lohn motiviert, sondern viel mehr durch ein Gefühl von Solidarität, das Engagement für die Gemeinschaft und die Notwendigkeit, persönliche Werte durch Arbeit zum Ausdruck zu bringen. Geber müssen einen Weg finden, wie NPOs diese schwieriger zu dokumentierenden, aber wichtigen Ziele nachvollziehbar in ihre Anträge und Kommunikationsarbeit aufnehmen können.

Gibt es heutzutage Geber und NPOs, die eine offene und ehrliche Beziehungen pflegen? Selbstverständlich. Und gibt es Geber, die von den NPOs nicht die Wahrheit hören? Sicherlich. Letztlich sollten sich alle Geber zumindest in einem Punkt einig sein: Jeder Vorschlag zur Umgestaltung des Philanthropie-Stils durch den Einsatz neuer Geschäftsprinzipien ist immer der zweite Schritt im Prozess der Verbesserung der Philanthropie. Davor müssen die Geber daran arbeiten, die Qualität und Offenheit der Kommunikation während des Förderprozesses zu verbessern. In diesem Sinne besteht eine der wichtigsten Prüfungen für die Angemessenheit und Wirksamkeit eines Philanthropie-Stils darin, ob er die Art authentischer Gespräche über organisatorische und gesellschaftliche Bedürfnisse ermöglicht, die die Grundlage für eine solide Programmplanung und -entwicklung bilden.

Wie kann ein solcher Stil gestaltet werden? Es gibt keine einfache Antwort auf diese Frage, weshalb Geber zwei Dinge verstehen müssen: Erstens haben NPOs eine sehr breite Palette von Bedürfnissen, die in die bestehenden Förderrichtlinien passen können oder auch nicht, und niemandem ist gedient, wenn authentische Bedürfnisse unterdrückt werden. Zweitens werden NPOs sowohl von instrumentellen als auch von expressiven Zielen bewegt, und während die bestehende leistungsbasierte Evaluation wichtig ist und weiterentwickelt werden muss, braucht es genauso andere Formen der Evaluation, die auch die weniger leicht messbaren gemeinnützigen Beiträge anerkennen. Erst wenn Ehrlichkeit in den Beziehungen zwischen Stiftungen und NPOs aktiv gepflegt wird, werden Geber in der Lage sein, einige der neuen Modelle für die Förderung umzusetzen, die aktuell im Trend liegen. Noch wichtiger ist es, die Beziehungen zwischen NPOs und ihren Unterstützern richtig zu gestalten, um eine strategische Übereinstimmung und Ausrichtung zu erreichen.

Bei der Entscheidung für einen Stil, der sowohl ein Engagement als auch ein bevorzugtes Profil umfasst, müssen die Geber mehr tun, als nur ihren eigenen privaten Komfort einzuschätzen. Sie müssen sich fragen, welche Form der Vermittlung am besten zu der Art des Programms passt, das finanziert wird, und zu der Struktur, durch die ihre Spende erfolgt. Nur wenn der Stil des Gebers im Hinblick auf seine Beziehung zu anderen Punkten des philanthropischen Prismas verstanden wird, ist es möglich, ihn als angemessen zu beurteilen.

Die Beschreibung des Philanthropie-Stils als veränderbar und situationsabhängig steht im deutlichen Widerspruch zu der personenbezogenen Perspektive, nach der jede Geberin einen festen Stil hat, der in unveränderlichen Persönlichkeitsmerkmalen, tief verwurzelten Überzeugungen und früheren Erfahrungen verankert ist. Anstatt die persönliche Herausforderung darin zu sehen, den Platz auf der philanthropischen Landkarte zu finden, wo der persönliche Philanthropie-Stil am meisten Akzeptanz findet, formulieren wir die Aufgabe anders. Jede Philanthropin sollte ihren Stil je nach Art der philanthropischen Herausforderung, die es zu bewältigen gilt, anpassen und modifizieren. Dies ist nicht nur aus strategischer Überlegung attraktiv, sondern hilft auch, einen Teil der Machtasymmetrie zwischen Geberin und Empfänger abzubauen. Wenn die Geber die Idee ernst nehmen, dass ihr Philanthropie-Stil an die Umstände angepasst werden muss, geben sie unmittelbar einen Teil ihrer natürlichen Macht innerhalb der Beziehung ab. Dies wäre nicht nur ein für die NPOs zufriedenstellendes Ergebnis, sondern birgt auch das Potenzial, generell ausgewogenere Beziehungen in der Philanthropie zu schaffen, zum Vorteil des gesellschaftlichen Mehrwerts.

Der Zeitrahmen

5

Inhaltsverzeichnis

5.1 Gesellschaftliche Probleme und Zeit 80
5.2 Die Festlegung der Ausschüttungsquote 85
5.3 Die Idee der philanthropischen Diskontierung 89
5.4 Die Definition des Zeitrahmens durch Philanthropen 93
5.5 Die Herausforderung der Zeit 94

Der Zeitrahmen ist ein wichtiger Bestandteil der strategischen Philanthropie. Da philanthropische Ressourcen immer bis zu einem gewissen Grad ein knappes Gut sind, müssen die Geber entscheiden, wie viel sie für aktuelle Bedürfnisse ausgeben und wie viel sie für die Zukunft aufheben wollen. Mit zunehmendem Reichtum und wachsenden Ressourcen einer Person kommt der Frage des Timings eine besondere Bedeutung zu. Die Abwägungen zwischen gegenwärtiger und zukünftiger Nutzung werden wichtiger, und der Einsatz steigt erheblich. Im Kern geht es bei der Frage des Timings in der Philanthropie um die Abstimmung komplexer konzeptioneller Aspekte. Dazu zählt besonders eine Vorhersage der zukünftigen Entwicklung eines bestimmten Problems oder Themas und einer Abwägung der Vorteile eines frühzeitigen Eingreifens gegenüber einer langfristigen Perspektive. Zur Veranschaulichung der zeitlichen Dimension übernehmen wir später die Idee des Diskontsatzes aus der Finanzmathematik. Diese konzeptionellen Aufgaben werden durch Einschränkungen hinsichtlich der Genauigkeit der Prognosen erschwert. Beantworten Geber die Zeitfrage in der Philanthropie jedoch nicht oder nur oberflächlich, werden sie kaum eine kohärente Strategie für ihre Philanthropie entwickeln können. Der Zeitraum des Gebens ist untrennbar mit den Werten, dem Wirkungsmodell, dem Philanthropie-Stil sowie den Instrumenten und Maßnahmen verbunden. Daher müssen alle Philanthropen für sich einen angemessenen Rhythmus der Auszahlung festlegen. Das kann von einem einzigen Tag bis zu einer unbegrenzten Dauer variieren. Die gewählte Auszahlungsrate wird sich sowohl auf die programmatische Wirkung auswirken, die Geber kurzfristig erzielen, als auch auf die Höhe der Mittel, die für zukünftige philanthropische Bemühungen übrig bleiben.

In den meisten Fällen wird die zeitliche Dimension innerhalb der Philanthropie übersehen. Überlegungen über die zugrunde liegende Aufgabe oder das Tätigkeitsfeld, die Erkundung verschiedener Ebenen des Engagements von Gebern und sogar die Wahl eines geeigneten Mittels für die Spendentätigkeit erhalten gewöhnlich mehr Aufmerksamkeit, Interesse und Forschung. Dennoch ist der Zeitrahmen der Förderung von großer Bedeutung, da er die strategische Herausforderung betont, das zu den anderen Dimensionen des philanthropischen Primas passende Tempo zu definieren. Ein gar nicht oder schlecht definierter Zeithorizont kann den Erfolg einer philanthropischen Strategie im Alleingang unterlaufen.

Auch wenn sich manche Geber öffentlich dazu verpflichten, ihre gesamte Philanthropie zu Lebzeiten durchzuführen, definiert die Mehrheit der reichen Philanthropen für ihre Spenden einen Zeitrahmen, der weit in die Zukunft reicht. Bei der Entscheidung über den Zeitrahmen ihrer Spende müssen die Geber abwägen, wie wichtig ihnen ihr Vermächtnis und ihre wohltätigen Absichten wirklich sind. Die Erfahrung hat gezeigt, dass es schwierig – wenn nicht unmöglich – ist, dauerhaft die Kontrolle über die Führung philanthropische Institutionen zu behalten, unabhängig davon, ob es sich dabei um direkte Spenden an gemeinnützige Einrichtungen, Mittel in Dachstiftungen oder eine eigene Stiftung handelt. Im Laufe der Zeit verändern sich die gesellschaftliche Umwelt, die Art der öffentlichen Bedürfnisse und die Verbundenheit und Entschlossenheit der Verantwortlichen. Nicht alle Geber sind sich dieser Tatsachen bewusst, und so mancher verstorbene Geber wäre entsetzt zu sehen, was die Zeit aus seinem philanthropischen Vermächtnis gemacht hat. Wenn sich Philanthropen für eine auf Ewigkeit angelegte Stiftung entscheiden, bekräftigen sie damit den Wunsch, der Gesellschaft einen bleibenden Stempel aufzudrücken, der sie über den Tod hinaus überlebt. Das ist gleichermaßen ein zutiefst privater Ausdruck des Charakters und der Werte des Gebers und eine strategische Entscheidung darüber, wie gesellschaftliche Probleme angegangen werden sollen. Denn bei der Wahl einer zeitlichen Dimension treffen die Geber eine Entscheidung über das Tempo, mit dem die Ressourcen zur Erfüllung gesellschaftlicher Bedürfnisse eingesetzt werden.

5.1   Gesellschaftliche Probleme und Zeit

So wie die persönlichen Zeithorizonte der Geber sehr unterschiedlich sind, so variiert auch die Relevanz gesellschaftlicher Bedürfnisse im Lauf der Zeit. Die Relevanz eines gesellschaftlichen Bedürfnisses ist abhängig von der Erwartung der zukünftigen Entwicklung: Wird dieses Bedürfnis zunehmen, abnehmen, gleichbleiben oder stark schwanken? Der Rhythmus des Gebens muss zumindest in gewissem Zusammenhang mit der

5.1 Gesellschaftliche Probleme und Zeit

zeitlichen Kontur des gewählten Problems stehen. Der Zeitrahmen, an dem sich die Spenden eines Gebers orientieren muss mit der voraussichtlichen Entwicklung des zu behandelnden Problems übereinstimmen. In Fällen, in denen die Kosten für eine Verzögerung des Handelns hoch sind, wie z. B. bei schweren Krankheiten, Hungersnöten und schweren sozialen Krisen, ist ein kurzfristiger Zeitrahmen sinnvoll. Wenn jedoch das gewählte Problem voraussichtlich Jahrzehnte oder Jahrhunderte bestehen wird, wie es bei vielen sozialen Themen der Fall ist, kann ein längerer Zeitrahmen mehr Wirkung erzeugen.

Bei einem langfristigen Zeithorizont sind mindestens zwei Herausforderungen in Bezug auf die Förderstrategie zu berücksichtigen. Erstens ist es schwierig, weit in die Zukunft zu prognostizieren und mit Sicherheit zu wissen, wie sich ein Thema entwickeln wird. Die sozialen und wirtschaftlichen Trends sind mit einer enormen Unsicherheit gekennzeichnet, und diese Unsicherheit steigt, je weiter man in die Zukunft blickt. Zwar können Modelle dabei helfen, Trendlinien zu zeichnen und den künftigen Bedarf einer sozialen Leistung in Szenarios zu abzuschätzen. Die Genauigkeit dieser Modelle nimmt jedoch ab, wenn Jahre zu Jahrzehnten werden und wenn statt an einem Ort, regional, national oder gar global gearbeitet wird. Den Einsatz philanthropischer Mittel gegen die globale Erwärmung zu planen ist wesentlich schwieriger, als die Luftqualität in Recklinghausen verbessern zu wollen. Einfach ausgedrückt: Je größer die Dimension des Problems, desto mehr Störfaktoren müssen in das Wirkungsmodell einbezogen werden und anstatt mit Gewissheit arbeitet man mit Vermutungen.

Das zweite Problem bei der Prognose zu einem gesellschaftlichen Thema könnte man als „Endogenitäts-Problem" bezeichnen. Oftmals ist nicht klar, welche Faktoren sich wie gegenseitig beeinflussen und ob die prognostizierte Entwicklung einer sozialen Krise tatsächlich stattfindet oder nur als Auswirkung der gesellschaftlichen und individuellen Erwartung zu diesem Thema entsteht. Mit anderen Worten, die Erwartung eines steigenden gesellschaftlichen Bedarfs beruht auf der wenig realistischen Annahme, dass alle anderen Faktoren gleichbleiben.

Dagegen verdeutlicht ein Augenschein über die Landkarte der gesellschaftlichen Probleme, dass die Zeit die Entwicklung der Probleme dramatisch beeinflusst. Nehmen wir zum Beispiel den globalen Umweltschutz. Würde man die Trendlinie für Umweltprobleme über die Zeit erstellen, sähe sie wie eine relativ steil ansteigende Kurve aus, zumindest gemessen an den Treibhausgasen, der Luft- und Wasserqualität und anderen globalen Indikatoren für Umweltbelastungen. Die Daten sind so beschaffen, dass jeder informierte Philanthrop zu Recht zu dem Schluss käme, dass jetzt und in Zukunft großer Handlungsbedarf besteht. Bei der Entscheidung darüber, ob jetzt oder in ferner Zukunft gespendet werden soll, müssen die Geber jedoch beurteilen, wie wahrscheinlich es ist, dass ihre philanthropische Interventionen die Steilheit der Kurve signifikant verändern werden. Wenn dies nicht der Fall sein wird, gerade weil Philanthropie als Größenordnung im Vergleich zur Dimension des Problems irrelevant ist, dann ließe sich plausibel argumentieren, die Ressourcen zu sparen und für einen Zeitpunkt aufzubewahren, an dem sie noch dringender benötigt werden. Diese Art der Analyse hat etwas Beunruhigendes und man spürt beinahe einen physischen Schmerz. Denn wenn die Geber wegen ihrer begrenzten Ressourcen die

Entwicklung eines gesellschaftlichen Problems nicht verändern könnten, müsste man fragen, wozu überhaupt geben? Natürlich liegt die Antwort in der Art und Weise, wie der Umfang eines gesellschaftlichen Problems definiert wird. Für die eine Geberin steht die Zersiedelung des Voralpenraums in Fokus, während sich eine andere auf internationalen Konferenzen für die Reduktion des CO_2-Ausstoßes einsetzt. Mit den gleichen Mitteln und für das gleiche gesellschaftliche Problem setzen sich beide in unterschiedlicher Form und in anderer zeitlicher Dimension ein. In diesem Sinne beginnt strategische Philanthropie mit dem Zeitrahmen des Gebens, aber man muss auch über die Grenzen des gewählten Problems hinausdenken. Nur wenn sich Geber auf Themenfelder beschränken, in denen sie wahrscheinlich einen Einfluss auf den künftigen Verlauf der Ereignisse haben, können sie ihre Philanthropie als strategisch bezeichnen.

Betrachten wir als nächstes die umgekehrte Situation. Während die Umweltprobleme global stetig zunehmen, gibt es viele andere Bereiche, in denen die Dringlichkeit abnimmt. Seit der Entwicklung des Polio-Impfstoffs sind immer weniger Menschen von dieser Krankheit betroffen (siehe Abb. 5.1). Im Laufe der Zeit ist die Zahl der Kinder, die Opfer von Polio geworden sind sowohl in den Industrieländern, aber auch in den Entwicklungsländern rapide zurückgegangen. Dennoch trägt die Bill and Melinda Gates Foundation mit hunderten Millionen Dollar zur Finanzierung von Impfungen bei, um die Krankheit auch in den letzten Winkeln der Welt zu besiegen. Auch hier stellt sich die Frage der Endogenität. Macht es noch Sinn, hier Ressourcen einzusetzen, die bei aktuellen Krisen möglicherweise fehlen? Im Fall der Kinderlähmung geht der Trend zwar in die richtige Richtung, aber die Geber fördern weiter, gerade weil sie glauben, dass es einen Zusammenhang zwischen der künftigen Form des Problems und dem Umfang der gegenwärtigen philanthropischen Aktivitäten gibt. Das heißt, wenn wir heute spenden, kann das Problem schneller zurückgehen, als wenn nichts unternommen wird. Oberflächlich betrachtet bie-

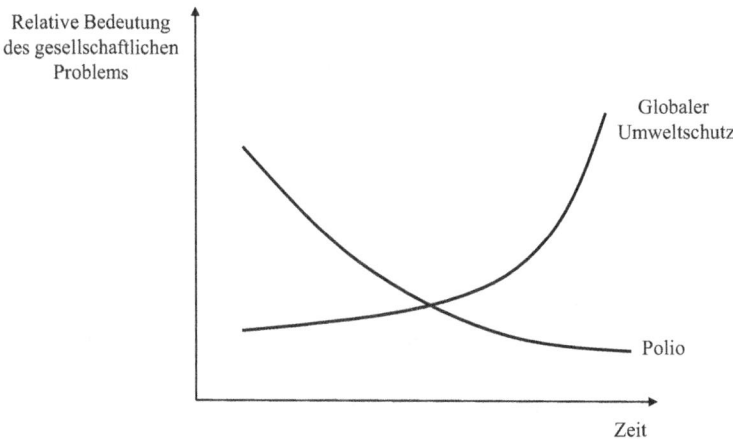

Abb. 5.1 Prognostizierte Entwicklung der Probleme des globalen Umweltschutzes und von Polio im Zeitverlauf

5.1 Gesellschaftliche Probleme und Zeit

ten gesellschaftliche Probleme mit abnehmender Tendenz weniger Chancen auf eine Hebelwirkung, da das Problem auch ohne Förderung früher oder später gelöst werden wird. In Wirklichkeit bieten solche Situationen spezifische Chancen, gerade wenn der hohe Einsatz scheinbar nur zu kleinen Schritten des Wandels führt. Polio mit einem Impfstoff zu besiegen war ein gigantischer Schritt, aber Polio vollständig auszurotten braucht viele kleine Erfolge.

Einige öffentliche Bedürfnisse sind komplexer und vielschichtiger. Betrachten wir zum Beispiel den Fall von AIDS. Da sich die Krankheit in den 1980er-Jahren mit hoher Geschwindigkeit ausbreitete, war der Bedarf an Interventionen akut. Heute ist die Infektionsrate niedriger und das Behandlungsspektrum weitaus größer. Die Kurve für Aids in Europa weist daher eine konvexe Form auf (siehe Abb. 5.2). Für Philanthropen führt dies zu einer interessanten Frage hinsichtlich des Zeitrahmens ihrer Förderung: Wenn die aktive öffentliche und private Finanzierung der Forschung und der öffentlichen Aufklärungsarbeit in den 1990er-Jahren dazu beigetragen hat, den Trend zu drehen, sind dann zukünftige philanthropische Bemühungen in diesem Bereich voraussichtlich ebenso wertvoll wie solche, die kurzfristig unternommen werden? Die Antwort hängt davon ab, wo entlang dieser Linie man die Gegenwart ansiedelt. Wenn man annimmt, dass wir irgendwo knapp hinter dem Scheitelpunkt der Kurve sind, dann wird mehr Geben auf kurze Sicht wahrscheinlich dazu beitragen, die Kurve deutlich nach unten zu drücken. Wenn man jedoch annimmt, dass wir weit über den Scheitelpunkt hinaus und bereits im Rückgang sind, dann ist eine aktuelle oder zukünftige Förderung möglicherweise schwieriger zu rechtfertigen, denn andere Anliegen sind dringender. Hier ist das Problem der Endogenität gravierend. Gewiss, einige gesellschaftliche Probleme kommen und gehen, beeinflusst von den demografischen Verschiebungen. Aber in den meisten Fällen dürfte die Krümmung der Kurve das Ergebnis von Interventionen und Investitionen sein. Im Falle der Kinderlähmung wäre

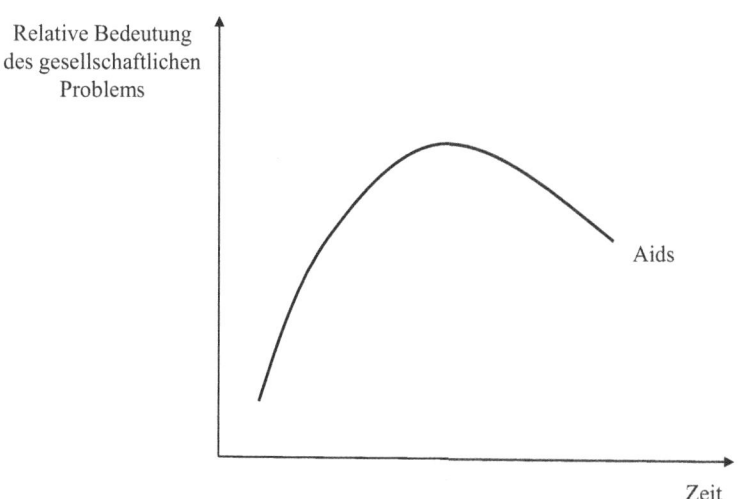

Abb. 5.2 Prognostizierte Entwicklung der Bekämpfung von Aids

die Krümmung also unwahrscheinlich gewesen, wenn nicht erhebliche öffentliche und private Investitionen in Forschung und Information der Öffentlichkeit getätigt worden wären. Der beste Beweis für diese Endogenität ist der Verlauf der Krankheit in Ländern, wo die Bemühungen zur Bekämpfung der Krankheit später begannen und weitaus schwächer waren als in den entwickelten Ländern.

Andere gesellschaftliche Probleme bleiben im Hinblick auf ihre Intensität über die Zeit relativ konstant. Der Anteil armer Personen im ländlichen Raum hat sich in den letzten fünf Jahrzehnten kaum verändert, daran haben auch viele öffentlich finanzierte Initiativen zur Unterstützung der armen Landbevölkerung nichts geändert (siehe Abb. 5.3). Es hat sich gezeigt, dass die Schwankungen der Armutsquote für diese Gruppe eng mit der konjunkturellen Entwicklung der Wirtschaft zusammenhängen, wobei Rezessionen die niedrig bezahlten Arbeitnehmenden am stärksten treffen. Für Geber, die an der Bekämpfung der Armut interessiert sind, stellt das Vorhandensein einer relativ flachen Linie erneut eine konzeptionelle Herausforderung dar, wenn es darum geht, einen Zeitrahmen für die Philanthropie zu definieren. Eine Strategie könnte darin bestehen, die starke Abhängigkeit von makroökonomischen Trends anzuerkennen und sich darauf zu beschränken, über die Zeit konsequent auf die jeweiligen Bedürfnisse zu reagieren. Im Rahmen einer solchen Strategie wäre es eine plausible Vorgehensweise, in wirtschaftlich guten Zeiten die Ressourcen zu sparen und die laufenden Ausgaben zu begrenzen, um langfristig in einer Rezession reagieren zu können. Ein anderer strategischer Ansatz könnte darin bestehen, den sozialen Stress zu minimieren, indem umfassendere, stärker integrierende Schritte unternommen werden. Durch aggressives kurzfristiges Handeln könnten die Geber in der Lage sein, die Trendlinie nach unten zu kippen. Auch hier hängt der Zeitpunkt des Gebens jedoch stark von anderen Faktoren ab.

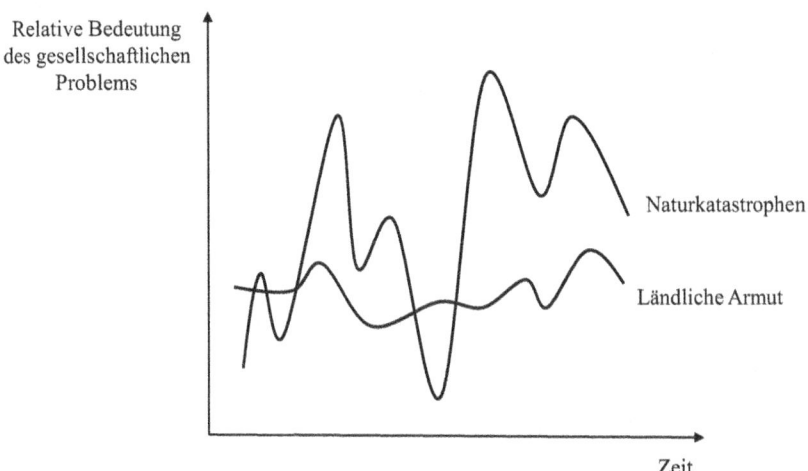

Abb. 5.3 Prognostizierte Entwicklung der Probleme von Naturkatastrophen und ländlicher Armut

Weiterhin gibt es einige gesellschaftliche Bedürfnisse, die für kurze Zeit extrem akut werden, dann wieder zurückgehen, nur um später wieder aufzutauchen. Das offensichtlichste Beispiel ist die Katastrophenhilfe. Organisationen wie das Rote Kreuz durchlaufen ständig Perioden starker Aktivität, um nach Hurrikanen, Bränden und Überschwemmungen in verwüsteten Gegenden zu helfen. Zwar lässt sich die zeitliche Planung dieser Arbeit aufgrund jahrelanger Erfahrung im Allgemeinen vorhersagen, doch ist es unmöglich, mit wirklicher Sicherheit zu wissen, wann diese Perioden eintreten und wie eng die Ereignisse aufeinander folgen werden. Dies kann die Planung von philanthropischen Aktivitäten extrem schwierig machen und erfordert eine Mobilisierungsfähigkeit, um Hilfe zu leisten, lange bevor die finanzielle Unterstützung für die jeweilige Intervention gesichert ist. Bei der Katastrophenhilfe ist eine kurze Reaktionszeit erforderlich. Während einige Philanthropen wochen-, monate- oder jahrelang überlegen, bevor sie eine wohltätige Initiative starten, muss jeder Geber, der in einem so unvorhersehbaren und chaotischen Feld wie der Katastrophenhilfe tätig werden will, bereit sein, schnell und entschlossen Entscheidungen zu treffen.

In die Überlegungen zum Tätigkeitsfeld müssen Philanthropen auch die geografischen Rahmenbedingungen berücksichtigen. Je nach der Breite oder Enge der geografischen Grenzen – lokal, regional, national, international – wird der Zeitrahmen der philanthropischen Strategie unterschiedlich ausfallen. Vergrößert sich der Tätigkeitsradius, dann muss der Zeitrahmen bis zu einem gewissen Grad auch erweitert werden. Die Zersiedelung des Voralpenraums zu bekämpfen ist ein ehrenwertes Anliegen. Aber schon der Bezug des Themas Zersiedelung auf eine nationale Ebene ist eine ganz andere Sache. Und der Versuch, Landnahme auf internationaler Ebene zu bekämpfen, wird viel mehr Zeit in Anspruch nehmen. Wenn sich der Fokus einer Geberin erweitert, müssen zwei Dinge geschehen: Erstens muss die für ein Problem aufgewendete Geldmenge erhöht und die für die Aktivität vorgesehene Zeit verlängert werden.

Der Zeitrahmen eines Gebers wird durch die Art und Weise bestimmt, wie die Grenzen um das ausgewählte Problem herumgezogen werden. Eine realistische Einschätzung der zeitlichen Kontur des Problems und seiner Beziehung zum gewählten Rhythmus der Auszahlung ist für eine wirksame Philanthropie von zentraler Bedeutung. Die Art, wie schnell oder wie langsam ein Geber sein philanthropisches Kapital ausgibt, bezeichnen wir als Ausschüttungsquote. Es handelt sich um ein Thema, das im Zentrum der Regulierung und Aufsicht privater Stiftungen steht. Da die Ausschüttungsquote die Geschwindigkeit des Gebens bestimmt, sind nicht nur rechtliche, sondern auch strategische Aspekte zu berücksichtigen.

5.2 Die Festlegung der Ausschüttungsquote

Die zeitliche Dimension der Philanthropie wird am häufigsten in die operative Frage der Festlegung einer Ausschüttungsquote übersetzt, d. h. der Prozentsatz des Vermögens, der jedes Jahr für gemeinnützige Zwecke eingesetzt werden soll. Bei einzelnen Gebern kann die Ausschüttungsquote eine einfache Funktion ihrer Bereitschaft sein, sich früher oder später von den Geldern zu trennen, und der daraus resultierenden Geschwindigkeit, mit der sich ihre Philanthropie entfaltet. Für private Stiftungen wird mit der Ausschüttungsquote die Höhe der Ausgaben aus dem Stiftungsvermögen bezeichnet, die für den gemeinnützigen Zweck eingesetzt werden. In Deutschland ist die zeitnahe Mittelverwendung gesetzlich vorgeschrieben, d. h. die aus dem Stiftungskapital erwirtschafteten Mittel müssen innerhalb von zwei Jahren für den gemeinnützigen Zweck verwendet werden. In der Schweiz ist es lediglich verboten, überhaupt keine Ausschüttungen zu tätigen. Es liegt daher in der Verantwortung jedes Stiftungsrats, eine sinnvolle Entscheidung zur jährlichen Ausschüttung zu treffen. Wenn man über die Ausschüttungsquote nachdenkt, spielen mindestens drei wichtige Aspekte eine Rolle: Wirksamkeit, Vermögen und Wertvorstellungen.

Wirksamkeit
Das älteste Argument für höhere Raten philanthropischer Auszahlungen geht auf die Kritik der frühen Philanthropen gegenüber der Wohltätigkeit im 19. Jahrhundert zurück und gründet sich auf Annahmen über die Wirksamkeit. Größere Geldbeträge heute zu geben anstatt sie über einen längeren Zeitraum zu verteilen ist besser, weil dadurch gesellschaftliche Probleme in einem festgelegten Rahmen tatsächlich gelöst werden können, anstatt nur die Symptome sozialer Fehlentwicklungen zu behandeln. Um wirksam zu sein, müssen Geber präventiv tätig sein. Indem sie die Ursachen an der Wurzel packen und kurzfristig große Förderbeiträge sprechen, vermeiden sie die Notwendigkeit für viel mehr Ressourcen zur Symptombekämpfung über sehr lange Zeiträume. In einigen Bereichen wie der medizinischen Forschung hat die Förderung jetzt einen wesentlich höheren Wert als die Finanzierung in 20, 50 oder sogar 100 Jahren. In Fällen wie diesem, in denen die Probleme ohne Förderung sehr wahrscheinlich zunehmen werden, ist es effizienter, in der Gegenwart massiv zu handeln.

Natürlich beruht diese Argumentationslinie vollständig auf der Annahme, dass philanthropische Förderung in der Lage ist, die Ursachen von Problemen wie Armut an der Wurzel zu packen und nicht nur die sichtbaren Symptome (z. B. Arbeitslosigkeit) durch das Angebot kurzfristiger Programme (z. B. Berufsausbildung) zu lindern. Damit diese Annahme plausibel ist, müssten die Geber nicht nur in der Gegenwart große Summen an Mitteln bereitstellen, sondern über die Zeit immer wieder Mittel für die tatsächliche Verfolgung der eigentlichen Ursachen von Problemen wie Armut aufwenden. Leider gibt es bisher kaum Belege dafür, dass philanthropische Akteure trotz der Konzentration ihrer Mittel und einer gezielten Bekämpfung der Ursachen Lösungen für Probleme entwickelt haben, die oftmals seit Jahrhunderten bestehen. Darüber hinaus gibt es gute Gründe dafür, dass bestimmte gesellschaftliche Probleme noch akuter werden können, als sie es heute sind – unabhängig davon, wie viel kurzfristige Anstrengungen unternommen werden. Für den fatalistischen Geber ist es schwer vorstellbar, dass viele Probleme in Zukunft kleiner und weniger beängstigend werden. Deshalb sehen viele Philanthropen eine Notwendigkeit, nicht nur in der Gegenwart zu agieren, sondern auch für die Zukunft Mittel bereitzustellen, damit auch dann noch Ressourcen zur Verfügung stehen.

Es gibt mindestens eine weitere Dimension bei der Überlegung, ob Investitionen heute oder morgen mehr Wirkung bei der Bekämpfung eines Problems erzielen. Diese Dimension betrifft die Kapazität und Leistungsfähigkeit des gemeinnützigen Sektors. Es ist fraglich, ob die Effizienz und Effektivität zwingend steigen würden, wenn die Geber einmalig große Geldbeträge überweisen würden, anstatt eine dauerhafte Förderung anzubieten. Die Frage der Ausschüttungsquote in der Philanthropie betrifft also nicht nur die Interessen und Bedürfnisse der Geber. Sie hat klare praktische Auswirkungen auf den gesamten gemeinnützigen Sektor, der Spenden zur Erbringung von Dienstleistungen verwendet. Für einige Geber, die über die Frage der Verwirklichung ihrer philanthropischen Ziele nachdenken, ist eine substanzielle Erhöhung der Zuwendungen an gemeinnützige Organisationen kein offensichtlich effizienter Weg, um die soziale Wirkung zu erhöhen – insbesondere, wenn sie mit kleinen, lokalen und weniger gut organisierten NPO zusammenarbeiten, die nicht über die Infrastruktur verfügen, um diese zusätzlichen Mittel wirksam zu verwenden. Darüber hinaus stellt sich immer die Frage, ob Wachstum und Größenordnung allgemein wünschenswerte Ziele sind. Manche NPO sind erfolgreich, weil sie klein und flexibel bleiben, andere hingegen scheitern letztlich am fehlenden Wachstum. Auch kann es unter Umständen sinnvoll sein, wenn die philanthropische Förderung für ein Thema abnimmt. Gelangt ein Thema auf die politische Agenda und es folgen öffentliche Mittel für die NPO in diesem Bereich, dann ist eine weitere Finanzierung durch Stiftungen womöglich nicht mehr besonders effektiv. Auch kann aus einer lokalen Initiative nicht über Nacht eine nationale Organisation geformt werden. Eine Förderung mit strategischem Ansatz muss in einer Geschwindigkeit bereitgestellt werden, die den Fähigkeiten und Kapazitäten der NPOs entspricht. Dann stellen sich Wirkung und Wachstum als positive Folgen ein.

Vermögen
Ein weiteres Argument für die Bevorzugung der gegenwärtigen Nutzung gegenüber der zukünftigen Nutzung ist subtiler und beruht auf Gerechtigkeitsüberlegungen. Mit der Ausschüttungsquote verbunden ist eine Frage der Fairness, insbesondere angesichts des aktuell exponentiellen Wachstums des philanthropischen Vermögens. Für einige ist ein Grund für eine höhere Ausschüttungsquote heute die Gerechtigkeit zwischen den Generationen. Der Reichtum einer Generation bringt keine moralische oder rechtliche Verpflichtung mit sich, denen zu helfen, die entweder zum Erfolg beigetragen haben oder denen es nicht so gut ergangen ist. Dennoch hat die Idee viele Anhänger, einen Teil des Vermögens wieder der Gesellschaft zurückzugeben, um jetzt anderen zu helfen. Für diese Gruppe ist der Gedanke unattraktiv, Philanthropie bis ins hohe Alter oder sogar noch weiter in die Zukunft durch die Gründung einer Stiftung hinauszuschieben. Es würde eine Generationen-Kluft zwischen dem Geber und den Destinatären entstehen, die es dem Geber verunmöglicht, anderen Anerkennung zu schenken oder ihnen zu danken. Für den einzelnen Geber wirft die zeitliche Dimension der Philanthropie also die schwierige Frage auf, wem genau die Gemeinnützigkeit zusteht, die durch seine Förderung entsteht. Einige Philanthropen beantworten diese Frage, indem sie ihre Gelder schneller und früher ausgeben, um deren Wirkung auf jene Umstände zu konzentrieren, die der Reichtumsakkumulation am nächsten liegen.

Etwas anders gestaltet sich die Situation bei Förderstiftungen, von denen die meisten auf unbestimmte Zeit errichtet werden. Gerne wird hier der Ausfall von Steuereinnahmen kritisiert. Wenn heute eine Stiftung gegründet wird, wird die Last der entgangenen Steuereinnahmen nun in Form von Steueraufwand von den Bürgern getragen. Die Vorteile, die eine Stiftung bietet, kommen jedoch weitgehend nicht den Bürgern zugute, die die Steuerausgaben zur Zeit der Gründung getätigt haben. Untersuchungen in den USA haben gezeigt, dass die überwiegende Mehrheit der Förderstiftungen jedes Jahr nahe dem gesetzlich festgelegten Minimum spendet, nämlich fünf Prozent ihres Vermögens. Indem den Wohlhabenden die Möglichkeit gegeben wird, auf Dauer angelegte Stiftungen zu gründen, werden die Steuerzahler heute gezwungen, das Wohlergehen künftiger Generationen zu subventionieren. Gleichzeitig bleiben viele aktuelle soziale Bedürfnisse weiterhin unbeantwortet. Dieser sich ständig weiterentwickelnde intergenerationelle Ressourcentransfer wäre unproblematisch, wenn jede Generation Steuerausgaben in etwa gleicher Höhe tätigen würde. Dies ist jedoch meistens nicht der Fall. Da demografische Gruppen unterschiedlicher Größe und Ressourcenausstattung altern und ihr Vermögen in Stiftungen einbringen, verstärkt sich die ungleiche Verteilung des Stiftungsvermögens zwischen den Generationen. So wie die Lasten und Leistungen der sozialen Sicherheit nicht gleichmäßig auf die Generationen verteilt sind, so werden auch niedrige Stiftungsausschüttungen auf Dauer zu intergenerationellen Ungleichheiten führen. In der Zukunft braucht es deshalb vielleicht höhere Ausschüttungsquoten, um die Kosten und Vorteile der Stiftungsförderung auszugleichen.

Wertvorstellungen
Das dritte Grundprinzip der Verteilung zwischen aktuellem und zukünftigen Bedarf ist eine Frage des persönlichen Engagements. Bei der Förderung in der Gegenwart kann der Geber am Akt des Gebens teilhaben und ihn genießen. Stephan Schmidheiny erregte einiges Aufsehen, als er 2003 seine südamerikanischen Firmen der Zivilgesellschaft schenkte und den Viva Trust mit einem Vermögen von damals 1 Mrd. $ gründete. Schmidheiny will zu Lebzeiten seinen Reichtum für gute Zwecke einsetzen und tut dies bis heute über verschiedene Stiftungen und Schenkungen. Noch extremer verhielt sich Chuck Feeney, der 1982 Atlantic Philanthropies gründete und darüber anonym sein Vermögen spendete. Erst 1997 wurde im Rahmen eines Gerichtsverfahrens seine Identität bekannt. Im Jahr 2020 löste er Atlantic Philanthropies auf, da sein gesamtes Vermögen von 8 Mrd. $ verschenkt worden war. Auch wenn dies eine sehr extreme Umsetzung ist, besteht ohne Zweifel eine Tendenz zum lebenden Stifter. Philanthropen spenden heute mehr zu Lebzeiten, einfach, weil sie sich an ihren Spenden erfreuen und ihre Interessen und Bestrebungen erfüllt sehen wollen. Für solche Geber macht es mehr Sinn, heute selbst zu spenden, als in Zukunft von jemand anderem die Philanthropie umsetzen zu lassen.

Dies könnte letztlich das überzeugendste Argument dafür sein, philanthropische Mittel eher früher als später auszuzahlen. Angesichts der enormen Unsicherheit über die Wirkung von gegenwärtiger gegenüber zukünftiger Förderungen und der ungeklärten Frage der generationenübergreifenden Ungleichheit von Stiftungen kann man festhalten, dass eine Philanthropie zu Lebzeiten zumindest einen klaren Vorteil für alle schafft: Sie gewährleistet, dass die Philanthropie durch Leidenschaften und Überzeugungen motiviert wird, wie sie nur von Individuen ausgehen können. Die Gesellschaft sollte ein großes Interesse daran haben, dass philanthropische Prinzipale, nicht ihre Agenten, die Förderung verantworten. Denn dies ist der beste Weg sicherzustellen, dass die Besonderheiten und Aussagekraft von Philanthropie in der Öffentlichkeit weiterhin wahrnehmbar bleibt – und zwar auf eine Art und Weise, die anders und vielfältiger ist als der Staat.

Dennoch gibt es und wird es immer Widerstand gegen dieses Argument geben. Wenn man sich in erster Linie auf die Kritik am Partikularismus und der Elitenphilanthropie konzentriert, erscheint das Privileg der persönlichen Entscheidung über die Förderung als gesellschaftlich ungerecht. Aus dieser Perspektive ist ein Geben wünschenswert, das von objektiv distanziert handelnden Agenten moderiert wird und innerhalb der geregelten Grenzen einer Stiftung oder in einem anderen institutionellen Kontext kontrolliert werden kann. Der Denkfehler dieser Gegenbehauptung besteht im Wesentlichen darin zu übersehen, dass es bei Philanthropie keineswegs nur um die effiziente Befriedigung gesellschaftlicher Bedürfnisse geht. Stattdessen geht es auch um die Befriedigung der Geberin, ihr Privateigentum an der Schnittstelle zwischen ihren Werten und einem gemeinnützigen Zweck in etwas Größeres und Wertvolleres verwandelt zu haben. Die Frage des Zeitrahmens oder der Ausschüttung kann daher nicht strikt danach beurteilt werden, welchen gesellschaftlichen Nettonutzen sie generiert. Stattdessen hat sie eine zweite bedeutende Komponente, nämlich die mannigfaltige Ausprägung der Philanthropie, die zum gesellschaftlichen Pluralismus beiträgt. Neben den Argumenten, die sich auf Wirksamkeit und Gerechtigkeit beziehen, bringt der Zeitrahmen des philanthropischen Gebens die Diskussion letztlich wieder auf die grundlegende Frage zurück, was der eigentliche Zweck der Philanthropie ist. Wir haben bereits angedeutet, dass es zwar viele Antworten auf diese Frage gibt, aber letztlich die Förderung des Pluralismus durch expressive Formen des Gebens vielschichtiger sein kann als die anderen, enger gefassten instrumentellen Funktionen der Philanthropie.

5.3 Die Idee der philanthropischen Diskontierung

Die Frage, wie viel man heute und wie viel man morgen geben soll, ist eigentlich schon komplex genug. Aber sie wird noch schwieriger, wenn man versucht, sie analytisch zu lösen. Wir entwickeln dafür eine Idee der philanthropischen Diskontierung oder wie der Wert des Gebens über die Zeit gemessen wird. Theoretisch könnte die Diskontierung einen nützlichen analytischen Entscheidungsrahmen für Geber bilden, mit dem man die Ausschüttung philanthropischer Mittel im Zeitablauf planen könnte. Man könnte lernen, welchen Einfluss die Zeit auf die Auszahlung der Spenden hätte und wie eine nachhaltige Philanthropie ausgestaltet sein müsste. Spezifisch würde eine Diskontierung der

Philanthropie zeigen, wie viel zukünftige Förderbeiträge in heutiger Währung kosten. Solche Informationen könnten den Zeitpunkt der Spenden und das Tempo der Ausschüttung der Mittel bestimmen. Die Argumente für eine Art von Rabatt in der Philanthropie sind sehr gut nachvollziehbar: Bei der Diskontierung wird anerkannt, dass alle Entscheidungen über die Zuteilung von Vermögenswerten Opportunitätskosten verursachen. Um fundierte Entscheidungen treffen zu können, seien sie finanzieller oder philanthropischer Natur, müssen Alternativen bekannt sein und verstanden werden. Formell oder informell evaluieren Geber routinemäßig konkurrierende Förderanträge, um die „bestmögliche" Allokation aus dem begrenzten Pool der verfügbaren Fördergelder zu bestimmen. Die Idee der Diskontierung dehnt den Begriff der Opportunitätskosten systematisch und rigoros auf Entscheidungen über die Zeit hinweg aus.

Die Diskontierung ist das Gegenteil der bekannteren Aufzinsung. Mit der Aufzinsung wird bestimmt, was für eine Rendite ein investierter Betrag, z. B. das Stiftungsvermögen, unter gegebenen Annahmen in einem fixen Zeitrahmen bringt. Bei der Diskontierung dagegen wird berechnet, was ein Förderbeitrag zu einem bestimmten Zeitpunkt in der Zukunft auf der Grundlage ähnlicher Annahmen heute wert ist. Die Diskontierung erfasst die Bedeutung der Zeit für schwierige Entscheidungen, die wir bei der Verwendung begrenzter Ressourcen immer wieder treffen müssen. In der Welt der Wirtschaft und des Staates ist sie ein Mittel, um methodisch schwierige Fragen über intertemporale Themen zu behandeln. Wenn Geber darüber nachdenken, wie sie philanthropische Ressourcen im richtigen Zeitrahmen nutzen können, könnte ihnen die Diskontierung helfen, die konkurrierenden Ansprüche künftiger Generationen gegen die der heutigen Generation abzuwiegen. Wenn man sie sinnvoll auf die Philanthropie übertragen könnte, würde die Diskontierung es den Gebern ermöglichen, den Zeitpunkt ihrer Philanthropie systematisch zu planen. Leider werden wir schnell auf einige Komplikationen stoßen.

Ein zentraler Punkt bei der Abwägung des Wertes zukünftiger philanthropischer Förderbeiträge gegenüber aktuellen philanthropischen Förderbeiträgen ist die Wahl eines angemessenen Diskontsatzes. Die Diskontierung ist so lange nur ein Konzept, bis es durch die Festlegung eines Diskontsatzes operationalisiert wird. Je höher der Diskontsatz ist, desto größer sind die Opportunitätskosten, die sich aus den Ausgaben heute gegenüber denen in der Zukunft ergeben. Umgekehrt werden zukünftige Förderbeiträge bei einem niedrigen Diskontsatz eher die gleichen Kosten verursachen wie eine Ausschüttung in der Gegenwart. Da es bei der Philanthropie um nachhaltige Aktivitäten zu schwierigen sozialen Problemen geht, müssen Geber oft über lange Zeiträume methodisch komplexe Zusammenhänge berücksichtigen. Ein Anhaltspunkt, wie in diesem Kontext der Zeitrahmen in die Entscheidungen einfließen soll, wäre für viele Geber eine große Hilfestellung. In der Praxis ist es jedoch sehr schwierig, eine eindeutige und zwingende Begründung für einen bestimmten Diskontsatz zu finden. Geber könnten ihre Suche damit beginnen, den Zinssatz ihrer finanziellen Investitionen als Vergleichswert zu nehmen, wenn alles andere konstant wäre. Warum sollte die Rendite von Finanzinvestitionen für einen philanthropischen Diskontsatz relevant sein? Nun, die finanzielle Rendite des investierten Stiftungsvermögens gibt an, was nicht investierte Mittel in Zukunft wert sein werden. Eine Stiftung

5.3 Die Idee der philanthropischen Diskontierung

wird die heute nicht ausgeschütteten Mittel auf einem Finanzkonto anlegen, wo sie eine finanzielle Rendite erwirtschaften. Die Opportunitätskosten, die entstehen, wenn die Zuwendung heute und nicht erst im folgenden Jahr getätigt wird, entsprechen somit der finanziellen Rendite, die damit erarbeitet wurde. Aber dieser Ansatz birgt ein paar Schwierigkeiten.

Da die erwartete Rendite dramatisch variiert, je nachdem, wie viel Risiko man bereit ist bei der Vermögensanlage einer Stiftung einzugehen, sollte es nicht überraschen, dass der Diskontsatz für verschiedene Geber unterschiedlich sein müsste. Einige Geber haben eine höhere Risikotoleranz bei der Vermögensanlage als andere. Tatsächlich würde man wohl als Diskontsatz eher einen gewichteten Durchschnitt der erwarteten Erträge aus Aktien und Anleihen berechnen. Abgesehen von der mathematischen Berechnung ist es fragwürdig, ob der Wert der Förderbeiträge – egal ob heute oder morgen ausgegeben – allein durch die finanzielle Rendite bestimmt werden kann. Die finanzielle Rendite stellt zwar einen verlockenden Maßstab für die Festlegung eines philanthropischen Diskontsatzes dar, erweist sich insgesamt aber als ungeeigneter Bezugspunkt.

Die grundlegende philanthropische Entscheidung über den Vergleichswert einer Zuwendung jetzt oder später wird durch mindestens drei Faktoren erschwert, die bei Anwendung des einfachen finanziellen Diskontsatzes nicht berücksichtigt würden. Erstens wissen die Geber nicht, inwieweit sich die gesellschaftlichen Probleme in ihrem Förderbereich durch den Verzicht auf sofortiges Handeln verschärfen oder abschwächen werden. Um eine genaue Diskontierung vornehmen zu können, wäre es notwendig, eine bessere Vorstellung davon zu haben, wie schlecht die Bedingungen in der Zukunft vermutlich sein werden. Dies ist schwer zu erfassen, und allzu oft haben sich Prognosen über gesellschaftliche Probleme als unzutreffend erwiesen. Zweitens wissen die Geber nicht, wie sich die Kosten für die Verwaltung und Umsetzung gemeinnütziger Aktivitäten in Zukunft entwickeln werden. In einigen Bereichen wird es hohe Eskalationsraten der Kosten geben, während andere viel flacher sein werden. Ohne die Inflationsrate für gemeinnützige Aktivitäten im Förderbereich genau kennen zu können, ist es kaum möglich, die zukünftigen Kosten richtig abzuschätzen. Drittens arbeiten die Philanthropen möglicherweise über die Zeit an mehreren Anliegen, und jedes wird seinen eigenen Diskontsatz haben. Nur wenige Geber widmen ihre gesamten Ressourcen über einen längeren Zeitraum einem einzigen Anliegen oder Zweck. In der Praxis haben viele der größeren institutionellen Geber enorme Freiheit, sich im Laufe der Jahre zu verändern und anzupassen, wenn neue gesellschaftliche Probleme auftreten. Hinzu kommt, dass viele dieser Geldgeber gleichzeitig in mehreren Bereichen tätig sind. Um eine genaue Diskontierung vorzunehmen, wäre eine sorgfältige Berechnung für jeden Bereich erforderlich.

Wie alle Akteure, die vor einer schwierigen intertemporalen Entscheidung stehen, werden sich die Geber auf einige vereinfachende Annahmen verlassen. Dazu zählt, dass sich die gesellschaftlichen Probleme in Zukunft so entwickeln werden wie bisher, dass die Programmkosten – wie andere Kosten auch – langsam aber immer stetig steigen werden und dass sich die Unterschiede zwischen den Förderbereichen langfristig ausgleichen. Wir wissen zum Beispiel, dass viele der drängendsten gesellschaftlichen Probleme selten eine plötzliche Umkehrung oder einen dramatischen Rückgang erleben. Es gibt zwar keinen „Philanthropie-Preisindex", der unsere Annahme einfach bestätigen würde, aber die Kosten für die Erbringung von Dienstleistungen im gemeinnützigen Sektor haben sich nicht nachweislich anders entwickelt als in der Gesamtwirtschaft. Wir können davon ausgehen, dass alle NPOs bis zu einem gewissen Grad mit steigenden Kosten konfrontiert sind. Die stetig steigenden Sozialausgaben des Staates als wichtigster Geldgeber in diesem Bereich bieten dafür einen stichhaltigen Anhaltspunkt. Im Großen und Ganzen dient auch die Vergangenheit den Gebern als plausibles Studienobjekt, um zu verstehen, wie sich der Kontext für die Philanthropie im Lauf der Jahre entwickeln wird. Nur durch angemessene vereinfachende Annahmen können sie ihr Verständnis dafür schärfen, dass philanthropische Gelder, die in der Gegenwart ausgegeben werden, anders bewertet werden müssen als Gelder, die in der fernen Zukunft ausgegeben werden.

Aber es gibt immer noch einige große Hindernisse, um die Idee der Diskontierung auf die Welt der Philanthropie anwendbar zu machen. Am schwierigsten ist die Übertragung einer mathematischen Berechnung in einen strategischen Planungsprozess. In einem ersten Schritt könnten Philanthropen jedes Mal, wenn sie einem qualifizierten Bewerber ein Stipendium gewähren und einem anderen qualifizierten Bewerber ein Stipendium verweigern, eine Vergleichsrechnung zu den Sozialleistungen anstellen. Bei der Förderentscheidung urteilen die Geber routinemäßig über den Vergleichswert verschiedener Förderoptionen auf der Grundlage der voraussichtlich anfallenden Sozialleistungen. Dies ist eine unpräzise Wissenschaft, ermöglicht aber, die vielen konkurrierenden Anträge und Gesuche auf philanthropische Ressourcen auszudifferenzieren. So lange dieses Level der Konkretisierung ungelöst bleibt, sollten Geber bei der Entscheidung, wie viel sie jetzt und wie viel sie in Zukunft ausschütten wollen, besser in den Kosten konkurrierender intertemporaler Strategien denken. Der beschriebene Diskontierungsansatz lenkt daher die Aufmerksamkeit auf die Kosten der verschiedenen alternativen Strategien, gleichzeitig bleiben einige der Messprobleme ausgeklammert, die mit der Bewertung des Nutzens spezifischer Förderentscheidungen verbunden sind. Wenn einige der Hindernisse überwunden oder zumindest überschaubar gemacht werden könnten, würde es die Diskontierung ermöglichen, die Kosten des sofortigen Handelns mit den Kosten des Wartens auf zukünftige Förderungen zu vergleichen.

Interessanterweise haben die beiden häufigsten Kritikpunkte an der Diskontierung – insbesondere im Bereich der Umweltpolitik – einen ethischen Charakter und beziehen sich nicht auf die Schwierigkeit, einen Satz festzulegen oder diese Denkweise umzusetzen. Der erste lautet, dass die Diskontierung die gegenwärtige Generation auf unfaire Weise privilegiert, was zu Lasten künftiger Generationen geht. Im Bereich der Philanthropie könnten einige berechtigterweise argumentieren, dass die Gleichsetzung des philanthropischen Diskontsatzes mit der finanziellen Rendite zu einer inakzeptabel niedrigen Bewertung künftiger philanthropischer Leistungen führen würde. Dieser Einwand verfehlt den Punkt, dass die Diskontierung einfach die Logik der Aufzinsung anwendet und uns hilft zu erkennen, dass Mittel, die jetzt investiert und nicht ausgegeben, über die Zeit wachsen werden, wodurch für künftige Generationen mehr Ressourcen zur Verfügung stehen werden. Die Diskontierung spiegelt diese Tatsache wider, trifft aber keine ethische Entscheidung darüber, wer mehr oder weniger verdient, und stellt somit alle Generationen auf die gleiche Stufe.

Der zweite Einwand der Kritiker der Diskontierung betrifft die Frage, wie Geber bewerten können, dass ein in der Zukunft gerettetes Leben weniger wert ist als ein heute gerettetes Leben. Da die Philanthropie oft heikle Themen aufgreift, mit denen die bedürftigsten und verletzlichsten Gruppen der Gesellschaft konfrontiert sind, könnte der Eindruck entstehen, dass Rabatte die Philanthropie verbilligen und ihre Opportunitätskosten in einem primitiven Vergleich der Rendite von Geldvermögen gegenübergestellt werden. Die Praxis der Diskontierung erscheint daher als ein fragwürdiger, wenn nicht gar unhaltbarer Vorschlag. Jedoch erschließt dieser moralische Einwand nicht die aus Sicht eines abdiskontierenden Gebers zu stellende Frage. Eine Geberin, die sich weigert, die aktuelle Förderung als wichtiger einzuschätzen, folgt einer normativen Überlegung: Was sind wir künftigen Generationen schuldig? Demgegenüber folgt eine Stiftung, die ihr Vermögen jetzt verbraucht, einer analytischen Logik: Wie bringen wir die Bedürfnisse der Geber künftiger Generationen am besten mit den Bedürfnissen der gegenwärtigen Generation in Einklang? Diese beiden sehr unterschiedlichen Fragen verdeutlichen, dass durch die Auseinandersetzung mit Fragen der Effizienz und der Gerechtigkeit zwischen den Generationen, Philanthropie in ein Spannungsfeld zwischen Analytik und Ethik gerät.

Die widersprüchlichen analytischen und ethischen Fragen zeigen, dass eine durchdachte Philanthropie sowohl Verpflichtungen als auch Opportunitätskosten mit sich bringt. Das philanthropische Diskontieren ist ein erster Schritt zur Lösung der komplexen und politisch brisanten Fragen der Entscheidung, wie hoch die Ausschüttungsquote jetzt und wie viel für die Zukunft investiert werden soll. Das hat Auswirkung auf mehrere Milliarden Euro. Letztlich kann Diskontierung – selbst wenn sie nur als Instrument der Strategieentwicklung und zur Formulierung zentraler Fragen und Anliegen eingesetzt wird – den Gebern helfen, die Herausforderungen der zeitlichen Dimension besser zu verstehen.

5.4 Die Definition des Zeitrahmens durch Philanthropen

Außerhalb der Welt der Förderstiftungen hat eine wachsende Zahl von individuellen Philanthropen begonnen, Antworten auf die Frage zu suchen, wann sie ihre Spenden leisten sollen. Einige haben hinsichtlich der Generationen-Frage aufsehenerregende und entschlossene Schritte unternommen, und durch „Megaspenden" eine Entscheidung für die Gegenwart getroffen. So wurde sowohl in Deutschland wie in der Schweiz über Spenden von hundert Millionen Euro oder mehr berichtet. Auch wenn es nicht so öffentlich wie in den USA mit der „Giving Pledge" bezeugt wird, fühlen sich auch viele der neuen Großspender in Europa verpflichtet, zu Lebzeiten selbst zu spenden. Der Aufstieg dieser „Do-it-yourself"-Philanthropen und die Entstehung neuer, flexibler Instrumente der Philanthropie für kleinere Spender (wie Spendenfonds, Dachstiftungen oder Crowd Donation Plattformen) haben dazu beigetragen, neue Kanäle außerhalb der klassischen Förderstiftungen zu öffnen, um der Verantwortung nachzukommen, die ein Vermögen mit sich bringt. Die Wahl zwischen Geben zu Lebzeiten oder nach dem Tod ist eine persönliche Entscheidung, die sehr davon abhängt, ob die Geber sich zur Philanthropie berufen fühlen oder ob sie es für ihren Beitrag zur Gesellschaft halten, Reichtum aufzubauen und anderen die Ausschüttung der Spendengelder zu überlassen.

Einige sehr wohlhabende Personen haben ihre Philanthropie aufgeschoben, gerade weil sie glauben, dass ihr größter gesellschaftlicher Beitrag darin besteht, Reichtum aufzubauen, den andere dann zu einem späteren Zeitpunkt auszahlen können. „Spending money intelligently is as difficult as earning it", wird Bill Gates zitiert. Heinrich Gebert beispielsweise gründete 1997 nach dem Verkauf seines Unternehmens Geberit im Alter von 80 Jahren die Gebert Rüf Stiftung, deren Ziel der Wissenstransfer von der Forschung in die Praxis ist. Der Stiftungszweck war seine Idee, aber er verzichtete auf einen Sitz im Stiftungsrat, da er dessen effiziente Umsetzung in die Hände von Profis legen wollte. In anderen Fällen haben Geber ihre Philanthropie nach ihren eigenen Tod gelegt und sich während ihres Lebens darauf konzentrierten, ihr Geld zu sparen, damit andere später davon profitieren können.

Wenn wohlhabende Menschen während ihres Lebens das Geben scheuen, kann das eine Vielzahl von Gründen haben, die wenig mit einer rationalen Berechnung eines Diskontsatzes zu tun haben. Stattdessen kann es einfach die Unwilligkeit widerspiegeln, sich mit ihrer eigenen Sterblichkeit auseinanderzusetzen, oder die Unfähigkeit, eine Entscheidung darüber zu treffen, welche Zwecke unterstützenswert sind. Durch die Verknüpfung des Namens der Geberin mit der philanthropischen Institution, die auf Dauer angelegt ist, bietet die Philanthropie der Geberin quasi ein „ewiges Leben" – oder zumindest ein langfristiges Vermächtnis. Die Idee der unbegrenzten Dauer hat aber auch einen Haken. Schließlich hat der Gedanke, dass philanthropische Vermächtnisse ewig bestehen und gute Taten im Namen einer längst Verstorbenen vollbracht werden, etwas sehr Nobles und Anmaßendes zugleich. Anmaßend, denn ewig ist eine sehr, sehr lange Zeit. Edel, da die Stiftung ohne Entscheidung der Stifterin selbstlos und fürsorglich auch in weite Zukunft zahlreiche Personen unterstützen wird. Es bedeutet, dass Geber in der Lage sind, den Nutzen ihrer Philanthropie in die Zukunft zu projizieren und sich dabei vom Akt des Gebens zu trennen. Dauerhaftigkeit bedeutet auch, dass die Geberin darauf vertraut, dass andere in Übereinstimmung mit einer mehr oder weniger klar definierten wohltätigen Absicht handeln und dies auf eine Weise tun, die auch Menschen zugutekommt, die noch nicht einmal geboren sind.

5.5 Die Herausforderung der Zeit

Für Geber, die sich mit der Entwicklung einer Strategie der Philanthropie auseinandersetzen, mag der Zeitrahmen auf den ersten Blick nicht als vorrangiges Thema erscheinen. Schließlich scheinen Fragen bezüglich des Zwecks und der institutionellen Struktur wich-

5.5 Die Herausforderung der Zeit

tiger und technisch anspruchsvoller zu sein. Es wäre jedoch ein schwerer Fehler, die zeitliche Dimension in der Philanthropie zu vernachlässigen. Denn die zeitliche Dimension wirkt sich nicht nur auf die Geschwindigkeit der Ausschüttung aus, sondern auch auf die Art und Weise, wie das Geben organisiert wird, auf die Identität und das Engagement des Philanthropen, auf die Nutzung oder Vermeidung institutioneller Vereinbarungen und sogar auf die Wahl zu verfolgenden Ziele. Um der Herausforderung der Zeit in der Philanthropie gerecht zu werden, müssen Geber sorgfältig über den Zeithorizont des gesellschaftlichen Problems und die Dauerhaftigkeit ihrer eigenen gemeinnützigen Absicht nachdenken.

Der Zeitrahmen der Philanthropie erfordert nicht nur Überlegungen über den Zeitpunkt einer Zuwendung, sondern auch über die Zeitplanung der Mittelverwendung. Die Geber müssen entscheiden, wann und in welchem Tempo ihre philanthropischen Ressourcen von den Destinatären verbraucht werden sollten. Die Langfristigkeit und Stabilität einer Stiftung hat natürlich auch einen Preis: Sie erfordert ein Engagement von mehr als dem Zwanzigfachen der jährlichen Fördersumme. Und so verliert eine Million Euro in einer auf Dauer angelegten Stiftung viel an Glanz und Großzügigkeit, da jährlich nur ein Bruchteil der Mittel ausgeschüttet werden können. Dagegen gewinnt die einmalige Spende von 1 Million an Bedeutung, auch wenn dadurch die Kontrolle über die Mittel an die Destinatäre abgegeben werden muss. Die Geschwindigkeit, mit der Gelder von dem Geber zum Destinatär transferiert werden, spiegelt bis zu einem gewissen Grad das Vertrauen zwischen den beiden Parteien wider. Das richtige Tempo des Transfers von philanthropischen Ressourcen wird auch wesentlich durch das Engagement des Gebers gegenüber dem Destinatär bestimmt. Mit mehr persönlichen Kontakten zu führenden Persönlichkeiten in NPOs und bei voller Vertrautheit mit programmatischen Inhalten werden sich Geber eher früher als später und eher in größeren als in kleineren Tranchen engagieren.

Den Zeitrahmen richtig zu konstruieren, wird zunehmend schwieriger, da die Lösungsansätze der Philanthropie immer komplexer und mehrdimensionaler werden. Verfolgt eine Geberin nur ein spezifisches Thema, wird die Frage der Taktung der Ausschüttungen eine einigermaßen überschaubare Aufgabe sein. Auch hier muss sie sich an die Balance zwischen Ausschüttungen heute oder morgen herantasten, um das richtige Maß für den Zeitrahmen zu finden. Ganz anders sieht es für Philanthropen aus, deren Engagement sich über eine Reihe von Themenfeldern erstreckt. Ausgaben und Nutzen in einem zeitlichen Kontinuum anzusiedeln und entsprechend umzusetzen ist aufgrund der Komplexität wesentlich schwieriger. Doch auch wenn die Diskontierung eher als heuristisches Mittel denn als tatsächliches operationelles Instrument zu verstehen ist, bleibt der Zeitrahmen ein zentrales Element einer strategischen Philanthropie.

Trotz dieser Herausforderungen halten wir an der Forderung fest: Für eine wirksame strategische Philanthropie muss der Zeitrahmen auf die anderen Elemente des philanthropischen Prismas abgestimmt werden. Während das enorme Stiftungswachstum der letzten Jahrzehnte ein Hinweis darauf war, dass viele Geber von einem langfristigen Wirken ihrer Philanthropie ausgegangen sind, lassen sich die jüngsten Entwicklungen und Debatten so interpretieren, dass die Förderung in der Gegenwart zunehmend mehr Gewicht bekommt. Die zeitliche Dimension der Philanthropie kann als Ausgangspunkt für die Erstellung einer philanthropischen Strategie dienen, da die zeitliche Befristung leicht erfassbar und verständlich ist. Gleichzeitig werden dadurch die Optionen in den anderen Dimensionen des philanthropischen Prismas begrenzt, weshalb es im besten Interesse der Geber und der Öffentlichkeit sein sollte, der Versuchung einer allgemeingültigen Regelung zu widerstehen (beispielsweise durch eine zeitliche Begrenzung von Stiftungen). Die Wahl zwischen einer aktuellen Spende und der langsamen Ausschüttung von Geldern auf Dauer ist letztlich eine persönliche Entscheidung der Geber, die weitreichende Auswirkungen auf die Destinatäre hat. Eines ist sicher: Den Zeitrahmen in seiner Komplexität und Variation zu begreifen – und nicht einfach die übliche unbegrenzte Dauer zu übernehmen – ist ein entscheidender Faktor, um Philanthropie auf ein höheres Maß an strategischer Ausrichtung und Kohärenz zu heben.

Instrumente und Methoden 6

Inhaltsverzeichnis

6.1	Vier Arten von Stiftungen	98
	6.1.1 Operative Stiftungen	99
	6.1.2 Bürgerstiftungen	100
	6.1.3 Unternehmensstiftungen	102
	6.1.4 Förderstiftungen	104
6.2	Verbindende Theorien	106
6.3	Alternative Instrumente	108

Philanthropie ist nicht länger nur als ein Akt zu verstehen, der vereinzelte Individuen mit sozialen Anliegen verbindet. Heutzutage werden große Teile der Gemeinnützigkeit über philanthropische Instrumente und Methoden abgewickelt, die Philanthropen und Destinatäre verbinden und über die philanthropische Mittel verteilt werden. Im Lauf der Zeit ist die Topografie der Philanthropie immer dichter und diverser geworden, da immer mehr Organisationsformen entstanden sind. Die Entscheidung, die eigene Philanthropie ganz oder teilweise über eine Institution abzuwickeln, und die Wahl der geeigneten Institution sind Teil einer sorgfältigen Abwägung aller Dimensionen des philanthropischen Prismas. Die Wahl des richtigen institutionellen Rahmens ist ein zentrales Element der strategischen Philanthropie, denn die Funktionsweise des Instruments muss auf die Ziele der Geberin abgestimmt sein. Nur wenige Entscheidungen haben mehr Einfluss darauf, ob Frust oder Freude die Philanthropie bestimmen.

Bis vor wenigen Jahren war eine auf Dauer errichtete Förderstiftung die Standardlösung für Philanthropen. Doch es besteht eine ganze Reihe von Alternativen, um die eigene Philanthropie bestmöglich zu organisieren. Dazu zählen Bürgerstiftungen, operative Stiftungen oder, wenn das Vermögen in einem Unternehmen gebunden ist, Unternehmensstiftungen. Für weniger vermögende Philanthropen sind Dachstiftungen, aber auch neuere Möglichkeiten wie Spenderkreise („Giving Circles") eine Alternative, die große administrative Effizienz und gegenseitige Beratung durch Zusammenarbeit versprechen. Die Wahl zwischen den verschiedenen Modellen wird von einer Reihe komplexer Entscheidungen begleitet. Aus Sicht von Steuerberatern geht es dabei vor allem um Steuerrecht und Nachlassplanung und in aufwendigen Berechnungen finden sie die optimale Lösung. Dabei stehen in Wirklichkeit ganz andere Überlegungen im Vordergrund, welches Instrument am besten geeignet ist – und die haben wenig mit Finanzen zu tun. Stattdessen muss es darum gehen, wie Geber ihre Vorstellungen am besten umsetzen können.

Wir haben bereits dargelegt, dass Philanthropie mehr als nur ein zweckrationales Streben nach gesellschaftlichem Nutzen ist, nämlich auch ein Ausdruck und die Erfüllung der Werte der Geberin. Bei der Wahl des geeigneten Instruments muss eine Geberin darauf achten, wie gut damit diese beiden Dimensionen der Philanthropie in Einklang gebracht werden können. Um beides zu erreichen, den gesellschaftlichen Nutzen und die persönliche Befriedigung zu verbessern, müssen Geber eine informierte Entscheidung über die zu verwendende institutionelle Form treffen. Indem wir im Weiteren einige der Überlegungen vorstellen, die für Geber bei der Wahl philanthropischer Instrumente und Methoden von Bedeutung sind, wollen wir helfen zu verstehen, warum manche Alternativen den Prozess in Richtung einer strategischen Philanthropie fördern und andere dabei eher einen Konflikt auslösen können.

6.1 Vier Arten von Stiftungen

Im allgemeinen Sprachgebrauch versteht man unter einer „Stiftung" eine eigenständige, gemeinnützige Stiftung, die aus den Erträgen ihres Stiftungskapitals Förderbeiträge an NPOs ausschüttet. Dies gilt vor allem in Deutschland und der Schweiz – in Österreich und Liechtenstein wird wohl immer noch eher an eine privatnützige Institution gedacht, was sich aber in Zukunft hoffentlich ändern wird. Die Stiftung wird von einem Vorstand bzw. Stiftungsrat geführt und beschäftigt manchmal auch Mitarbeitende, prüft Förderanträge und zahlt Gelder an jene Antragsteller aus, die sie im Sinn ihres Stiftungszwecks für geeignet hält. Es gibt aber auch noch eine Vielzahl von anderen Stiftungstypen, von denen wir drei nun etwas näher vorstellen wollen. Operative Stiftungen verwenden ihre Erträge zur Finanzierung von Programmaktivitäten, die von Mitarbeitenden der Stiftung durchgeführt werden, Bürgerstiftungen werben um Spendengelder von Einwohner einer bestimmten Region oder Stadt und Unternehmensstiftungen verdanken ihre Existenz jährlichen Erträgen auf der Grundlage eines Anteils an einem Unternehmen, das mehrheitlich im Besitz der Stiftung ist. Jede dieser Organisationsformen hat sich in der Welt der Philanthropie etabliert und Verbreitung gefunden, weil jede von ihnen eine andere strategische Antwort auf eine Kombination von externem Druck und internem Management darstellt.

6.1.1 Operative Stiftungen

Im Unterschied zu Förderstiftungen nutzen operative Stiftungen ihre Kapitalerträge – oder andere Einkünfte – für Programme und Projekte, die von den eigenen Mitarbeitenden umgesetzt werden. Im gewissen Sinn sind operative Stiftungen eine Mischform zwischen spendensammelnden NPO und Förderstiftungen. Am besten lässt sich die hybride Struktur der operativen Stiftungen mit dem Konzept der Transaktionskosten erklären. Damit wird in der Ökonomie erklärt, warum Großkonzerne entstehen und oftmals erfolgreicher sind als kleine spezialisierte Firmen, weil sie effizienter funktionieren können. In der Transaktionskostentheorie werden Organisationen auf der Grundlage von Verträgen analysiert, die die Führungsstruktur bestimmen. Der Markt funktioniert auf der Grundlage und der Kombination von Verträgen. Firmen versuchen, durch effiziente Vertragsgestaltung einen Wettbewerbsvorteil zu erzielen. Dies kann auf zwei grundlegende Arten geschehen. Erstens können Firmen Verträge über den externen Markt abschließen und sich um die bestmöglichen Geschäfte bemühen. Zweitens können sie durch Integration entlang der Wertschöpfungskette den Produktionsprozess von Anfang bis Ende kontrollieren.

Ökonomen das Problem der Beschaffung wichtiger Ressourcen mit der Faktorspezifität. Wenn sich ein bestimmter physischer oder menschlicher Vermögenswert spezialisiert und auf dem Markt schwer zu beschaffen ist, werden Firmen versuchen, den Vermögenswert durch Eigentum und nicht durch Einzelverträge zu sichern. Die Notwendigkeit, Transaktionskosten zu minimieren, Unsicherheiten zu handhaben und Vermögenswerte zu sichern, veranlasst Firmen dazu, Lieferanten oder Subunternehmer aufzukaufen. Dies führt dazu, dass eine kleine Anzahl größerer Firmen als integrierte Hierarchien organisiert ist, anstatt einer großen Anzahl kleiner Firmen, die auf dem Markt miteinander Verträge abschließen.

Die Transaktionskostentheorie hilft, die Funktionsweise von operativen Stiftungen zu verstehen: Sie können ihre Aufgaben am effizientesten durch interne Hierarchien erfüllen aufgrund der immensen Transaktionskosten, die mit dem Fundraising für externe Förderung verbunden sind. Sowohl die Struktur als auch die Praktiken von operativen Stiftungen können daher aus der Perspektive der Transaktionskostenökonomie sinnvoll erklärt werden.

Das bekannteste Beispiel für eine operative Stiftung in Deutschland ist wohl die Bertelsmann Stiftung. Sie wurde 1977 von Reinhard Mohn in Gütersloh gegründet, um den Fortbestand der Bertelsmann Gruppe zu gewährleisten. Die Stiftung ist eine private Stiftung bürgerlichen Rechts und deckt mit ihrem breiten Zweck viele Bereiche des gesellschaftspolitischen Spektrums von Bildung und Forschung über Kultur bis hin zu Sozialaufgaben ab. Von Beginn an verfolgte die Bertelsmann Stiftung ihre Ziele nicht durch die Vergabe von Förderbeiträgen, sondern durch eigene Projekte, die von den Mitarbeitenden der Stiftung umgesetzt werden. Nicht selten werden Programmbereiche später ausgegliedert und zu eigenständigen Organisationen aufgebaut, oder die Stiftungen finanzieren den Aufbau von Organisationen, die ihre Tätigkeiten in einem Bereich fortsetzen. Im Jahr 2020 hatte die Stiftung ca. 360 Mitarbeitende.

Wenn operative Stiftungen eine effiziente Antwort auf eine sich verändernde philanthropische Landschaft sind, stellt sich natürlich die folgende Frage: Warum sind nicht alle Förderstiftungen zu operativen Stiftungen geworden? Die Antwort liegt in der ungeheuren Vielfalt der gemeinnützigen Anliegen, die von der Philanthropie abgedeckt werden. Für große Stiftungen, die breit angelegte soziale Ziele verfolgen, wie z. B. die Verbesserung der Ausbildung von Kindern oder die Bereitstellung von Berufsausbildung für Arbeitslose, ist die Arbeit über eine Hierarchie oft unmöglich oder unpraktisch. Für solche philanthropischen Organisationen sind Förderbeiträge die einzige Alternative. Der Einsatz von Förderbeiträgen erlaubt den Stiftungen, Ressourcen für gemeinsam finanzierte Projekte zu bündeln und gibt ihnen die Möglichkeit, schnell auf sich ändernde soziale Bedürfnisse zu reagieren. Erst wenn der Auftrag enger gefasst und beispielsweise auf gesellschaftlichen Dialog bezogen ist, wird die Struktur einer operativen Stiftung interessanter.

Operative Stiftungen gelten in der Philanthropie-Szene immer noch als Besonderheit, da sie der traditionellen distanzierten Beziehung zwischen Gebern und Empfängern entsagt haben. Operative Stiftungen lassen sich aber als Effizienzmaximierer beschreiben, die ihre philanthropischen Aufgaben durch Integration entlang der Wertschöpfungskette erfüllen und nicht über den traditionellen Markt der Anträge und Förderbeiträge. So gesehen kann das Aufkommen von operativen Stiftungen als eine Antwort auf die steigenden Kosten der Selektion und Auswahl von Föderanträgen verstanden werden: Operative Stiftungen stellen eine Organisationsform innerhalb der Philanthropie dar, die ein hohes Maß an Kontrolle, niedrige Transaktionskosten und – in bestimmten Programmbereichen – Effizienzsteigerungen ermöglicht. Für einige Philanthropen und für bestimmte Anliegen sind operative Stiftungen eine institutionelle Option, die zu einem hohen Maß an strategischer Ausrichtung beitragen kann.

6.1.2 Bürgerstiftungen

Bürgerstiftungen sind lokal oder regional verankerte philanthropische Institutionen, die durch kleine und größere Spenden ihr Vermögen aufbauen. Im Gegensatz zu den meisten Förderstiftungen verfügen Bürgerstiftungen nicht von Beginn an über ein eigenes Stiftungskapital und sind daher auf einen stetigen Zufluss an Geldbeiträgen angewiesen. In Deutschland haben Bürgerstiftungen eine bemerkenswerte Karriere hingelegt, von der ersten Gründung 1996 in Gütersloh bis zur Auszeichnung als „Stifter des Jahres" 2019 durch den Bundesverband Deutscher Stiftungen an die dann über 30.000 Bürgerstifterinnen und -stifter. Während es in Deutschland inzwischen über 400 Bürgerstiftungen gibt, ist diese Stiftungsform in Österreich und der Schweiz weitgehend unbekannt. Einer der Gründe für die Beliebtheit von Bürgerstiftungen ist, dass sie leicht zu gründen sind und ein starker Ausdruck der Idee „Von Bürgern für Bürger" sind. Alles, was man braucht, ist ein Anfangskapital. Auf diese Weise ist die ständige Abhängigkeit von Gebern ein zentrales Merkmal von Bürgerstiftungen, das bei typischen Förderstiftungen nicht vorhanden ist.

Die Abhängigkeit der Bürgerstiftungen von ihren Spendern macht diese Stiftungen für ihre philanthropischen Entscheidungen rechenschaftspflichtig. Einwohner der Stadt oder der Region als potenzielle Spender können vergangene Zuwendungen überprüfen, mit Stiftungsmitarbeitenden sprechen und Vereinbarungen ausarbeiten, die ihren philanthropischen Interessen entsprechen – und das alles, bevor sie ihre Gelder an die Bürgerstiftung überweisen. Bürgerstiftungen sind in diesem Sinn stärker „öffentlich" als Förderstiftungen, deren Aktivitäten nicht von der Notwendigkeit geprägt sind, neue Ressourcen zu gewinnen. Die Abhängigkeit der Bürgerstiftungen von externen Ressourcen führt unmittelbar zu breit angelegten Förderprogrammen, da sie wie große Kaufhäuser eine breite Palette von philanthropischen Waren anbieten.

Die definierenden Merkmale von Bürgerstiftungen lassen sich am besten anhand der Ressourcenabhängigkeitstheorie erklären. Gemäß dieser Theorie überleben Organisationen langfristig, wenn es ihnen gelingt, den Zugang zu wichtigen Ressourcen zu sichern. Organisationen sind nicht autark, weil sie nie alle Ressourcen besitzen, die sie zum Überleben benötigen. Die meisten Organisationen sind von externen Ressourcen abhängig und müssen deshalb Strukturen schaffen und Strategien umsetzen, die den Austausch von Gütern und Dienstleistungen mit der Umwelt ermöglichen und erleichtern. Mit diesem Verständnis lassen sich auch Anpassungen der Organisation an Veränderungen in der Umwelt schlüssig erklären, denn die Organisationsstruktur und -entwicklung entstehen aus dem Versuch, die Ressourcenabhängigkeit effizient und effektiv zu lösen. Die komplexen Muster der Ressourcenströme – und der entsprechende Grad der Kontrolle über diese Ströme – sind von zentraler Bedeutung für das Verständnis, welche Organisationen eine Machtposition einnehmen und welche dagegen schwächer sind.

Bei Bürgerstiftungen ist die Suche nach Zustiftungen und Schenkungen das Hauptanliegen der Stiftungsverwalter. Ohne Ressourcen kann der Zweck der Stiftung nicht erfüllt werden. Ähnlich wie Hilfswerke oder andere NPO müssen Bürgerstiftungen für die Mittelbeschaffung deshalb erhebliche Ressourcen in Form von Zeit und Geld aufwenden. Auch suchen sie Unterstützung in einem Netzwerk lokaler Firmen, staatlichen Institutionen und NPO, das ebenfalls gepflegt werden muss.

Die Bürgerstiftung Stuttgart wurde 2001 von 175 Stuttgarter Bürgerinnen und Bürgern errichtet. Im Jahr 2018 weist die Stiftung ein Vermögen von 8,8 Mio. Euro aus und hat seit der Gründung etwa 3,6 Mio. Euro an Fördergeldern ausgeschüttet. Die Geschäftsstelle der Bürgerstiftung Stuttgart wird zudem von der Breuninger Stiftung unterstützt. Neben der Projektarbeit werden dort auch die Kontakte zu bestehenden und neuen Spendern und Stifterpersonen gepflegt. Um immer wieder neu Spenden zu generieren, hat die Stiftung verschiedene Möglichkeiten des Engagements geschaffen. Neben einer einfachen Spende sind dies vor allem Zustiftungen und Treuhandstiftungen. Mit einer Zustiftung kann man sich zum Beispiel zum Kreis der „Jungen Stifterinnen und Stifter" zählen, die besonders Kinderprojekte unterstützen. Eine Treuhandstiftung ermöglicht es den Stifterpersonen, den Zweck ihrer Zuwendung genau zu definieren und einen eignen Namen festzulegen. Die Erträge aus den Treuhandstiftungen werden dann spezifisch zum gewählten Zweck eingesetzt und separat ausgewiesen. Dies erhöht die Komplexität der stiftungsinternen

Buchhaltung und Verwaltung, aber die Vorteile für die Bürgerstiftung überwiegen. Denn durch die Treuhandstiftungen ist die Bürgerstiftung auch für Personen attraktiv, die sonst vielleicht eher eine eigene Stiftung gegründet hätten.

Macht und Einfluss in Bürgerstiftungen werden im Sinn der Ressourcenabhängigkeit durch die Beziehungen zu den externen Gebern bestimmt. Bürgerstiftungen sind in ein vielschichtiges Spiel der Umwerbung und Unterstützung bestehender und neuer Geldgeber eingebunden, das den Gebern eine Position mit beträchtlicher Macht zuweist. Durch zweckgebundene Fonds und Treuhandstiftungen üben die Geber einen direkten Einfluss auf die Fördertätigkeit der Bürgerstiftung aus, da sie den Verwendungszweck ihrer Spende deutlich einschränken. In Deutschland machten 2018 die zweckgebundenen Zustiftungen und Treuhandstiftungen ca. 40 % des Gesamtvermögens aller Bürgerstiftungen aus. So entwickeln sich Bürgerstiftungen zunehmend in eine ähnliche Richtung wie andere spendensammelnde Organisationen. Die Jagd nach Geld führt zumindest teilweise zum Verlust der stiftungstypischen Autonomie. Entscheidungen werden dann nicht allein auf der Grundlage von Nutzen und Bedarf getroffen, sondern vielmehr danach, wie die Förderbeiträge auch wichtige oder potenzielle Geber ansprechen können.

6.1.3 Unternehmensstiftungen

Im deutschen Sprachgebrauch ist die Verwendung des Begriffs „Unternehmensstiftung" nicht eindeutig. Während im Englischen mit „Corporate Foundation" eindeutig eine von einem Unternehmen gegründete gemeinnützige Stiftung gemeint ist, kann man im Deutschen darunter auch eine Stiftung verstehen, die ein Unternehmen kontrolliert und die zu diesem Zweck gegründet wurde. In Verbindung dazu kann so eine Unternehmensstiftung durchaus einen gemeinnützigen Zweck verfolgen, aber das muss nicht sein. Bekannte Stiftungen, die ein Unternehmen besitzen, sind etwa die Robert Bosch Stiftung in Deutschland (Bosch GmbH), die Fondation Hans Wilsdorf in der Schweiz (Rolex AG) oder die Erste Stiftung in Österreich (Erste Group). Im besten Sinn bietet die Konstellation eine Win-Win-Situation. Das Unternehmen ist durch die Stiftung als Ankeraktionär vor externen Einflüssen oder feindlichen Übernahmen geschützt, während die Stiftung von den Dividenden des Unternehmens leben kann, ohne große Entscheidungen bei der Vermögensanlage treffen zu müssen. Entsteht aber aus der Struktur mit treuhänderischen Stiftungsräten als Eigentumsvertretern und Aufsichts- bzw. Verwaltungsräten als Unternehmensvertretern ein Machtvakuum oder eine aufgeladene Konfrontation, dann kann es für beide Seiten schlecht enden. Gerade in sich schnell verändernden Märkten kann die Stiftung, deren Zweck die Bewahrung ist und deren Interesse konstante Dividenden sind, die konsequente Neuausrichtung des Unternehmens behindern. Das Unternehmen verliert den Anschluss im Markt und bleibt aber aufgrund der komfortablen Eigentümerstruktur weiter bestehen. In solchen Situationen braucht es meist (zu) lange, bis die Stiftung bereit ist, ihre dominante Position im Unternehmen aufzugeben.

Im Weiteren soll nun auf den anderen Fall der Unternehmensstiftung eingegangen werden, in dem die Stiftung vom Unternehmen gegründet wird. Diese entsprechen eigentlich Förderstiftungen – mit einem wichtigen Unterschied. Meist verfügen sie nur über ein geringes oder gar kein Stiftungsvermögen und werden dafür jährlich von ihrem Stifterunternehmen alimentiert, beispielsweise mit einem festgelegten Prozentsatz des Gewinns oder Umsatzes. Meist trägt das Unternehmen auch die Verwaltungskosten der Stiftung. Im Vergleich zu Förderstiftungen sieht das Stiftungsvermögen der Unternehmensstiftungen oft sehr klein aus, aber die jährlichen Förderbeiträge können durchaus mithalten. Wenn die jährlichen Zuwendungen einer Unternehmensstiftung mehr oder weniger direkt an die Leistung des Unternehmens gebunden sind, kommt es von Jahr zu Jahr zu erheblichen Schwankungen in der Höhe der karitativen Zuwendungen. Unternehmensphilanthropie wird oft mit „Last in, first out" beschrieben. Wenn eine Rezession herrscht, gehören die gemeinnützigen Spenden zu den ersten Budgetposten, die ein Unternehmen streicht – und zu den letzten, die in bei einer Erholung wieder eingeführt werden. Dabei ist der gesellschaftliche Bedarf wohl eher umgekehrt. Aufgrund ihrer Abhängigkeit vom Wohlergehen der Stifterunternehmen und den daraus resultierenden Wellenbewegungen der Leistungsfähigkeit wollen wir Unternehmensstiftungen mit Hilfe der Organisationsökologie analysieren.

Die Organisationsökologie betrachtet die Entwicklung von Gruppen von Organisationen und analysiert die natürliche Auslese in der Organisationsdynamik. Die ökologische Perspektive beruht auf der Vorstellung, dass Organisationen nicht in der Lage sind, sich rasch und rational an die veränderte Umwelt anzupassen. Stattdessen sind Organisationen an standardisierte Prozessabläufe gebunden und haben angesichts der mächtigen Umweltkräfte nur begrenzte Möglichkeiten, Informationen zu sammeln und zu verarbeiten. Organisatorische Trägheit – resultierend aus begrenzter Rationalität, unwiederbringlichen Kosten (sunk costs) und komplexen Abläufen – kann es Organisationen unmöglich machen, schnell genug auf Veränderungen zu reagieren, um neuen Umweltanforderungen gerecht zu werden. Dementsprechend sind Organisationen nicht immer in der Lage, optimale Lösungen für den nicht enden wollenden Strom von neu auftretenden Umweltproblemen zu finden. Hinzu kommen starke Kräfte, die einer Anpassung entgegenwirken: Veränderungen führen oft zu Ineffizienzen, die die Wettbewerbsposition eines Unternehmens schwächen können, die auf Größenvorteilen und optimal gestalteten Prozessen beruht. Darüber hinaus gibt es die Last der Novität (liability of newness), was den Wandel in einem turbulenten Umfeld schwierig macht. Aus diesen Gründen sind die Organisationspopulationen oft hilflos gegenüber dem Selektionsdruck, der von den Umweltanforderungen ausgeht.

Die Abhängigkeit der Stiftung vom Unternehmen wirkt sich letztlich immer auch auf die Fördertätigkeit aus. Unternehmensstiftungen werden nicht nur durch Veränderungen im wirtschaftlichen Umfeld beeinflusst, sondern müssen auch die Interessen des Unternehmenssponsors berücksichtigen: Jeder Förderbeitrag hat in der Regel einen gewissen instrumentellen Wert, mindestens soll er die Reputation des Unternehmens fördern. Die deutliche Zunahme an Unternehmensphilanthropie generell und Unternehmensstiftungen im speziellen folgt der Erkenntnis, dass es ein gutes Geschäft ist, der Gesellschaft, in der ein Unternehmen tätig ist, etwas zurückzugeben. Für Unternehmensstiftungen ist die Wirkung ihres Engagements auf das Unternehmen fast ebenso wichtig wie die gesellschaftliche Wirkung. Die Swiss Re Foundation beispielsweise unterstützt Social Enterprises, die sich in Entwicklungs- und Schwellenländern für Bildung einsetzen. Neben der Förderung bindet die Stiftung auch Mitarbeitende des Unternehmens direkt in die Projekte vor Ort ein. Vor Ort werden neue Projekte entwickelt und Menschen beim Aufbau ihrer Unternehmen geholfen. Das gemeinnützige Engagement der Stiftung bietet neben der unmittelbaren Wirkung den eigenen Mitarbeitenden die Möglichkeit, Verantwortung zu übernehmen und schafft eine positive Wahrnehmung bei den Kunden des Konzerns vor Ort. Die Geografie prägt häufig das philanthropische Engagement von Unternehmen: Sie tendieren dazu, ihre Förderung in den Städten oder Regionen zu leisten, wo sie wirtschaftlich tätig sind, um Goodwill aufzubauen und als „Good Citizen" aufzutreten.

Für den einzelnen Philanthropen stellt sich die Frage nach dem Sinn einer Unternehmensstiftung nur dann, wenn er ein Unternehmen oder ein Geschäft führt, das groß genug ist, um dies zu ermöglichen. Unternehmensstiftungen können den Ruf und das Ansehen des Unternehmens in der Öffentlichkeit verbessern, werden aber möglicherweise nicht so direkt mit der Unternehmerperson in Verbindung gebracht. Aus diesem Grund sind Corporate Giving-Programme in der Regel kein Ersatz für die anderen Formen der individuellen Philanthropie, sondern eher ein zusätzliches Instrument in Verbindung mit der eigenen wirtschaftlichen Verantwortung.

6.1.4 Förderstiftungen

Eines der zentralen Merkmale privater Förderstiftungen ist ihre Fähigkeit, unabhängig von ihrem Umfeld zu funktionieren und zu überleben. Da sie sich aus dem eigenen Stiftungskapital finanzieren und keine zusätzlichen Mittel suchen, haben diese Stiftungen ein einzigartiges Maß an Unabhängigkeit. Sie sind weder externen Gruppen gegenüber verpflichtet, die benötigten Mittel zu beschaffen, noch sind diese Stiftungen dem Wettbewerbsdruck ausgesetzt, eine Marktnische zum Überleben zu finden. Im Gegenteil, Förderstiftungen können dank dieser Unabhängigkeit experimentieren und Risiken eingehen, wie es im öffentlichen Sektor oder in der Wirtschaft kaum möglich ist. Was prägt also das Handeln der privaten Förderstiftungen? Was ist das bestimmende Element ihrer Organisationsform? Unserer Meinung nach ist es das Streben nach Legitimität und die Entstehung starker professioneller Normen. Gut erklären lässt sich dies mit der Theorie des Neo-Institutionalismus in der Organisationsanalyse.

In seiner gegenwärtigen Form ist der Neo-Institutionalismus ein großes Zelt, das ein breites Spektrum theoretischer, methodischer und inhaltlicher Interessen unter sich vereint. Die Unterschiede zwischen den institutionellen Annahmen variieren beträchtlich, aber einige wenige zentrale Fragen und Themen begründen die Theorie. Im weitesten Sinne argumentiert der Institutionalismus, dass Organisationen durch äußeren Druck angetrieben werden, ihre Arbeit zu legitimieren, die Strukturen zu professionalisieren oder aus Unsicherheit heraus andere Organisationen zu kopieren. Dadurch gleichen sich die Organisationen in einem bestimmten Bereich immer weiter einander an, da sie die gleichen Ansätze, Praktiken und Symbole nutzen. Durch die Betonung von Legitimität und Normen nimmt der Neo-Institutionalismus eine deutliche Abkehr von alternativen Theorien wie der Transaktionskostenökonomie, der Organisationsökologie und der Ressourcenabhängigkeitstheorie vor. Ein wichtiger Erklärungsfaktor der Theorie ist der Einfluss von externem Druck auf die Organisationsentwicklung, der bis zu Zwang reichen kann. Externe Quellen, von denen Zwang ausgeht, sind meist mit dem Staat verbunden sind, wie z. B. Regulierungs-, Lizenzierungs- und Akkreditierungsbehörden. Daneben entstehen legitimierende Praktiken aber auch aus der inneren Entwicklung des Sektors. Sobald neue Praktiken von einigen wenigen Organisationen übernommen werden, verbreiten sich diese Vorgehensweisen unter ähnlichen Organisationen, um durch die Anpassung weitere Konflikte mit der Umwelt zu vermeiden. Der Anpassungsdruck und die Notwendigkeit der Legitimität führen letztlich zu Isomorphismus und Homogenisierung innerhalb des Sektors. Mit seiner Betonung von Symbolen und Legitimität ist der Neo-Institutionalismus oft als radikale und vollständige Ablehnung einer rationalen Handlungstheorie beschrieben worden, die die Nutzenmaximierung als Prüfstein benutzt.

Bei den Förderstiftungen lassen sich zum einen vielfach symbolische und ritualisierte Verhaltensweisen feststellen und zum anderen fördern die aktuellen Entwicklungen die Tendenzen der gegenseitigen Anpassung, die der Neue Institutionalismus voraussagt. Große Förderstiftungen verfügen über ausgefeilte Finanzbuchhaltungssysteme, strukturierte Prozesse zur Projektauswahl und eine ganze Reihe interner Kontrollen, die darauf abzielen, die Stiftungen als gut geführt und verantwortungsvoll erscheinen zu lassen. Viele dieser Verhaltensweisen zielen ebenso sehr darauf ab, öffentliche Unterstützung und Legitimität aufzubauen, wie auf die Erfüllung konkreter Management-Bedürfnisse. Im Allgemeinen ist Philanthropie eine erstaunlich einfache Aktivität, die durch das Bestreben der Stiftungen kompliziert wurde, ihre Steuerbefreiung zu rechtfertigen. In vielen Stiftungen ist die Angst vor den Behörden größer als das Vertrauen in die legitimierende Kraft des eigenen Zwecks. Als Folge daraus werden Kontrollen auf vielen Ebenen – von der Projektauswahl über die Evaluation bis hin zur Anlagestrategie – eingeführt, um sicherzustellen, dass die Legitimität und das Vertrauen der Öffentlichkeit gewahrt bleiben. Dies ist eine ironische Entwicklung, wenn man bedenkt, dass die Freiheit von Zwängen, die sowohl die Regierung als auch die Unternehmen belasten, eine der ältesten Rechtfertigungen der privaten Philanthropie ist.

Die zunehmende Bürokratie in der Philanthropie führt letztlich zu ausgleichenden und risikoarmen Entscheidungen. Da Entscheidungen wieder und wieder hinterfragt werden, überleben die meisten umstrittenen und riskanten Förderanträge den Prozess nicht. Die Anträge werden so weit gefiltert, dass am Ende der Entscheidungskette wenig übrig bleibt, was irgendjemand möglicherweise anstößig finden könnte. Die Bereinigung aller Entscheidungen durch bürokratische Strukturen ist auch eine Ironie, wenn man bedenkt, dass Philanthropie traditionell stolz darauf ist, innovativ und experimentell zu sein und damit fähig ist, Lösungen für soziale Probleme zu finanzieren, die andere nicht finanzieren würden.

Gerade bei großen Förderstiftungen besteht immer die Gefahr, dass Bürokratisierung und Professionalisierung der Geschäftsstelle den werteorientierten Einfluss des Stiftungsrats überlagern. Zwei Faktoren treiben diese Entwicklung besonders voran. Das eine ist eine Zunahme an eigenem Personal. Wenn innerhalb der Stiftung mehrere Ebenen bezahlter Mitarbeitender zusammenarbeiten, führt das unweigerlich zu gegenseitiger Absicherung und zu einer Betonung der instrumentellen Dimension der Philanthropie. Der zweite Grund ist der Drang von bezahlten Geschäftsführenden, ihre Arbeit zu legitimieren und nachvollziehbar zu machen. Deshalb werden Prozessschritte immer weiter verfeinert und der gesamte Prozess dadurch in die Länge gezogen. Aus dem gleichen Grund erhalten Förderprojekte mit hoher Erfolgswahrscheinlichkeit eher den Zuschlag als riskante Projekte mit ungewissem Ausgang, denn viele Misserfolge würden der Geschäftsführung als schlechtes Management ausgelegt werden.

Viele der zentralen Lehren des Neo-Institutionalismus gelten eindeutig auch für private Stiftungen: die Rückkehr zur Legitimität als zentrales Organisationsproblem, die Betonung der strukturellen Entkoppelung und die Tendenz zum Isomorphismus innerhalb der Felder. Auch wenn der Neo-Institutionalismus kritisiert wurde, weil er alles organisatorische Verhalten als symbolisch und nicht als zielgerichtet ansieht, bleibt die Theorie ein gutes Instrument zum Verständnis der Struktur und der Praxis von Förderstiftungen. Als eine der wenigen Organisationsformen, die dauerhaft ressourcenunabhängig sind, genießen Förderstiftungen gleichermaßen eine große Freiheit, wie auch den Puffer, der diese Institutionen vor Leistungsdruck schützt.

6.2 Verbindende Theorien

Bislang wurden die Formen und Funktionen der Philanthropie konsistent mit den klassischen Theorien für das Verhalten von Organisationen in Einklang gebracht. Auf diese Weise wurde das zentrale Merkmal jeder Organisationsform herausarbeitet, jedoch bleiben die Verbindungen zwischen den Formen unberücksichtigt. Obwohl sich die vier Arten von Stiftungen in ihrer Struktur und in ihrem Auftrag wesentlich unterscheiden mögen, gibt es tatsächlich eine Reihe von Parallelen und Ähnlichkeiten. Die Verbindung einer Theorie mit einer bestimmten Organisationsform ist insofern einschränkend, als sie den Erklärungswert konkurrierender Theorien für jede der verschiedenen Formen übersieht. So kann beispielsweise die Ressourcenabhängigkeit durchaus die zentralste Annahme von Bürgerstiftungen erfassen, nämlich die Notwendigkeit, Ressourcen von lokalen Geldgebern anzuziehen. Bürgerstiftungen benötigen aber auch Legitimität, da der Zufluss an Spenden davon abhängt, dass die Stiftung als den Interessen der Gemeinschaft entsprechend wahrgenommen wird. Gleichzeitig stehen Bürgerstiftungen in ihrer geografischen Region in einem Wettbewerb um eine philanthropische Nische. Je nach Definition ihres Zwecks sprechen sie unterschiedliche Zielgruppen von Gebern an. Zusätzlich lassen sich auch andere Parallelen zwischen den Formen ziehen.

Letztlich bietet die Verbindung von Organisationstheorie und Philanthropie ein nützliches Gegenmittel gegen die aktuell übernehmende Tendenz, mit historischen Studien die heutige Entwicklung des organisierten Gebens zu erklären. Viele Forscher haben glaubwürdige Erklärungen dafür geliefert, warum Förderstiftungen und operative Stiftungen um die Jahrhundertwende gegründet wurden und warum Unternehmensstiftungen und Bürgerstiftungen zu wichtigen philanthropischen Akteuren wurden. Ganz gleich, wie detailliert diese Berichte in Bezug auf die historischen Fakten gewesen sein mögen, können sie nur einen Teil des Bildes beleuchten. Denn die Entstehung und Verbreitung philanthropischer Formen wurde nicht ausschließlich durch das Zusammentreffen gesellschaftlicher Kräfte oder Ereignisse vorangetrieben. Der Historiker ist letztlich schlecht gerüstet, um das Fortbestehen von Organisationsformen im Laufe der Zeit zu erklären. Unter Rückgriff auf die Instrumente der Organisationstheorie erklären wir die vier Hauptformen der Philanthropie und deren weitere Verbreitung damit, dass jede eine andere strategische Antwort auf eine Kombination von internen Management-Herausforderungen und externen Anforderungen darstellt.

Die vier Hauptformen der Philanthropie sind nicht einfach aufgrund des Zusammentreffens historischer Faktoren entstanden, sondern weil jede Form eine strategische Option darstellt, die je nach den philanthropischen Absichten und Ressourcen einer Geberin mehr oder weniger attraktiv ist. Je nach Ausprägung ihrer philanthropischen Absicht und bestimmt durch die Höhe der für die Philanthropie zur Verfügung stehenden Mittel haben Geber unterschiedliche Wege gewählt. Wer auf einen hohen Bekanntheitsgrad Wert gelegt hat und einen breiten gemeinnützigen Zweck verfolgen wollte, hat sich wohl für die Gründung einer Förderstiftung entschieden. Wenn die verfügbaren Mittel nicht ganz ausreichen, um die Gründung einer Förderstiftung zu rechtfertigen, wurde eine Zustiftung an eine Bürgerstiftung oder ein Fonds in einer Dachstiftung gewählt. Andere Geber entschieden sich für eine operative Stiftung, da sie den gemeinnützigen Zweck klar formulierten und die Umsetzung in stiftungseigenen Programmen wünschten. Unternehmen, die als Geber auftreten, haben sich aus ähnlich strategischen Gründen wie individuelle Geber für die Gründung einer Unternehmensstiftung entschieden. Der Wechsel von Einzelspenden zu einer Unternehmensstiftung erfolgt meist, wenn das Unternehmen ein bestimmtes Maß an Größe und Stabilität erreicht hat.

Die Fähigkeit dieser vier verschiedenen Organisationsformen, mit einer Vielzahl interner Management-Herausforderungen und externer Umfeldfaktoren fertig zu werden, ist ein zentrales Element für den gesellschaftlichen Nutzen der Philanthropie, insbesondere, wenn sich die öffentliche Debatte wie aktuell auf eine spezifische Form wie Förderstiftungen fokussiert. Für Philanthropen, die nach einer geeigneten Lösung für ihre gemeinnützigen Aktivitäten suchen, bieten die vier organisatorischen Hauptformen der Philanthropie immer eine tragfähige Alternative. Die Wahl zwischen den vier Hauptformen hängt bis zu einem gewissen Grad von den Prioritäten und Bedürfnissen der Geber und von der Übereinstimmung der institutionellen Struktur mit der verfolgten strategischen Ausrichtung ab.

6.3 Alternative Instrumente

Um die vier Hauptformen herum bestehen eine Reihe von organisatorischen Variationen, von denen wir im Folgenden einige genauer vorstellen wollen.

Dachstiftungen
Dachstiftungen sind eine Organisationsform, die zwischen Förderstiftungen und Bürgerstiftungen anzusiedeln sind. Anstatt eine eigene Stiftung zu gründen und die damit verbundenen Kosten und Pflichten auf sich zu nehmen, kann ein Geber einen Fonds innerhalb einer Dachstiftung errichten. Die Zuwendung wird von der Dachstiftung zwar separat geführt, formell aber ist der Fonds Teil der Dachstiftung und wird vom Stiftungsrat der Dachstiftung kontrolliert. Meist ist es für den Geber aber möglich, den Fonds wie eine eigene Stiftung auszugestalten mit eigenem Namen und einem Gremium für die Projektauswahl. Neben den Kostenvorteilen bietet die Dachstiftung dem Geber einige weitere Vorteile. So ist die Funktionalität der Zuwendung auch nach dem Tod des Stifters durch die Dachstiftung gewährleistet. Gerade viele kleine unabhängige Förderstiftungen haben heute Mühe, geeignete Nachfolger für den Stiftungsrat zu finden, wenn die Gründergeneration abtreten will. Außerdem bietet die Dachstiftung eine professionelle Führung, die sonst ehrenamtlich kaum geleistet werden kann. Schließlich kann eine Zuwendung an eine Dachstiftung auch als Übungsfeld verstanden werden, um Erfahrungen zu sammeln, bevor eine eigene Förderstiftung mit größerem Volumen gegründet wird. Das wichtigste Argument für die Dachstiftung ist jedoch für viele Zustifter, dass ihnen dadurch die bürokratischen Mühen mit den Behörden erspart bleiben.

Eine der größten Dachstiftungen in Deutschland ist die Stiftung „Stifter für Stifter" in München. Die Dachstiftung wurde 2003 von Alexander Brochier und Philipp Hof errichtet, die bereits seit 1995 mit dem Haus des Stiftens in München eine Servicegesellschaft für Stifter und Philanthropen gegründet hatten. Ende 2018 wurden unter dem Dach der Stiftung 256 Treuhandstiftungen und 39 Stiftungsfonds mit einem Vermögen von total 88 Mio. Euro verwaltet. Zusammen mit dem Haus des Stiftens und der IT-Plattform „stifter-helfen" bietet die Dachstiftung für Geber mit kleineren Vermögen oder sehr spezifischen Vorstellungen ein umfassendes Angebot, dass es dem Geber später erlaubt, sich ohne bürokratischen Ballast vollständig auf die philanthropischen Aktivitäten fokussieren zu können.

Vereinigungen
Vereinigungen sind eine weitere seit langem bestehende Option für Geber, die weniger Wert auf einen persönlichen Bezug zu ihren Spenden legen. Bei säkularen wie religiösen Vereinen, z. B. die Schweizerische Gemeinnützige Gesellschaft (SGG) oder die jüdischen Verbände, können Geber ohne großen eigenen Aufwand eine Hilfe bei der Auswahl der zu unterstützenden Anliegen finden. Die Vereinigungen gehen oft mit verschiedene Kampagnen auf die Geber zu und sammeln so Beiträge für entsprechende Anliegen und

Organisationen. Im Mittelpunkt des Spendenmodells der Verbände steht das Argument, dass gemeinsam gesammelte Gelder eine größere Wirkung haben können und dass eine fachkundige Auswahl der Destinatäre zu einem größeren Nutzen für die Gemeinschaft führen kann. Vereinigungen schaffen auch ein Gefühl der Solidarität unter denen, die geben, beispielsweise als Ausdruck der Zugehörigkeit zu einer Religionsgemeinschaft.

Während dieses einfache Instrument kleinere Geber nach wie vor anspricht, hinterfragen große Geber zunehmend das Spendenmodell mit Vermittlern. Wie in der Finanzindustrie, wo neue, direkte Methoden und Investitionsformen dafür gesorgt haben, dass Vermittler weniger Einfluss haben und Millionen von Menschen die Kontrolle über ihre eigenen Investitionen übernehmen, hat in der Welt der Philanthropie ein Wandel eingesetzt. Anstatt die Zuwendungen einfach zu überweisen, nehmen viele Philanthropen das Heft selbst in die Hand und bringen sich stärker in die Entscheidungsfindung ein. Hilfe suchen sie dafür nicht bei den großen Vereinigungen, sondern bei kleinen, auf Philanthropie-Beratung spezialisierten Firmen.

Bankenstiftungen

Ein weiteres Instrument der Philanthropie sind Bankenstiftungen und die Philanthropy Desks der Banken. Statt tatenlos zuzusehen, wie philanthropische Gelder von Bankkunden in Förderstiftungen oder Dachstiftungen transferiert werden, haben große Bankhäuser, Privatbanken sowie auch zunehmend Sparkassen ihre eigenen Philanthropie-Einheiten gegründet. Bankenstiftungen funktionieren meist wie Dachstiftungen, in denen die Bankkundin als Geberin einen eigenen Fonds errichten kann. Die Bank übernimmt meist die Kosten für die Administration der Dachstiftung, was der Kundin eine völlige Konzentration der Mittel auf den gemeinnützigen Zweck ermöglicht. Die Philanthropy Desks der Banken unterstützen Kunden in ihren philanthropischen Aktivitäten. Sie gehen direkt auf den Wunsch der Geber ein, nehmen einfach die Namen der von den Gebern eingereichten Organisationen entgegen, überprüfen deren Steuerbefreiung und schicken dann einen Scheck in der vom Geber angegebenen Höhe. In vielerlei Hinsicht stellen diese Bankangebote eine klare Antwort auf den Wunsch einiger Geber nach einer effizienten Unterstützung ihrer Philanthropie dar, die sich eher auf die Mechanik als auf die tiefere Substanz des Gebens konzentriert.

Die Fachwelt sieht die Entwicklung der Banken als Philanthropie-Dienstleister nicht nur mit Wohlwollen. Unzweifelhaft verfolgen Banken mit jedem Engagement auch eigene Interessen und so wird gerade von Vertretern von Förderstiftungen immer wieder die Unabhängigkeit der Bankenstiftungen in Frage gestellt. Auch wird die Fachkompetenz von Bankangestellten für die Bewertung gemeinnütziger Aktivitäten in Frage gestellt. Die niedrigen Kosten stellen außerdem für andere Dach- oder Bürgerstiftungen einen kaum wettzumachenden Marktnachteil dar. In den vergangenen Jahren hat sich gezeigt, dass Bankenstiftung nicht über die Maßen wachsen und auch die fachliche Kompetenz der Philanthropy Desks hat sich zunehmend erhöht, da die Banken Personal aus der Philanthropie-Welt eingestellt haben. Letztlich bieten die Angebote der Banken eine spezifische Lösung für jene Geber, denen eine möglichst effiziente und klar strukturierte Gestaltung ihrer philanthropischen Aktivitäten am Herzen liegt.

Virtuelle Organisationen
Für Philanthropen, die ihre Gelder auf dem Weg zur Auszahlung nicht in irgendeine Form von institutioneller Ruhestätte legen wollen, hat sich eine Reihe von intermediären Institutionen herausgebildet, die Gelder direkt weiterleiten. In der philanthropischen Landschaft ist eine Vielzahl neuer virtueller Organisationen im Internet entstanden, die Geber und Destinatäre miteinander verbinden. Diese Institutionen arbeiten hauptsächlich online, so wie beispielsweise „clicks4charity" in Deutschland.

Das System wurde von deutschen Studierenden entwickelt und wendet sich an Kunden im Online-Shopping. Die Kunden können vor dem Kauf der Ware eine Hilfsorganisation oder ein spezifisches Projekt auswählen. Dann leitet sie die Plattform an den ausgewählten Onlineshop (z. B. Amazon, Otto, Ebay usw.) weiter und erhält dafür eine Vermittlungsprovision von 5–6 % des Einkaufswerts. Davon wiederum gehen 80 % an die ausgewählte Hilfsorganisation, die restlichen 20 % decken die Kosten der Plattform. Bei diesem sogenannten „Affiliate"-Modell kosten die Spende den Käufer nicht mehr als der normale Einkauf und die Online-Shops wissen letztlich auch nicht, dass ihre Gebühren für gemeinnützige Projekte eingesetzt wurden. Die Plattform wird vor allem von kleinen, lokalen NPO genutzt, die damit ihre lokalen Unterstützer die Möglichkeit geben wollen, auch beim Online-Shopping lokale Hilfe zu leisten.

Während clicks4charity vor allem Kleinspender erreicht, suchen andere Intermediäre weitaus größere Beträge. BonVenture wurde 2003 in München gegründet und ist spezialisiert auf die Frühfinanzierung von sozialen Unternehmen und Social Enterprises. Dabei orientiert sich BonVenture an festgelegten Wirkungszielen wie den SDGs und versteht sich selbst als Sozialunternehmen. Für die Investoren wird der Kapitalerhalt als Ziel definiert, allfällige Gewinne sollen wiederum in gemeinnützige Projekte fließen. Mit einem Team von Experten für Wirtschaft, Finanzen, Soziales oder Bildung wählt BonVenture mögliche Start-ups und Projekte aus und unterstützt diese nicht nur finanziell, sondern auch mit Know-how, Netzwerk oder fachlicher Beratung. Die einzelnen Social Enterprises werden mit 400–800'000 Euro unterstützt und es wird jeweils eine befristete Unterstützung festgelegt. Die Destinatäre stammen aus allen Bereichen von Umwelt über Soziales und Gesundheit bis hin zu Bildung. Auswahlkriterien für BonVenture sind vor allem ein innovatives Geschäftsmodell, eine soziale Wirkung, Skalierbarkeit, finanzielle Tragfähigkeit und die verantwortlichen Personen. Die Investoren auf der anderen Seite haben nur geringen Einfluss auf die Auswahl und Struktur des Portfolios und werden regelmäßig über die Entwicklung der Organisationen informiert. 2020 legte BonVenture den vierten Investitionsfonds auf, nachdem mit den bisherigen drei bereits über 35 Mio. Euro in Social Enterprises investiert wurden.

Netzwerke

Geber schließen sich nicht nur zusammen, um gemeinsam auf bessere Expertise zurückgreifen zu können. Manchmal erfolgt ein Zusammenschluss auch, um multiple Ziele zu erreichen. Ein Beispiel für so eine Organisation mit vielfältigen Zielen ist Mama Cash, die in den Niederlanden gegründet wurde und sich weltweit für den Schutz und die Förderung von Frauenrechten einsetzt. Mit der Unterstützung von Individuen und Stiftungen finanziert die Organisation von Frauen initiierte Projekte für weibliche Kunst, wirtschaftliche Gleichberechtigung und für Frieden sowie gegen Homophobie und häusliche Gewalt. Gegründet wurde Mama Cash 1983 als bewusst radikale Fördergesellschaft. Das Projekt „Frauen mit Erbe" richtet sich an vermögende Frauen in den Niederlanden. Die grundlegende Annahme ist, dass ererbtes Vermögen nicht das gleiche ist wie Lohneinkommen und dass ein Erbe oft mit Bedingungen verknüpft ist. Deshalb bietet die Organisation Unterstützung für solche Frauen an, damit sie sich in einer als männlich dominiert und konservativ wahrgenommenen Finanzwelt zurechtfinden. Die Frauen sollen dadurch Selbstvertrauen gewinnen und die volle Verantwortung für ihr ererbtes Vermögen übernehmen und nach ihren Vorstellungen einzusetzen. Dieser Ansatz geht weiter, als nur Frauen zu einer bewussten und sozial verantwortlichen Philanthropie zu verhelfen. Der feministische Ansatz hinter „Frauen mit Erbe" verbindet das Problem, das Frauen mit Vermögen systeminhärenten Herausforderungen gegenüberstehen, mit der Möglichkeit, über philanthropische Aktivitäten die eigenen Werte auszuleben und eine Orientierung fürs Leben zu finden.

Spenderkreise

Ein weiteres neues Instrument sind Spenderkreise, d. h. der Zusammenschluss von Gebern in lokalen Klubs, die bei der Ausübung der Philanthropie als Einheit auftreten. Spenderkreise basieren auf der Überzeugung, dass Geber das Spenden mit der Entwicklung sozialer Kontakte untereinander verbinden wollen und mit Gleichgesinnten gemeinsam aktiv werden wollen. Typischerweise sind solche Gruppen lokale Koalitionen und Netzwerke von Einzelpersonen, die Anliegen vor Ort unterstützen. Eine besondere Form des Spenderkreises entstand in Deutschland während des Lockdowns im März 2020. Auf Initiative von Felix Dresewski und Michael Alberg-Seberich entstand der virtuelle Spenderkreis „Die Wohnzimmerspende" (in Anlehnung an die unfreiwillige Häufung der Zeit, die im Wohnzimmer verbracht wurde). Bei den online-Treffen wurden Projekte vorgestellt und wer mitmachen wollte, konnte sich an der Spende beteiligen. Der Spenderkreis wurde auch nach dem Lockdown noch weiter fortgesetzt.

Für manche Geber gehören auch Steuerermäßigungen zu den Beweggründen für ein philanthropisches Engagement. In den USA werden dafür vornehmlich Trusts verwendet. Als Jacqueline Kennedy Onassis starb, ging ein Großteil ihres Nachlasses in einen Trust, der es sowohl ihren Erben als auch den ausgewählten Wohltätigkeitsorganisationen ermöglichte, einen wesentlich größeren Teil ihres Nachlasses zu erhalten, als dies sonst aufgrund der Erbschaftssteuern möglich gewesen wäre. Eine solche Vermischung privatnütziger und gemeinnütziger Zwecke ist in Deutschland, Österreich und der Schweiz weitaus schwieriger umzusetzen und oft werden getrennte Rechtsvehikel gewählt (z. B. eine Familienstiftung und eine gemeinnützige Stiftung). Alternativ können in Testamenten oder Erbverträgen auch fixe Summen für ausgewählte Destinatäre festgelegt werden. In der Revision des Schweizer Erbrechts beispielsweise ist eine deutliche Reduzierung des Pflichtanteils vorgesehen, was die Möglichkeiten für gemeinnützige Legate erhöhen sollte. Auch bei Spenden zu Lebzeiten können Steuerabzüge geltend gemacht werden und beispielsweise in Deutschland auch über mehrere Jahre hinweg.

Bei der Bewertung der zahlreichen Optionen, die heutzutage für philanthropische Aktivitäten zur Verfügung stehen, müssen die Geber besondere Aufmerksamkeit auf das angestrebte Anliegen, den angemessenen Zeitrahmen für die Förderung und den gewünschten Stil richten. Die Wahl der geeigneten Form für die gemeinnützigen Aktivitäten muss in das Gesamtgefüge des philanthropischen Prismas passen. Dazu sollten vorab einige Schlüsselfragen geklärt werden.

Die Vielfalt der Optionen lässt sich etwas besser systematisieren, wenn wir uns die institutionelle Landschaft der Philanthropie als einen Raum mit zwei Dimensionen vorstellen: die Spezifität des zu verfolgenden Zwecks und die Höhe der für die Philanthropie verfügbaren Spendenressourcen (siehe Abb. 6.1). Diese beiden Überlegungen werden natürlich von Geberin zu Geberin sehr unterschiedlich sein.

Bei der Ergründung dieses Raumes und der darin enthaltenen Optionen stehen die Geber vor einer Reihe von Herausforderungen. Die erste besteht darin, dass die eigenen philanthropischen Absichten meist nicht statisch, sondern dynamisch sind. Höchst-

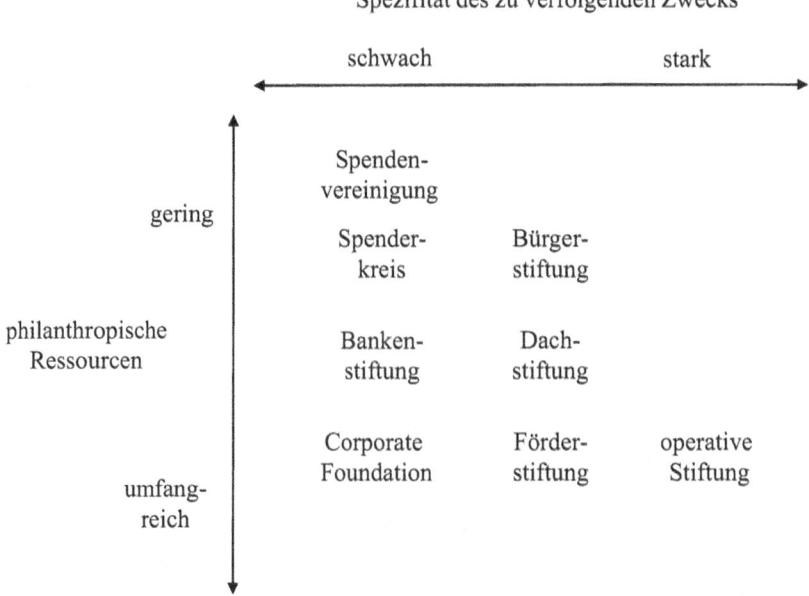

Abb. 6.1 Ausgewählte institutionelle Optionen für individuelle Philanthropen

wahrscheinlich wird sich das Interesse der Geber im Laufe der Zeit weiterentwickeln. Viele reiche Philanthropen haben den größten Teil ihrer Zeit und ihrer Bemühungen darauf verwendet, erfolgreiche Unternehmen aufzubauen, und waren nicht wirklich in der Lage, sich auf die Frage zu konzentrieren, welche Themen und Ursachen ihnen persönlich wichtig sind. Ein Philanthrop erzählte gerne die Geschichte, wie er so hart für sein Software-Start-up gearbeitet hat, dass er verblüfft war, als er eines Tages auf seinen Kontoauszug blickte und festelle, dass sich auf seinem persönlichen Girokonto 6 Millionen Dollar befanden. Bis dahin wusste er zwar, dass er Geld verdiente, aber er hatte keine wirkliche Vorstellung von der Größenordnung. Im Laufe der Zeit, als der Betrag nach dem Verkauf des Unternehmens noch weiter anstieg, beschloss der Unternehmer, eine wirklich sinnvolle Verwendung für diese Gelder zu finden und machte Philanthropie zu seiner Vollzeitbeschäftigung. Andere Geber denken viel über Philanthropie nach, während sie Geld verdienen, und haben von Anfang an eine klare Vorstellung von ihrem Engagement. Wenn sich dann in der Realität herausstellt, wie schwierig es ist, ein spezifisches gesellschaftliches Problem anzugehen, verlieren sie bald das Interesse. Bei diesen Gebern kann der philanthropische Fokus innerhalb kurzer Zeit von sehr klar zu schwammig wechseln. Wann immer ein Wechsel in der Ausgestaltung der Philanthropie geschieht, wirkt sich das unmittelbar auf die Wahl des philanthropischen Instruments bzw. dessen Nutzen für die gewählten gesellschaftlichen Ziele aus. Und möglicherweise ändern sich nicht nur die zugrunde liegenden Zwecke und Ziele, sondern auch der zeitliche Rahmen des Gebers, der persönliche Stil oder andere Faktoren.

Ein Ausweg, um eine Übereinstimmung zwischen Instrument und philanthropischem Zweck zu erreichen, besteht in der gleichzeitigen Nutzung mehrerer Instrumente. Natürlich beeinträchtigt das die Übersicht, die Verwaltungskosten und die Fokussierung der verfügbaren Ressourcen. Aber dafür können die Geber auf mehrere Kanäle zurückgreifen, um ihren komplexen Interessen und Bedürfnissen gerecht zu werden. So kann ein Geber sich einem Spenderkreis anschließen, um die Vorteile des Peer-Learnings und der Netzwerkbildung zu nutzen, und gleichzeitig über einen Fonds in einer Dachstiftung verfügen. Oder ein Geber kann eine private Stiftung gründen, um auf einem bestimmten Gebiet oder in einem bestimmten Bereich Projekte zu fördern und dabei den Rat und die Beratung von Mitarbeitern und anderen Stiftungsräten in Anspruch nehmen zu können, und gleichzeitig unterstützt er über die Bürgerstiftung in der Heimatstadt Projekte, die ihm persönlich aus seiner eigenen Lebensgeschichte am Herzen liegen. Instrumente der Philanthropie erfordern keine Exklusivität, sondern lassen sich – unter Berücksichtigung der damit verbundenen Kosten – wie ein Anlage-Portfolio kombinieren.

Insbesondere bei der institutionellen Philanthropie, gerade mit fördernden und operativen Stiftungen, ist ein Aspekt zu berücksichtigen: Ein unabhängige Stiftungen ist in der Regel schwieriger zu verändern als alle anderen Elemente, die das philanthropische Prisma ausmachen. Eine dramatische Änderung des in der Urkunde definierten Zwecks kann bei einer Stiftung zu einer teuren und zeitaufwendigen Angelegenheit werden, die eine fachkundige Rechtsberatung und die Zustimmung der staatlichen Aufsichtsbehörden erfordert. Auch wenn es grundsätzlich möglich sein sollte, muss bei einer Neudefinition des Zwecks vorab bewiesen werden, dass der ursprüngliche Zweck unpraktisch, ineffizient oder unmöglich zu erfüllen ist. Aufgrund des rechtlichen Schutzes des Stifterwillens zum Zeitpunkt der Stiftungsgründung wird deshalb meist ein eher breiter Stiftungszweck formuliert, damit man später die Möglichkeit hat, innerhalb dieses weiten Zwecks die strategische Orientierung zu wechseln. Veränderungen im Zweck werden bei dauerhaften Stiftungen nicht nur durch die rechtlichen Barrieren erschwert, die es zu überwinden gilt: Ebenso bedeutsam ist das Problem der betroffenen Destinatäre, die nach einer Neuausrichtung in Zukunft nicht mehr unterstützt werden können. Zweckänderungen bei Stiftungen schaffen Gewinner, Verlierer und oftmals Unklarheiten.

Auch der Generationenwechsel in einer Familie kann zu einer Neuausrichtung des Engagements führen. Anstatt die Interessen der Eltern fortzuführen, will die nächste Generation eigene Schwerpunkte setzen. Neben einer inhaltlichen Änderung kann dies auch die Höhe des jährlichen Engagements betreffen. In anderen Fällen setzten Geber wegen falscher Vorstellungen auf das falsche Instrument. Die Idee einer operativen Stiftung mit hohem direkten Engagement wird in der praktischen Umsetzung oftmals zu einer Bürde, da die Philanthropen den hohen Zeitaufwand für sich selbst unterschätzen. Die Umstellung in eine Förderstiftung fällt dann schwer, denn es müssen Personen gekündigt und Allianzen neu aufgebaut werden.

Zwar sind fast alle Fehler umkehrbar, die Geber bei der Wahl der Instrumente für ihre Philanthropie machen können, dennoch empfiehlt es sich, zunächst die anderen Elemente des philanthropischen Prismas zu definieren. Es ist zwar möglich, mit der Wahl des Instruments zu beginnen, aber daraus können Mehrkosten entstehen und die Geber müssen möglicherweise Abstriche insbesondere bei ihren Vorstellungen zu Wirkung, Stil und Zeitrahmen machen. Grundsätzlich muss ein Geber nie die Flexibilität der direkten Spenden vorschnell aufgeben, um sich dauerhaft an ein bestimmtes philanthropisches Instrument zu binden. Eine solche Entscheidung sollte immer wohlüberlegt sein und gut begründet werden. Oftmals spüren Geber einen gewissen Gruppenzwang unter ihresgleichen oder sie sehen sich einer öffentlichen Erwartungshaltung zu spenden ausgesetzt. Doch es hilft langfristig weder dem gemeinnützigen Zweck, noch dem Philanthropen, wenn der Beitritt zu einem Spenderkreis, die Gründung einer Stiftung oder die Unterstützung einer Bürgerstiftung ohne echte persönliche Überzeugung geschieht. Nur wenn das gewählte Instrument der Philanthropie gut zu der gewählten Aufgabe, der Art des angestrebten Wandels, der eigenen Identität und einem vertretbaren Zeitrahmen passt, wird der Übergang zur institutionellen Philanthropie einen gesellschaftlichen Mehrwert generieren.

Die Entwicklung einer strategischen Philanthropie

7

Inhaltsverzeichnis

7.1 Funktionen und Formen der Wirkungsorientierung 117
7.2 Handlungspfade 120
7.3 Die Zukunft der Philanthropie 123

Die große Schwierigkeit bei der Erforschung und Beschreibung der Strategischen Philanthropie besteht in der großen Vielfalt an Formen, Ambitionen und Idealen, die das Geben ausmachen. Anders gesagt, fehlt der Philanthropie die Kohärenz eines traditionellen Berufs oder Industriebereiches, weil sie noch immer weitgehend ohne eine einheitliche Lehre oder anerkannte Standards funktioniert. Philanthropie kennt keine Eintrittsbarrieren oder Leistungsstufen. Tatsächlich ist eines der bemerkenswerten Kennzeichen der Philanthropie, dass sie von Menschen aus allen Gesellschaftsschichten und nicht nur von einer homogenen Gruppe der wohlhabenden Elite praktiziert wird. Geber bringen ihre Lebenserfahrungen ein, die wiederum ihre philanthropischen Ziele prägen. Die von einzelnen Gebern und in geringerem Maße auch von institutionellen Gebern durch Philanthropie zum Ausdruck gebrachten Ziele und Werte werden in einen Flickenteppich guter Arbeit übersetzt, wobei viel Raum für Meinungsverschiedenheiten über richtig und falsch bei Inhalt und Methoden bleibt.

Das in diesem Buch vorgestellte Modell ist in Bezug auf die inhaltlichen Kernfragen der Philanthropie neutral, aber wir präsentieren fünf Elemente, mit denen Geber, Stifter, Philanthropen oder Mäzene ihre philanthropischen Pläne entwickeln können. Was ist für die Gesellschaft und mich wertvoll? Welche Arten von gemeinnützigen Aktivitäten funktionieren am besten? Mit welchem Mittel kann ich meine Ziele am besten erreichen? Was ist der richtige Zeitrahmen für mein Engagement? Welchen Grad an Engagement und Sichtbarkeit wünsche ich mir für meine Philanthropie? Wir haben gezeigt, dass jede Frage unabhängig gestellt, zu keinem kohärenten Ergebnis führt. Es gibt jedoch eine Reihe von Antwortkombinationen, die mehr oder weniger gut zusammenpassen. Daraus ergibt sich folgende Grundvoraussetzung: Strategische Philanthropie bedeutet die gemeinsame Ausrichtung der fünf philanthropischen Elemente (siehe Abb. 7.1). Wenn die Antworten auf alle fünf Fragen gut zusammenpassen, ist die Wahrscheinlichkeit hoch, die gewünschte öffentliche Wirkung zu erzielen und die damit verbundenen Bedürfnisse der Geber zu befriedigen. Eine gute und sinnvolle Übereinstimmung ist auch ein entscheidender Schritt auf dem Weg zu einer wirksameren, verantwortungsvolleren und legitimeren Ausübung philanthropischer Leistungen.

Zwar müssen alle fünf Elemente des philanthropischen Prismas gemeinsam betrachtet werden, aber um die einzelnen Elemente klar zu erläutern, war es erforderlich, sie in den vorangegangenen fünf Kapiteln unabhängig voneinander zu definieren und zu entwickeln. Dieses Vorgehen widerspricht bis zu einem gewissen Grad unserer zentralen Aussage, dass eine erfolgreiche Strategie davon abhängt, alle fünf wesentlichen Elemente aufeinander abzustimmen. Auch könnte der Eindruck entstehen, dass die zuerst besprochenen Elemente wichtiger sind als die später im Buch platzierten. Jedoch haben wir schon zu Beginn darauf hingewiesen, dass man jedes Element des philanthropischen Prismas als Ausgangspunkt der Strategieentwicklung nutzen kann. Es wäre ein Fehler, diese Anpassungsfähigkeit aufzugeben, denn vieles in einer philanthropischen Strategie ist von den persönlichen und oft sehr ausgeprägten, undurchschaubaren Motiven der Geber abhängig.

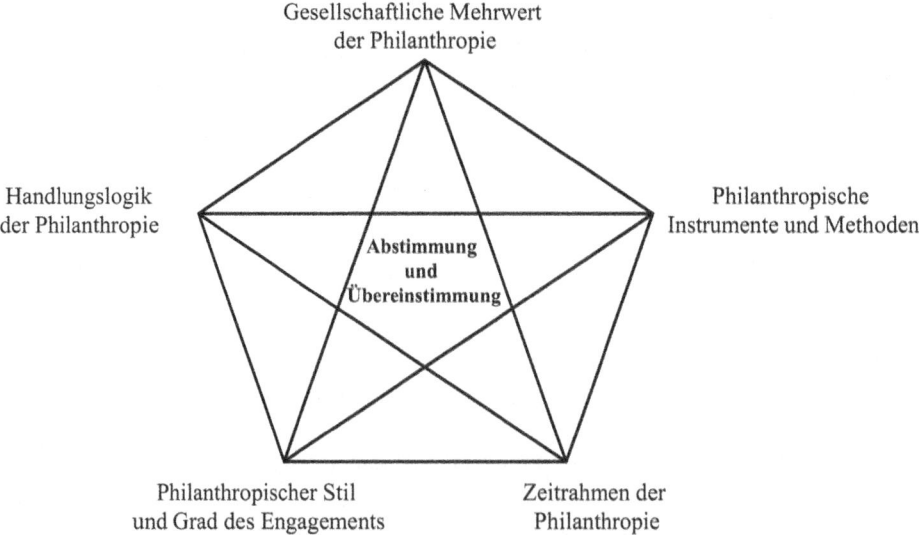

Abb. 7.1 Abstimmung und Übereinstimmung im philanthropischen Prisma

Wie kann man nun wirklich wissen, dass eine gute Abstimmung der Elemente erreicht worden ist? Ein möglicher Weg ist, die Wirkung in zwei Richtungen zu messen, einerseits die Auftragseffektivität (wie gut hat der Geldgeber seinen Auftrag erfüllt?) und andererseits die Programmeffektivität (wie gut hat die gemeinnützige Organisationen ihre Ziele erreicht?). Stichhaltige Informationen über beide Aspekte der philanthropischen Leistung sind gerade für die Geldgeber sehr wertvoll. Das könnte bei den Gebern eine Entwicklung ermöglichen und das Verständnis steigern, wodurch am Ende ein besseres Ergebnis erzielt werden würde. Leider gibt es solch ein System in der Praxis noch nicht. Stellen Sie sich vor, wie solch ein voll funktionsfähiges System zur Leistungsmessung in der Philanthropie aussehen würde: Eine Philanthropin könnte jede beliebige gemeinnützige Organisation nachschlagen und einen detaillierten Bericht über die durchgeführten Programme, ihre Wirkung sowie eine Reihe von Indikatoren über die Qualität der Arbeit im Vergleich zu anderen Organisationen in ihrem Bereich erhalten. Ein solches System hat es bisher nicht gegeben und wird wahrscheinlich auch nie existieren. Es bleibt ein Traum, weil so viele der Dimensionen von gemeinnützigen Leistungen nicht klar gemessen werden können. Die verschiedenen Organisationen und Bereiche sind selten vergleichbar und letztlich sind die Kosten für die Entwicklung und Aufrechterhaltung eines solchen Systems viel zu hoch. Was muss ein Geber stattdessen tun? Die Antwort liegt in der Suche nach unvollständigem, aber nutzbarem Wissen und in einer ständigen Lernfähigkeit. Eine verstärkte Erfassung und Anwendung von Wirkungsmessung kann dabei helfen, etwas Vernunft und Methode in die Welt der Philanthropie zu bringen, die sonst oft nur durch Impuls und Emotion getrieben ist.

7.1 Funktionen und Formen der Wirkungsorientierung

Mit Wirkungsorientierung können Philanthropen drei wichtige Dinge tun. Erstens können sie dadurch einen Beitrag leisten, um das Gesamtergebnis der Förderung zu verbessern. Der Einsatz von Messmethoden zu Ergebnis und Wirkung eines gemeinnützigen Programms kann dazu führen, dass die Aktivitäten angepasst oder ergänzt werden und so letztlich die angestrebten Ziele besser erreicht werden. Philanthropen befinden sich in einer Machtposition – sie haben die Kontrolle über den Geldfluss – und damit sind sie in der Lage, Änderungen in Projekten und Programmen einzufordern, falls die Evaluationsergebnisse dies nahelegen. Nachdem ein bestimmtes Programm abgeschlossen ist, können aus einer Abschlussevaluation von den Destinatären und den Gebern Lehren für neue Aktivitäten gezogen werden Wichtig ist dabei, die Lerneffekte nicht nur bei den Destinatären zu erwarten, sondern auch selbst nach innen die eigene Leistung zu überdenken. Beispielsweise können gerade Stiftungen ihre eigenen Förderprozesse und die Zusammenarbeit mit den Destinatären mit Hilfe von Zufriedenheitsanalysen der Destinatäre überprüfen und drauf aufbauend die eigene Effizienz verbessern. Ein direktes Feedback von den Destinatären ist aufgrund des bestehenden Machtungleichgewichts kaum zu erwarten. Wenn die

Stiftungen auf diese Weise sich selbst in die Gesamtevaluation miteinbeziehen, werden sowohl ihre gemeinnützigen als auch ihre eigenen operativen Aktivitäten verbessert.

Der zweite Nutzen der Wirkungsorientierung in der Philanthropie hängt mit dem politischen und staatlichen Umfeld zusammen. In einer Zeit, in der die Mittel für ungebundene Programmausgaben zunehmend begrenzt sind, kann die Dokumentation der Programmwirkung ein wirksames Instrument sein, um die politische Unterstützung für einen staatlichen Beitrag an effektive Destinatäre zu mobilisieren. Die Wirkungsorientierung ermöglicht es Philanthropen auch, eine zusätzliche Förderung durch andere private Geber zu erreichen, wenn deren Engagement in einem ähnlichen Bereich liegt. Darüber hinaus können aussagekräftige Wirkungsberichte den Gebern als Absicherung gegen Veränderungen des politischen Wetters um sie dienen. Regelmäßig geraten große Stiftungen oder reiche Philanthropen ins Visier der Medien, der Öffentlichkeit oder der Behörden. Sie stören sich an den riesigen Vermögen, die einer breiteren – gemeint ist staatlich kontrollierten – Entscheidungsfindung vorenthalten werden, dank der die Gemeinschaft vermeintlich viel mehr von diesen privaten Geldreserven profitieren könnte. Eine profunde Wirkungsmessung der Leistungen stiftungsfinanzierter Projekte kann eine erste Verteidigungslinie gegen Kritik und Forderungen nach einer verstärkten Regulierung sein. Die Wirkungsorientierung kann letztlich auch die weitere staatliche Unterstützung absichern, da staatliche und politische Akteur gerne etwas unterstützen, wo das Risiko eines Misserfolgs gering ist.

Die dritte Anwendung der Wirkungsorientierung ist die wichtigste, wenn auch die am wenigsten verstandene. Das Erfassen, Untersuchen und Diskutieren von Wirkung und Wirksamkeit ist eine wichtige Voraussetzung, um den zu erzielenden gesellschaftlichen Mehrwert zu definieren und zu bemessen. Der Einsatz von Wirkungsergebnissen kann Gespräche darüber eröffnen, was gemessen werden soll und welche Ziele es letztlich wert sind, verfolgt zu werden – sowohl für die Geber wie für die Empfänger. Da es bei Evaluationen immer um irgendeinen Aspekt der Leistung geht, helfen sie dabei, die Art des gesellschaftlichen Mehrwertes, den die Geber anstreben, zu artikulieren und zu klären. Die Definition des zu erzielenden Mehrwertes wird so für eine Geberin zu einer Denkübung, um den Fokus der philanthropischen Ziele und des damit verbundenen Auftrags verständlich zu definieren. Für Stiftungen bietet sich diese Übung ebenfalls an, damit die Mitarbeitenden einen Konsens und ein gemeinsames Verständnis zu schaffen, wie die geförderten Projekte zu den gewünschten Ergebnissen führen und welchen Beitrag die Stiftung dabei leisten kann. In der Diskussion über den übergeordneten Mehrwert eines geförderten Programms oder einer Initiative werden schließlich Geber und Empfänger herausfinden, was wichtig ist und was man gemeinsam erreichen will. In diesem Sinne ist die Definition des Zwecks, des damit verbundenen gesellschaftlichen Mehrwerts und wie dieser gemessen werden soll, eine für alle Beteiligten wertvolle Lektion, denn letztlich werden dadurch die Ziele der Philanthropie konkretisiert und greifbar gemacht.

Heutzutage wird der Zweck des Messens oft darin gesehen, den Erfolg der Geber bei der Erreichung ihrer instrumentellen und nicht ihrer expressiven Ziele abzubilden. Mittels Evaluation soll den Stakeholdern gezeigt werden, dass die gemeinnützigen Ressourcen klug eingesetzt und dass die Programme effektiv durchgeführt werden. Unter diesen Annahmen trägt Wirkungsorientierung aber wenig zur Stärkung der Philanthropie bei. Denn was philanthropisches Engagement steigert und für einen Zuwachs an gemeinnützigen Ressourcen sorgen kann, ist nicht eine technokratische Abfolge von Prozessschritten, sondern eine Betonung der wertorientierten, expressiven Seite der Philanthropie – jener Aspekte der Philanthropie, die eine persönliche Verbindung der Geber zu ihrem Engagement sicherstellen. Dadurch erhält der Philanthropie-Sektor immer wieder neue Impulse und kann sich selbst erneuern. Evaluationen sollten allgemein zugängliches Wissen aufbauen, um die Funktionsfähigkeit des Sektors zu fördern kann, aber sie sollten auch berücksichtigen, wie gut die Programme mit den Absichten und Erwartungen der Geber übereinstimmen.

Es gibt mindestens zwei Möglichkeiten, mit denen man die expressive Dimension des Gebens zu einem Teil der Wirkungsorientierung und der Evaluation machen kann. Die erste Möglichkeit besteht darin, die Werte zu definieren, die sowohl implizit als auch explizit in der Durchführung eines finanzierten Programms enthalten sind. Diese Wertedefinition lässt sich dann mit jenen des Gebers vergleichen. Je mehr beide übereinstimmen, desto größer ist die Erfolgswahrscheinlichkeit. Ein Teil dieser Überprüfung wird vermutlich vor der Projektauswahl stattfinden. Dennoch kann ein Programm instrumentell gut funktionieren, indem es seinen erklärten Zweck erfüllt, aber kläglich daran scheitern, sich an den ausdrücklichen Zielen eines Gebers auszurichten. In solchen Fällen müssen der Geber und die Destinatäre harte Entscheidungen über ihre Prioritäten treffen.

Für die zweite Möglichkeit, die wertorientierte Qualität in die Projektauswahl einzubeziehen, reicht eine Konzentration auf die Arbeit des Gebers. Die Projektauswahl und die Qualität der Entscheidung wird ausschließlich durch die Innensicht auf die Werte des Gebers bestimmt. Dies bedeutet einerseits, dass der Geber seine Werte klar und explizit formulieren muss und dass die Arbeit der Mitarbeitenden – gerade in professionell geführten Förderstiftungen – mit Blick auf die Wertvorstellungen des Gebers beurteilt wird und weniger nach einem eher akzeptierten Standard der Wirksamkeit. Auch wenn dies einseitig klingen mag, dadurch wird die Aufmerksamkeit der Geber und Stiftungen auf das gelenkt, was den ursprünglichen Impuls gegeben hat, nämlich auf die zugrunde liegenden Erwartungen und Werte. Wenn die Wirkungsorientierung dazu führt, dass mehr als nur Ergebnisse belegt werden, und Geber dadurch erkennen können, wo und wie ihre Spenden mit ihren grundlegenden Überzeugungen zusammenhängen, wird der Philanthropie-Sektor als Ganzes erheblich gestärkt werden.

Die expressive, wertorientierte Dimension der Wirkung kann leicht übersehen werden, denn die instrumentellen Ziele sind zum einen leichter zu verfolgen und zum anderen besser mit den Normen der Industrie zu verknüpfen, die sich auf diesem Gebiet etabliert hat. Man könnte jedoch ebenso argumentieren, dass es die Pluralität der Werte und Ideen ist, die das Geben belebt. Das ist letztlich die Raison d'être der Philanthropie, die ihr ihre Stärke verleiht und ihren besonderen Steuerstatus rechtfertigt. Deshalb sollten Geber immer sorgfältig prüfen, wie gut die Werte der Destinatäre mit ihren eigenen übereinstimmen. Gerade Stiftungen müssen eindeutige Entscheidungen darüber treffen, welche Wirkungsdimensionen für sie am wichtigsten sind, und dann die besten und geeignetsten

Evaluationsstrategien wählen. Weniger als das zu tun, bedeutet letztlich, unverantwortlich zu handeln. Schließlich profitieren Geber, Manager von gemeinnützigen Organisationen und politische Entscheidungsträger von einer ehrlichen und offenen Bewertung. Ein solch umfassendes Verständnis von Evaluation und Wirkungsorientierung kann für Philanthropen und Stiftungen zu einer neuen und dringend notwendigen Erkenntnis führen, ganz nach dem alten Motto im Apollo-Tempel von Delphi: „Erkenne Dich selbst!". Sie unterstreicht die stets fortwährende Suche nach einem Verständnis der vielfältigen Formen, in denen die Philanthropie die Gesellschaft prägt.

7.2 Handlungspfade

Ein Großteil der in diesem Buch geführten Diskussion drehte sich um die Herausforderung, eine philanthropische Strategie zu entwickeln und umzusetzen. Diese Aufgabe erfordert einiges an Engagement und Aufwand seitens des Gebers. Es wäre zu einfach, das Wort Strategie zu nehmen und einen abstrakten Prozess sorgfältiger Reflexion zu fabrizieren. Doch zur Philanthropie gehört außer dem Denken auch das Tun. Natürlich variiert das Verhältnis von Denken zu Handeln erheblich in der Philanthropie von Geber zu Geber und – bei einigen Personen – von Förderbeitrag zu Förderbeitrag. Letztlich wollen alle die Wirksamkeit ihrer Spenden zu verbessern, ganz gleich ob sie stärker instrumentell, expressiv oder in einer Mischung von beidem geprägt sind. Die zentrale Aussage dieses Buches ist, dass die Entwicklung einer Strategie ein wesentlicher Bestandteil im Prozess zu mehr Wirksamkeit eines jeden philanthropischen Engagements ist. Strategische Philanthropie ermöglicht es Gebern, durch ihr Engagement einen gesellschaftlichen Mehrwert zu erreichen und die eigenen Werte gleichermaßen umzusetzen. Die Entwicklung der philanthropischen Strategie ist ein evolutionärer und iterativer Prozess über einen längeren Zeitraum, in dem die Geber Wissen und Vertrauen in das eigene Verständnis entwickeln müssen.

Wenn Strategieentwicklung und verbesserte Wirksamkeit die zwei wesentlichen Ziele der Philanthropie darstellen, könnte man sich fragen, wie diese beiden Ziele in der Praxis zusammenhängen (siehe Abb. 7.2). Hierzu bestehen einige Meinungsverschiedenheiten. Eine Perspektive betont die Strategie vor der Wirksamkeit, da die Geber eine klare Vorstellung davon haben müssen, was sie tun, damit sie eine echte Chance auf Erfolg hat. Im Extremfall führt dieser Ansatz zu einer „Konzept"-Philanthropie, bei der Planung und Beratung komplex und langwierig werden können. In der Welt der Stiftungen wird für diese Herangehensweise, die man salopp mit „bereit, zielen, schießen" umschreiben kann (mit besonderer Betonung des ersten und zweiten Elements), oft viel Zeit und Ressourcen mit der Vorbereitung der philanthropischen Planung und der Ausrichtung der Ziele aufgewendet. Die Beteiligung von Beratern, Gespräche mit Experten aus dem akademischen Bereich, der Vergleich mit anderen Stiftungen im gleichen Gebiet und die Erarbeitung von Kommunikationsmaterial, in denen der erarbeitete Förderansatz beschrieben wird, sind bei Stiftungen üblich, die an die Kraft der Vernunft und Planung glauben. Bis zu einem gewissen Grad können damit kostspielige Fehler und grobe Schnitzer für die Geber ver-

7.2 Handlungspfade

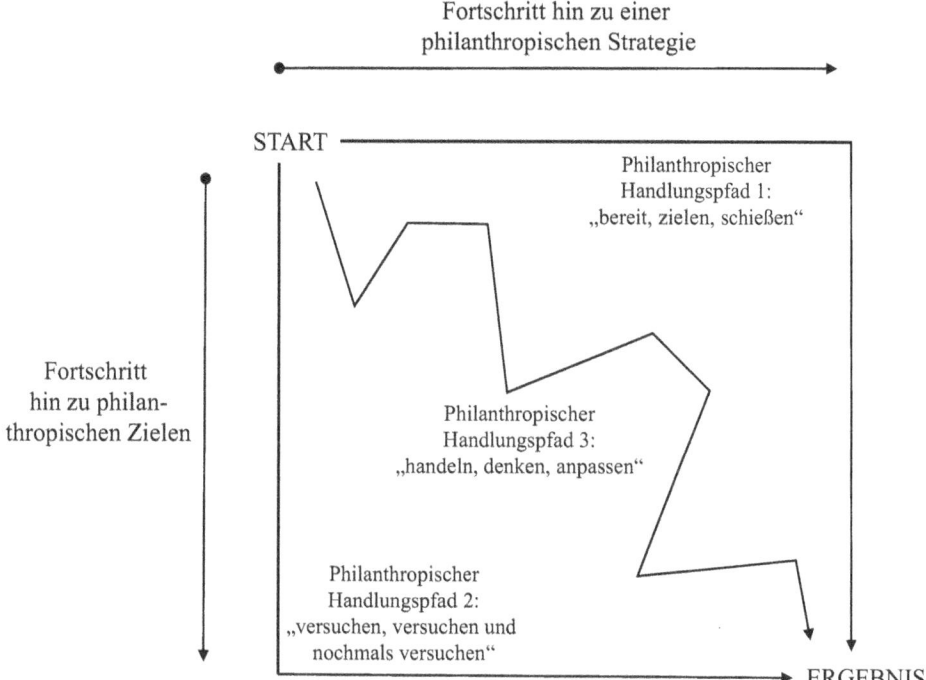

Abb. 7.2 Zusammenhang von philanthropischer Strategie und philanthropischen Zielen

mieden werden, wenn sie ihr philanthropisches Engagement erst starten, wenn das Terrain richtig vorbereitet wurde.

Die zweite Perspektive eignet sich für jene, die handlungsorientiert ihre eigenen Erfahrungen für mehr philanthropische Wirkung einsetzen wollen. Dieser entwicklungsorientierte Ansatz der Philanthropie geht davon aus, dass sich die Strategie aus der Praxis und Erfahrung in der realen Umsetzung ergibt. Für diese ausdauernden philanthropischen Entdecker lautet das Betriebsmantra „Versuchen, versuchen und nochmals versuchen", wobei die Betonung auf der Wiederholung liegt. Dieser experimentelle und wissensbildende Ansatz der Philanthropie findet sich am häufigsten bei wohlhabenden individuellen Philanthropen, die auch ohne die Zustimmung eines Stiftungsrates oder eines professionellen Personals agieren können. Für die philanthropischen Prinzipien sind das Lernen und das Begehen von Fehlern der sicherste Weg, um zu einer überzeugenden und widerstandsfähigen Strategie zu gelangen.

Zwischen diesen beiden Extrempositionen gibt es einen maßvollen Mittelweg, bei dem sich Strategieentwicklung und praktische Erfahrung auf interaktive Weise verbinden. Zunächst werden einzelne strategische Eckpunkte festgelegt, die in der Praxis ausgetestet werden. Mit den damit gewonnenen Erkenntnissen wird die Strategie verfeinert und genauer definiert. Danach beginnt der gleiche Prozess von Neuem und verhilft den Gebern langsam in eine Position, in der sichtbare Ergebnisse erzielt werden und die Ausdruck einer strategischen Philanthropie ist. Dieses Modell des philanthropischen Lernens könnte man mit „denken, handeln, anpassen" beschreiben, obwohl es ebenso gut als „handeln, denken, anpassen" bezeichnet werden könnte. Der Weg vom Anfang bis zum Ende ist zugegebenermaßen ein komplexer und unvorhersehbarer Prozess, der sowohl ermutigende Durchbrüche als auch entmutigende Rückschläge beinhalten kann. Durch einen iterativen Ansatz, bei dem Strategie und Praxis miteinander in Beziehung gesetzt werden, ist es jedoch am wahrscheinlichsten, dass die Geber in beiden Bereichen Fortschritte erzielen. Die daraus gezogenen Lehren können sowohl für die Planung und Verfeinerung der Strategie als auch für Fortschritte bei der Erreichung der Ziele genutzt werden.

Es gibt Bedingungen, unter denen es entweder unangemessen oder unmöglich ist, Strategie und Aktivitäten vollständig aufeinander abzustimmen. Ein Beispiel dafür ist die Reaktion auf ein dringendes Bedürfnis oder eine Krise, wenn philanthropisches Handeln zum Nutzen der Betroffenen entschlossen und schnell sein muss. Eine zeitnahe Reaktion ist dann entscheidend und es bleibt wenig Raum für eine sorgfältige Strategieformulierung. In solchen Fällen müssen die Geber unter Umständen im Namen der Reaktionsfähigkeit von den strategischen Zielen abweichen und sich darauf konzentrieren, im Prozess zu lernen. In anderen Fällen, in denen komplexe und langfristige gesellschaftliche Probleme im Fokus der philanthropischen Intervention sind, ist selbstverständlich ein sehr viel systematischerer Prozess angebracht.

Die richtige Mischung aus Wissen und Erfahrung hängt natürlich auch von der Kompetenz und Qualität der Personen ab, die das geförderte Programm tatsächlich umsetzen. Einen erfolgreichen und wirksamen Geber macht daher zu einem großen Teil aus, talentierte und engagierte Personen zu finden und zu engagieren, die sowohl bei der Konzeption als auch bei der wirksamen Umsetzung helfen können. Selbst wenn im gemeinnützigen Sektor nicht immer alles zum Besten steht, gilt als gesicherte Wahrheit, dass Organisationen und Programme auf eine starke Führung und gutes Management angewiesen sind. Die Ironie in der Philanthropie besteht darin, dass der Fokus meist auf den Gesamteindruck einer Organisation gelegt wird und nicht auf die einzelnen Personen. In den Förderauswahlprozessen in Stiftungen fließen selten Faktoren wie zwischenmenschliche Kompetenzen, die Persönlichkeit und Wertvorstellungen sowie die operativen Fähigkeiten der Beteiligten in die Entscheidung mit ein. Vielmehr wiegen aufgrund der Prozessgestaltung entsprechende Fähigkeiten zur Mittelgenerierung wie Antragserstellung und Präsentation von Projekten sehr viel mehr. Erfolgreiche Philanthropie erfordert ein Fortschreiten auf dem in Abb. 7.2 dargestellten Mittelweg. Deshalb sollten Geber darauf achten, mit Führungskräften von gemeinnützigen Organisationen zusammenzuarbeiten, die ihnen helfen können, diesen gewundenen Weg zu gehen. Bei der Auswahl der Destinatäre sollte daher den beteiligten Personen eine größere Aufmerksamkeit geschenkt werden, damit die Organisationen einen produktiven Beitrag auf dem Weg zwischen Strategieentwicklung und Programmdurchführung leisten.

Letztlich gibt es keine Patentlösung für die Frage, wie viel Vernunft und wie viel Emotion in die Philanthropie einfließen sollte. Die Mischung wird sowohl von der strategischen Ausrichtung des Gebers als auch von dem jeweiligen Problem oder Thema abhängen, das betroffen ist. In einigen Fällen, wie z. B. in der Flüchtlingskrise 2015, bleibt einfach keine Zeit für eine sorgfältige Planung und eine systematische Umsetzung. Der Bedarf ist offensichtlich und der öffentliche Druck zum Handeln so groß, dass die philanthropische Reaktion mehr den emotionalen Erwartungen folgt anstatt rationale Analysen anzustellen. Ohne den Druck einer Krisenreaktion sind die Geber in der Lage, sorgfältige Entscheidungen über Art und Inhalt von Programmen zu treffen und beispielsweise auf Evaluationsergebnisse ähnlicher Aktivitäten andernorts zurückzugreifen.

Wenn Geber von Projekten der Vergangenheit lernen, können sie eine unnötige Wiederholung derselben Fehler vermeiden oder zumindest weitgehend ausschließen, und damit könnte die Philanthropie den Vorwurf einer „Trial-and-Error"-Kultur in ihren Förderaktivitäten überwinden. In einigen Förderbereichen, beispielsweise der frühkindlichen Entwicklung, ist die Menge der verfügbaren Daten über die wahrscheinliche Wirkung sowie Informationen über die Programmgestaltung sehr umfangreich. In anderen Bereichen wie etwa der Reduzierung von Jugendgewalt sind die Daten eher lückenhaft und beziehen sich oft auf einige wenige Fallstudien erfolgreicher lokaler Initiativen. In wieder anderen Bereichen sind die Daten entweder qualitativ schlecht oder schwer zu interpretieren. Dennoch können Geber von dem Wissen und den Erfahrungen anderer lernen, bevor sie sich in einem Bereich engagieren. Es ist eine wesentliche Herausforderung für Geber, robuste und sinnvolle Verbindungen zwischen Messung, Wissensgenerierung und schließlich philanthropischem Handeln herzustellen. Dazu muss man ein Verständnis entwickeln, wie gute Evaluationen aussehen, wo die Grenzen von Evaluationen hinsichtlich ihrer Aussagekraft liegen und den Zusammenhang zwischen Strategiebildung und Strategieumsetzung realistisch einschätzen können. Darüber hinaus muss man bereit sein, Geld für den Wissensaufbau auszugeben (und gegebenenfalls andere davon profitieren zu lassen). Bei der Verwirklichung all dieser Ziele werden Geber große Fortschritte erzielen, wenn sie verstehen, dass ihre Philanthropie aus einer kontinuierlichen Abfolge von strategischem Denken, Umsetzung, Reaktion, Messung, Wissenserweiterung und Anpassung besteht.

7.3 Die Zukunft der Philanthropie

In die Strategieentwicklung sollten Philanthropen auch das Verständnis über ihre eigene gesellschaftliche Rolle sowie ihre eigenen Motive und Talente miteinbeziehen. Wir haben in diesem Buch eine spezifische Perspektive auf die Philanthropie beschrieben, bei der die gesellschaftlichen Bedürfnisse mit den privaten Werten und Engagement der Philanthropen in Beziehung gesetzt werden. Wird Philanthropie bloß als Instrument der Verteilung von Geld zur Befriedigung notwendiger gesellschaftlicher Bedürfnisse verstanden, beschränkt dies unserer Meinung nach das Potenzial des privaten Gebens. Wenn Philanthropie für nichts Anderes steht als die unmittelbare Befriedigung von öffentlichem Bedarf, wo ist dann der Unterschied zur steuerfinanzierten Wohlfahrt? Angesichts der staatlichen Kapazitäten, Bedarf durch Steuergelder zu decken, wird die Philanthropie nie in der Lage sein, den öffentlichen Sektor ernsthaft zu bedrängen oder gar zu ersetzen, um spürbare

Veränderungen herbeizuführen. Folglich ist es unwahrscheinlich und gesellschaftlich wenig produktiv, wenn die Philanthropie ihr im Vergleich zum Staat geringes Potenzial so einsetzt, wie es die öffentliche Verwaltung bereits tut.

Dies führt zu der zweiten alternativen Perspektive der Philanthropie, die wir in diesem Buch hervorgehoben haben, und die von ganz anderen Voraussetzungen ausgeht. Dazu gehört, dass Philanthropie nur dann ihren gesellschaftlichen Auftrag erfüllen kann, nämlich Pluralismus und Innovation zu fördern, wenn sie auf den persönlichen Werten und dem Engagement der Philanthropen beruht. Dementsprechend ist Philanthropie am besten als eine private Aktivität zu verstehen, mit der die Philanthropen ihre persönlichen Visionen des Gemeinwohls umsetzen. Anstatt sich dafür zu entschuldigen, dass sie Interessen und Werte haben, sollten Philanthropen darin bestärkt werden, diese Interessen und Werte zu verwirklichen. Einige tun dies, indem sie an Organisationen spenden, die in ihrem Leben oder im Leben ihrer Familie eine wichtige Rolle gespielt haben. Andere spenden einfach, weil sie sich auf persönlicher Ebene mit einer bestimmten Sache oder Organisation identifizieren. Geben ist nicht nur auf Werten gegründet, die auf dauerhaften menschlichen Erfahrungen und Emotionen beruhen, sondern bietet auch die besten Chancen, neuen Wind in den gemeinnützigen Sektor zu bringen.

Die Bejahung der Annahme, dass es bei Philanthropie mindestens so sehr um die Geber wie um die Gesellschaft geht, hat weitreichende Konsequenzen auf die Art und Weise, wie Philanthropie umgesetzt und beurteilt wird, und wie die öffentliche Politik dies unterstützen kann. Anstatt jede philanthropische Aktivität in Frage zu stellen, die nicht unmittelbar als Antwort auf die dringendsten sozial-gesellschaftlichen Bedürfnisse erscheint, sollte die Öffentlichkeit vielmehr offener dafür sein, der Philanthropie und ihren Protagonisten eine gewisse Autonomie und einen gewissen Schutz zuzugestehen. Für klamme staatliche Institutionen und NPO, die stets mehr Mittel fordern, wird dieses Argument ein wenig obskur und sogar inakzeptabel sein. Aber man sollte den Blick in Richtung Zukunft richten und die Frage stellen, wie mehr privater Reichtum in philanthropische Mittel umgewandelt werden kann. Nur wenn die Philanthropen die Möglichkeit sehen, ihr gemeinnütziges Engagement mit dem zu verbinden, was für sie von Bedeutung ist, werden sie bereits sein, hohe Summen einzusetzen. Wenn dagegen Zweifel über die Verwendung und hohe Hürden der staatlichen Kontrolle bestehen, werden sie nur wenig über die bürgerliche Pflicht der Steuern hinaus für die Allgemeinheit zur Verfügung stellen. Der Impuls zu spenden wird ausgelöst durch die Möglichkeit des Philanthropen, wohltätige Gelder zu Zwecken und Organisationen zu lenken, die ihm wichtig sind. Das ist der besondere Zweck der Philanthropie in einer Demokratie.

Der Gegensatz zwischen privaten Werten und öffentlichen Zwecken, der zu sehr unser gegenwärtiges Denken über Philanthropie bestimmt, beruht jedoch letztlich auf einer falschen Dichotomie. Sie übersieht die Tatsache, dass die Mehrheit der Geber letztlich sowohl private als auch öffentliche Vorteile erzeugen will. Erfolg bei der Hilfe für andere ist oft das, was den Gebern am meisten Befriedigung verschafft, da nur wenige Geber Freude daran haben werden, etwas zu geben, das ihre Ziele nicht erreicht. Die politische Kluft, die die Philanthropie gespalten hat, hat es den Gebern schwergemacht, die wichtigste aller

Aufgaben zu erfüllen: die Definition der Schnittpunkte zwischen ihren privaten Interessen und den öffentlichen Bedürfnissen. Wenn der Geber versucht, sowohl etwas zu tun, das ihn persönlich befriedigt, als auch einen wichtigen Nutzen für die lokale Gemeinschaft zu schaffen, kann die Aufgabe der Strategieformulierung substanzielle Überlegungen und Forschung erfordern. Die Aufgabe der strategischen Geber besteht darin, an der Gesamtheit des philanthropischen Prismas zu arbeiten, bis jeder Punkt definiert, ausgefeilt und mit den anderen abgestimmt ist. Erst wenn die Geber dieses komplexe und anspruchsvolle Niveau erreicht haben, können sie behaupten, dass ihre Spenden wirklich strategisch geworden sind. Nur wenn das Geben strategisch wird, haben die Geber eine höhere Wahrscheinlichkeit, für die Öffentlichkeit und für sich selbst Werte zu schaffen.

Ein weiteres wiederkehrendes Thema in unserer Analyse der Philanthropie ist die Bedeutung der individuellen Werte und Überzeugungen. Wir haben zu Beginn gezeigt, dass die Philanthropie seit einigen Jahren vermehrt mit Themen wie Effektivität, Rechenschaftspflicht und Legitimität konfrontiert ist. Eine Antwort der Praxis darauf – gerade in den großen Stiftungen – ist eine zunehmende Professionalisierung, die einerseits zu mehr Rigorosität und Standardisierung in den Entscheidungsprozessen geführt hat und andererseits die Evaluation der Destinatäre forciert hat. Die damit verbundene Formalisierung der internen und externen Prozesse in der Philanthropie hat bei diesen großen Stiftungen zu mehr Wirkung und einer transparenteren Berichterstattung beigetragen. Jedoch geraten durch diesen Fortschritt andere Aspekte in den Hintergrund. Insbesondere werden durch die Auslagerung philanthropischer Entscheide in Stiftungen und andere Organisationen die individuellen Charakteristika wie Werte, Engagement, Interessen und Perspektiven der einzelnen Geber zunehmend weniger sichtbar. Entscheidungen werden in rational nachvollziehbaren und gut dokumentierten Prozessen mit breiter Abstützung getroffen. Dies wäre kein Problem, wenn es in der Philanthropie nur um die effiziente Erbringung sozialer Dienstleistungen ginge. Aber dies ist nicht der Fall. Das Grundprinzip der Philanthropie ist viel weiter gefasst als nur eine Kanalisierung privater Mittel für gesellschaftliche Zwecke. In der Philanthropie geht es ebenso sehr um Vielfalt, Ausdruck von Werten und Innovation wie um Transfer und Wandel. Um den Aufwand und die Strukturen rund um die simple Idee des Gebens zu rechtfertigen und ihren potenziellen Beitrag zur Gesellschaft voll auszuschöpfen, muss Philanthropie etwas viel Größeres und Umfassenderes anstreben, als die professionelle Produktion von notwendigen Gütern und Dienstleistungen. Sie muss es dem Einzelnen ermöglichen, seine persönliche Vision des Gemeinwohls zu verwirklichen, ergänzend zu jenen anderer staatlicher oder privater Akteure.

In unseren Ausführungen über die Bedeutung der individuellen Werte schwingt implizit eine gewisse Besorgnis über die zunehmende Professionalisierung der Philanthropie mit. Da sich reiche Philanthropen in großer Zahl für ihre Philanthropie eine Förderstiftung als Instrument wählen, in der professionelle Fachpersonen die Umsetzung wesentlich beeinflussen, verliert der Sektor als Ganzes an Originalität. Die ausdrucksstarken, leidenschaftlichen und individuellen Farbanstriche der Geber verwittern mit der Zeit und werden durch zweckmäßige und neutralere philanthropische Kolorierungen ersetzt. Auch wenn die Fachleute im Stiftungsmanagement die besten Absichten haben und ernsthaft bestrebt sind, die bestmögliche Verwendung der philanthropischen Ressourcen zu erreichen, gerät das empfindliche Gleichgewicht zwischen gesellschaftlichen Zwecken und persönlichen Werten aus der Balance und neigt sich stärker der Nutzenorientierung zu. Die Politik könnte dieser Entwicklung etwas entgegenwirken, indem sie Anreize für Philanthropen schafft, sowohl früher als auch entschlossener zu handeln.

Eine Neuausrichtung der Philanthropie hinsichtlich ihrer expressiven, wertorientierten und instrumentellen, zweckorientierten Ausprägungen – sei es durch Anreize der öffentlichen Hand oder durch Verschiebungen der Normen innerhalb der Philanthropie – bietet das Potenzial für eine Revitalisierung der Philanthropie. Wir sehen zwei Gründe, warum es im öffentlichen Interesse liegt, Philanthropie als einen Ausdruck der persönlichen Werte des Einzelnen zu verstehen und zu fördern. Der erste Grund ist, dass die oftmals eigenwilligen und unvorhersehbaren individuellen Entscheidungen, welche Punkte auf der öffentlichen Agenda größere Aufmerksamkeit verdienen und wie sie am besten unterstützt werden sollten, der wesentliche Unterschied zwischen der Philanthropie und dem staatlichen Handeln sind. Das zweite Argument für eine stärker geberzentrierte Philanthropie liegt auf der Hand. Während die großen Förderstiftungen den Großteil des öffentlichen Interesses an der Philanthropie auf sich ziehen, sind es meist die Spenden von einzelnen Gebern, die bemerkenswerte und berührende Projekte fördern. Sie wollen ein spezifisches gesellschaftliches Problem lösen, aus ihrer Lebenserfahrung heraus ihnen wichtige Institutionen unterstützen, neue Wege der Umsetzung beschreiten oder sich einfach ein Vermächtnis setzen. Die schiere Komplexität der Motive und Absichten, die hinter individuellen Spenden stehen, führt viel eher zu provozierenden Ideen und Visionen als die geradlinige Suche nach Effektivität, Rechenschaftspflicht und Legitimität, die die Welt der philanthropischen Institutionen erfasst hat. Um die Vitalität der Philanthropie zu erhalten und die Rolle des Gebens in der Gesellschaft zu stärken, ist es wichtig, entweder durch verkürzte Zeithorizonte für die Philanthropie oder durch alternative Formen des Gebens Wege zu finden, um Menschen zu befähigen und zu ermutigen, philanthropisch zu handeln. Die fünf Elemente des philanthropischen Prismas, die wir in diesem Buch vorgestellt haben, bieten Denkanstöße und Perspektiven, wie dies einzelnen Personen, aber auch dem Sektor als Ganzes gelingen kann.

Glossar

Dachstiftung Eine Dachstiftung ist eine gemeinnützige Stiftung mit sehr breit gesetztem Zweck, deren Sinn es ist, Vermögenswerte von verschiedenen Personen als Unterstiftungen oder Fonds mit selbst bestimmten gemeinnützigen Zwecken gemeinsam zu verwalten. Die Vorteile der Dachstiftungen liegen gerade für kleinere Vermögen in geringeren Kosten und professioneller administrativer Verwaltung.

Destinatäre Wichtigste Zielgruppe von Stiftungen und Empfänger von Förderleistungen. Destinatäre können sowohl direkte Nutzenempfänger (Leistungsempfänger) als auch Intermediäre sein, die durch Leistungen zugunsten Dritter den von der Stiftung angestrebten Nutzen generieren.

Förderstiftung Gemeinnützige Stiftung, die ihren gemeinnützigen Zweck hauptsächlich durch Ausschüttungen und Förderbeitrage an andere Organisationen erfüllt. Zur Finanzierung ihrer Tätigkeit ist sie nicht auf Spenden oder Zustiftungen angewiesen, da sie über eigenes Vermögen verfügt und ihre Förderaktivitäten mit den Erträgen daraus (oder bei Verbrauchsstiftungen auch mit dem Vermögen selbst) finanziert.

Geber Personen, die ihre privaten – finanziellen – Ressourcen für gemeinnützige Zwecke zur Verfügung stellen. Dies kann durch Spenden, Stiftungsgründungen oder verschiedene Formen sozialer Investitionen geschehen.

Gemeinnützigkeit Uneigennütziges Handeln, das dem Allgemeininteresse dient; der Nachweis der Gemeinnützigkeit ist eine der Voraussetzungen für die Steuerbefreiung einer Organisation.

Intervention Jede Maßnahme oder Aktion, deren Ziel es ist, gesellschaftliche Prozesse zu verändern oder die Folgen von nachteiligen sozialen, ökonomischen oder ökologischen Zuständen zu mildern.

Legitimität Bedeutet bei Organisationen die gesellschaftliche Bestätigung ihrer Daseinsberechtigung. Legitimität ist geprägt von den geltenden gesellschaftlichen Grundwerten und kann nur von außen einer Organisation zugesprochen werden.

Operative Stiftung Das Kerngeschäft einer operativen Stiftung ist nicht die Zusage von Mitteln, sondern die Umsetzung des Stiftungszwecks durch eine Trägerschaft (z. B. Museum, Pflegeheim), eigene Dienstleistungen oder eigene Projekte.

Philanthropin Im weitesten Sinn ist jede Person eine Philanthropin oder ein Philanthrop, die sich freiwillig mit eigenen Ressourcen (Zeit, Geld, Wissen etc.) für einen gemeinnützigen Zweck einsetzt. Im engeren Sinn wird der Begriff nur auf reiche Personen bezogen, die für gemeinnützige Zwecke spenden.

Unselbstständige Stiftung/Treuhandstiftung Eine Stiftung wird als unselbstständig bezeichnet, wenn sie keine eigene Rechtspersönlichkeit aufweist. Im Rechtssinn ist sie gar keine Stiftung. Unselbstständige Stiftungen werden häufig in Form einer Zustiftung errichtet, meist, wenn das zur Verfügung stehende Vermögen zu klein ist, um eine eigene Stiftung zu gründen.

Verbrauchsstiftung In der Praxis entstandene Form der Stiftung, bei welcher die Stifterperson dem Stiftungsrat vorschreibt oder erlaubt, dass das Stiftungsvermögen (und nicht nur dessen Erträge) ganz oder teilweise für die Zweckerfüllung verwendet wird. Dadurch wird die grundsätzliche Pflicht des Stiftungsrats aufgehoben, das Stiftungsvermögen über die Zeit hin zu erhalten. Ist das Vermögen aufgebraucht und besteht keine Aussicht, dass die Stiftung zu neuem Vermögen gelangt, kann sie ihren Zweck nicht länger erreichen und muss in der Regel aufgehoben werden.

Wohltätigkeit Ist das Wirken einzelner Personen, Gruppen oder von Organisationen zugunsten Bedürftiger durch Almosen, Geschenke oder Spenden. Wohltätigkeit ist ein zentraler Bestandteil vieler Religionen und steht in Verbindung zu Begriffen wie Mildtätigkeit und Barmherzigkeit.

Stichwortverzeichnis

A
Advocacy 43, 64
Agenda-Setting 76
Aktivität, kommerzielle 50
Alberg-Seberich, Michael 111
Alfred Landauer Stiftung 72
Anerkennung 66
Ansatz, innovativer 43
A:primo 72
Atlantic Philanthropies 88
Aufmerksamkeit 66
Aufzinsung 90
Auridis gGmbH 70, 72
Ausschreibung 48
Ausschüttung 95
Ausschüttungsquote 86, 87

B
Balanced Score Card 72
Bankenstiftung 109
Basel 68
Bertelsmann Gruppe 99
Bertelsmann Stiftung 43, 99
Berufung, philanthropische 21
Betriebsbeitrag 48, 71
Betriebsförderung 41
Beziehung, philanthropische 63
Bill and Melinda Gates Foundation 82
BMW Foundation Herbert Quandt 70
BonVenture 110
BonVenture Management GmbH 70
Brochier, Alexander 108
Bundesverband Deutscher Stiftunge 100

Bürgerstiftung 100
    Stuttgart 101

C
Caritas 1
Centrum für Soziale Investitionen und Innovationen (CSI) der Universität Heidelberg 70
clicks4charity 110
CNN 64
Corporate Foundation 102

D
Dachstiftung 108
Darlehen 47
Datenreport Zivilgesellschaft 55
Deutsche Wildtier Stiftung 33
Diamond, Irene 11
Dietmar Hopp Stiftung 34
Die Wohnzimmerspende 111
Dimension, expressive 119
Diskontierung, philanthropische 89
Diskontsatz 90
Diversifikation 22
Doppelspurigkeit 42
Dresewski, Felix 111
Due Diligence 71

E
Eckenstein-Geigy, Jeannine 33
Eckenstein, Matthias 33
Effektivität 87

Effizienz 87, 98
elea foundation 70, 71
Emanuel-Hoffmann-Stiftung 35
Engagement 61, 74, 95, 113, 118
Erste Stiftung 102
Ethik des Gebens 74
ETH Zürich 29
Everett Foundation 8
Everett, Henry und Edith 8

F
Familienstiftung 112
Feeney, Chuck 88
Fondation Hans Wilsdorf 102
Förderbereich
    Armutsbekämpfung 84
    Ausbildungshilfe 72
    Begegnung 34
    Bildung 55
    Forschung 52, 94
    Friedensförderung 63
    Gesundheitswesen 82
    Grundlagenforschung 43
    Kulturförderung 29
    Kunst 35
    Medien 32, 41
    Politik 64
    politisches System 42
    Stadtraumförderung 29
    Tierschutz 32
    Umweltschutz 81
Fördermittel 45
Förderrichtlinie 78
Förderstiftung 104
Förderstrategie 81
Förderung, langfristige 71
Franchise-System 54
Freiraum 33
Führungsperson 40, 60, 122
Fundraising 27

G
Gates, Bill 94
Geberit 94
Gebert, Heinrich 94
Gebert Rüf Stiftung 94
Gemeinnützige Hertie-Stiftung 55
Giving Pledge 93

Glaube 1, 32
Gnehm, Marie 29
Gnehm, Robert 29
Görlitz 68
Görlitzer Altstadtmillionen 68
Görlitzer Altstadtstiftung 68
Greenpeace 52
Großzügigkeit 69

H
Handlungslogik 38
Hanns-Seidel-Stiftung 41
Hebelwirkung 41, 44, 45, 83
Heilsarmee 28
Heinrich Böll-Stiftung 41
Hilfe zur Selbsthilfe 2
Ho, David 12
Hoffmann, Emanuel 35
Hoffmann-La Roche AG 35
Hof, Philipp 108
Hopp, Dietmar 34

I
Idee 43
Impact Investing 47, 70
Innovation, soziale 3
Institution
    intermediäre 110
    staatliche 50, 124
Instrumentelle Philanthropie 29
Interdependenz 45
Intervention 122
Investition 70
    soziale 70
Investor 71
Isomorphismus 105

J
Jakob und Emma Windler Stiftung 29
Juvat gGmbH 72

K
Kapazität, ertragswirksame 50
Kapazitätsentwicklung 48
Katharina Turnauer Privatstiftung 67
Kennedy Onassis, Jacqueline 111

Kompetenzentwicklung 41
Konzept 43, 55, 120
Kooperation 49

L
Laurenz-Stiftung 35
Legitimität 7, 105
Lerneffekt 122
LGT Venture Philanthropy Foundation 70, 73
Lobbying 43
Loh, Friedhelm 32

M
Macht
    Machtposition 117
Macht-Verhältnis 74
Matching Grant 47
Mehrwert, gesellschaftlicher 21, 114, 118
    öffentliche und persönliche Dimension 22
Mohn, Reinhard 99

N
Neo-Institutionalismus 104
Netzwerk 42
New York 68
Novartis 29
NPO 41, 51, 99, 124

O
Oeri, Maja 35
Opportunitätskosten 90, 93
Organisation, gemeinnützige 42, 51
Organisationsentwicklung 105
Organisationsökologie 103
Organisationstheorie 107

P
Pluralismus 3, 124
Politik 42
Prinzipal-Agenten-Beziehung 31, 89
Prisma, philanthropisches 16, 125
Professionalisierung 59, 125
Profil, öffentliches 67
Prognose 81

Programmausbau 53
Programmförderung 48
Projektförderung 46
Projektitis 46

Q
Quasi-Subvention 53

R
Religion 32, 109
Rendite 90
    soziale 73
Replikation 54
Reputation 66
Ressourcenabhängigkeitstheorie 101
Ressourcentransfer, intergenerationeller 88
Ressource, philanthropische 45
Rethwisch, Haymo G. 32
Robert Bosch Stiftung 102
Rotes Kreuz 52, 85

S
Sacher, Maja 35
SAP 34
Schaulager 35
Schauspielhaus Ladies first 68
Schmidheiny, Stefan 88
Schmidheiny, Stephan 33
Schwarzkopf, Heinz 63
Schwarzkopf, Pauline 63
Schwarzkopf-Stiftung Junges Europa 64
Schweizerische Gemeinnützige
    Gesellschaft 108
Schwerpunkt, geografischer 49
Selbstverwirklichung 3
Sharma, Om Dutta 68
Skalierung 41, 51
Social Enterprise 110
Social Impact Bond 72
Social Return on Investment 5
Social Venture Partners 74
Spende, anonyme 67
Spenderkreise 111
Staat 50
Start-Stiftung gGmbH 55
Stein am Rhein 29

Steuerbefreiung 105
Steuerermäßigung 111
Steuerrecht 23
Stifter für Stifter 108
Stiftung
   bürgerlichen Rechts 99
   Christliche Medien 32
   operative 99
Stil, philanthropischer 60
Strategieentwicklung 116, 120
Swiss Re Foundation 104
Synergie 44

T
Theorie der
   Hebelwirkung 45
   Skalierung 51
Theorie des Wandels 40
   theory of change 40
Transaktionskosten 99
Transparenz 7
Treuhandstiftung 101
TSG Hoffenheim 34
Turnauer, Katharina 67
Turner, Ted 64

U
UBS 52
UBS Center for Economics in Society 52
Umverteilung 3
UN Foundation 64
Universität Zürich 52
Unternehmensphilanthropie 103
Unternehmensstiftung 102
Unterstützungsstrategie 46

V
Venture Philanthropy 70
Verantwortlichkeit 6
Verband für gemeinnütziges Stiften 67
Vereinigung 108
Vereinte Nationen (UNO) 64
Vermächtnis 80, 94
Verwirklichung 36
Viva Trust 33, 88
Vorbildfunktion 67
Vorstandsentwicklung 48

W
Wahrnehmung, öffentliche 66
warm glow 25, 27
Wertestarter – Stiftung für Christliche
   Wertebildung 32
Wertorientierung 4
Wertschöpfung 35
   philanthropische 25
Wertvorstellung 24
Wettbewerb 48
Wildlife Conservation Society 8
Wirksamkeit 5, 44, 86, 118, 120
Wirkungsmessung 5, 70, 117
Wirkungsmodell 17, 38
   Störfaktoren 81
Wirkungsorientierung 117
Wohlfahrt 123
Wohltätigkeit 1, 27

Z
Zeitrahmen 80, 90
Ziel, philanthropisches 115
Zoo Basel 33

The manufacturer's authorised representative in the EU is Springer Nature Customer Service Centre GmbH, Europaplatz 3, 69115 Heidelberg, Germany. If you have any concerns regarding our products, please contact ProductSafety@springernature.com

Printed and bound by CPI Group (UK) Ltd, Croydon, CR0 4YY

25/03/2026

02078228-0009